新三板企业资本解码之道

主　编　张永刚
副主编　杜光远　王秀春

·北 京·

内 容 提 要

本书针对新三板市场发展、市场从业机构甄别，新三板企业市值管理领域涉及的投研、商业模式、股东关系、市盈率，以及企业的股权融资和债权融资，融资和并购实施要点与注意事项等方面，从专家实际操作经验的角度，解析企业重点关注的资本运作核心问题。同时解读企业在资本运作中必须关注的信息披露、股票交易、企业年报等问题，也将新三板企业备战 IPO 需要重点关注的问题进行系统化的梳理，为新三板企业冲击 IPO 提供充分的资料和信息。

本书内容涉及新三板企业在资本运作过程中经常面对的问题和困惑，均从实践角度系统剖析注意事项和问题，为新三板企业家以及新三板资本运作领域从业人员提供有益的信息和具有借鉴意义的案例。本书是资本运作实践经验的总结，从不同的视角解读资本运作的实践问题，是一本颇具价值的资本运作的实战指南。

图书在版编目（CIP）数据

新三板企业资本解码之道 / 张永刚主编. -- 北京 : 中国水利水电出版社, 2018.4
ISBN 978-7-5170-6380-3

Ⅰ. ①新… Ⅱ. ①张… Ⅲ. ①中小企业—企业发展—研究—中国 Ⅳ. ①F279.243

中国版本图书馆CIP数据核字(2018)第063416号

书　　名	新三板企业资本解码之道 XINSANBAN QIYE ZIBEN JIEMA ZHI DAO
作　　者	主编　张永刚
出版发行	中国水利水电出版社 （北京市海淀区玉渊潭南路 1 号 D 座　100038） 网址：www.waterpub.com.cn E-mail：sales@waterpub.com.cn 电话：（010）68367658（营销中心）
经　　售	北京科水图书销售中心（零售） 电话：（010）88383994、63202643、68545874 全国各地新华书店和相关出版物销售网点
排　　版	北京智博尚书文化传媒有限公司
印　　刷	北京建宏印刷有限公司
规　　格	170mm×240mm　16 开本　16.75 印张　248 千字
版　　次	2018 年 4 月第 1 版　2018 年 4 月第 1 次印刷
定　　价	70.00 元

凡购买我社图书，如有缺页、倒页、脱页的，本社营销中心负责调换

前　言

新三板领域资本运作的从业者，每天与新三板的企业家一起“爬摸滚打”、切磋学习，时刻感受着来自新三板企业家对于资本运作领域知识的渴望以及对资本运作实践操作的迷茫。

新三板已经成为世界最大的资本市场，聚集了过万家的中小企业。新三板市场上的企业藏龙卧虎，是中国最具投资价值的企业聚集地，同时也孕育着中国企业界未来的独角兽。

正是基于这样坚定的信念，以及对新三板企业家困惑的深刻理解，路演天下才有了一样一份执念——成为“新三板第一投行”。也正因为这样的一份执念，我们编著了本书。我们邀请了来自券商、投资机构、律所、会计师事务所等资本市场的主要参与者，邀请具有丰富的实战经验的专家来到我们的平台，为新三板企业家和从业人员进行知识和经验分享，意在能够为新三板企业点亮一盏新三板资本运作的心灯，开启资本大门，更希望企业能够借助资本翅膀实现腾飞。

本书的编写过程中得到了杜光远、王秀春带领的团队的大力支持，同时得到了江李星、邓建虎、刘岑、张可亮、张驰、布娜新、陈利景、李益诚、李建辉、王俊、张可一、范年臻、李东亮、李燃之、于涛、赵立涛、张瑜璟、纪勇健等的大力支持（还有个别的作者因为职业的原因不便透露姓名）。经过近一年课程的整理、文章的编排等工作，才让本书得以问世，与读者见面。文章中的内容，更是倾注了作者们的心血，是多年在行业中从业经验的积累和沉淀，字字珠玑，为读者开启不一样的视野。

在本书的整理过程中，编者立足于实践，以新三板企业家的视角，借助案例的形式解析了新三板企业家关注的资本运作要点。如如何防范控制权的危机、股权融资中控制权防范措施、股权激励注意事项以及企业家与路演的关系等，另辟蹊径，为企业家资本运作中应该加以警觉的点进行剖析。

本书凝聚了路演天下全体同仁的心血，是我们在投行道路上每一步踏实脚印的印证，也是路演天下进步和前行的见证。本书中的内容更加偏向于实践经验的终结，是对单一问题的探讨和思考。资本运作实践本身具有复杂性和多样性，影响每一个问题的操作的因素都是纷繁复杂的，问题的探讨可能受限于各个专家的职业经历、经验以及项目的具体情况。在整体的编著过程中，作为编者，我们竭尽全力避免过于偏颇。作为一本指南性的图书，我们更希望此书能够为读者打开新的思路，突破各自思维模式的上限，开启新的未来。当然欢迎读者批评指正，也欢迎更多优秀的资本运作领域实战专家来到我们平台，为新三板企业奉献资本知识和热血，为新三板企业的腾飞推波助澜。

编　者

2018 年 1 月

目　　录

第一章　新三板市场篇

第二章　市值管理篇

第三章　并购篇

第四章 融资篇

第五章 董秘篇

第六章 IPO 篇

第一章　新三板市场篇

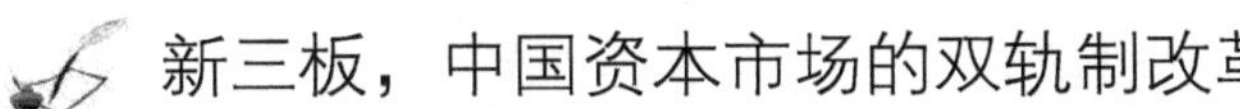

新三板，中国资本市场的双轨制改革

2017 年新三板的发展趋势

新三板行业研究：一个尴尬的存在

细数新三板前进道路上的那些“大坑”

新三板，中国资本市场的双轨制改革

作者：张可亮

【引言】

这是一个急剧变动的时代，第二次世界大战后所建立起来的全球政治经济秩序犹如巨大的冰川，正因裂纹发出声声巨响，震撼着每个国家政府的心脏。人们小心地观察着似有似无的裂缝，开始无所适从，不知道站在哪里才安全。

巨变中的全球，人们满心恐慌……

中国以巨大的体量，吸引了全球的目光，每走一步，冰川就发出巨响，中国能否带领全球经济安全走出冰川，找到大陆，是个未知数。同时，庞大的身躯，也增加了前进的风险，中国不能原地不动坐以待毙，同样也不能承受因前进而跌入冰川的风险。

行进中的中国，如履薄冰……

全球该怎么办？中国又该往何处去？大家其实并不真正关心。老百姓更关心高企的房价，富豪们更关心贬值的人民币，只有经济学家在认真地为开出的不同“药方”而吵架。

读完杨宇立老师的《改革，我们做对的顺序》，让我对改革开放这段波澜壮阔的历史有了理论化、系统化的认识。回溯到 1978 年，将此时间点作为分析新三板的逻辑起点……

一、始于 1978 年的改革开放

中国的改革开放始于 1978 年小岗村的村干部。现在来回顾这段改革的好处在于，资本市场的大部分人（60 后、70 后、80 后）都切身经历过这三十年，对这三十年的变迁和发展有着切身的体会和记忆。

不可否认，改革开放取得了巨大的成功。自 1978 年以来，中国的 GDP 增加了 18 倍，让 6.8 亿人脱贫，成为世界第二大经济体。详细的数据可以参考张维为教授的《中国震撼》。张维为教授特殊的身份和经历，使得他对中国这三十年的变迁有着比常人更深刻的切身体会和理论认知。书中张维为将中国的改革开放与印度、东欧、东亚这些国家和地区分别作了历史和现实的比较，为中国改革开放所取得的巨大成就做了注脚。

英国学者马丁·雅克在其《当中国统治世界》的书中写到，改革开放推动“中国从 18 世纪一路狂奔到 21 世纪”，这句话形象、准确，又让人震撼！生活在快节奏的今天，健忘是我们的通病，看着父母幸福的笑脸，我们都遗忘了他们当年所经历的苦难。驻足回视，成为一种奢侈。

从 1840 年开始的百年维新，历尽屈辱却又波澜壮阔、荡气回肠。我国取得了民族独立，避免了亡国。新中国成立后我国依据苏联体制，完成了社会主义改造，实行了计划经济，计划经济制度是我国改革开放的起点。除此之外，改革开放还有另一个起点，那就是中国社会仍然是一个标准的传统农业社会。改革开放不光是计划经济体制向市场经济体系改革的三十年，也是传统农业社会向现代工商业社会演进的三十年，而中国的经济制度改革和社会形态演进具有极强的关联，这两个进程的叠加，使得中国改革的难度系数倍增。黄仁宇先生在《中国大历史》中曾有言，农业国家蜕变为一个工商业国家的难度“有等于一只走兽蜕化为飞禽”。

那么中国是靠什么实现从“走兽”到“飞禽”的蜕变？又是如何“从 18 世纪一路狂奔到 21 世纪”？

1. 价格双轨制，一次伟大的尝试

从 1981 年开始，国家允许企业在完成计划的前提下自销部分产品，其价

格由市场决定。这样就产生了国家指令性计划的产品按国家规定价格统一调拨，企业自行销售的产品价格根据市场决定的“双轨制”，主要涉及粮食价格及生产资料价格。一种物资两种价格，市场价高于计划价，计划比例逐步缩小，市场份额逐步扩大，把市场机制逐步引入到国有大中型企业的生产与交换中，这促进了主要工业生产资料生产的迅速发展。

1984 年 9 月，在浙江莫干山召开了首届全国中青年经济科学工作者讨论会，与会的 124 位或官或学的改革派青年精英，分为价格、农村等 7 个组相互切磋，第一次集体发声并积极参与体制内改革的政策建议。这些人包括华生、贾康、王岐山、张维迎、马凯、楼继伟等一大批今天中国政、经、学界的知名人物，正是在这次名动一时的“莫干山会议”上，价格双轨制正式作为一项经济政策诞生。

双轨制是对计划经济制度的重大突破，不仅部分纠正了不合理的价格体系，而且打破了僵硬的价格管理制度，带动了计划和物资体制的改革，奠定了中国市场经济制度的基础。同时，价格双轨制将价格改革的大系统分为一个个可以操作的小系统，避免了大风险，是实现中国价格模式转换的一种很好的过渡形式。

“价格双轨制理论”在 2011 年获得了第四届中国经济理论创新奖。时隔 20 多年得奖，正如颁奖词所说：“价格双轨制改革作为中国经济改革中创新性制度安排，实现了生产资料价格形成机制从计划向市场的过渡，推动了社会主义市场机制的建立和形成，降低了体制转换的成本。”

2. 双轨制，中国改革制胜的法宝

中国作为一个人口大国，许多事情做起来都是难度倍增。我们必须客观认清现有的约束条件，考量可以付出的成本，承受的代价，努力寻找最大的社会共识和可能的顺序、手段和路径。决不能把目标当作手段，用结果代替过程，相信铲除计划经济就会有市场经济，幻想只要照搬西方“三权分立”就会有社会公平正义。

近三十年的改革中，我国基本遵循了先农村后城市、先农产品再工业产品、先进行价格改革再进行产权改革的渐进路线，实行分解并逐项供给市场制度的手段，使得前一项改革产生的制度红利，可以为后续改革铺平道路。同时，改革是摸着石头过河，不能冒进，必须让市场主体甚至整个社会有一个消化适应的过程，逐步积累改革共识，为下一步的改革创造思想舆论环境。

可以发现，“稳住体制内、放开体制外”的“增量改革”，天然包含了“改革、发展、稳定”三者的辩证关系。后来中国很多领域的改革都是走“双轨制”道路，所有改革几乎都从试点起步，再进一步推广。特别是在内地不开放的情况下，试办经济特区和沿海开放城市等。双轨制的增量改革，成为了我国实现新旧体制的平稳过渡，并向新体制逐步演变的制胜法宝。

二、始于 2013 年的深化改革

社会的政治、经济、思想、文化每天都在发生着变化，不可能存在一劳永逸的制度，能够解决、适用或者包容这些时间上空间上所演变的一切。中国的幸运在于一直在“改革”的名义下，为适用新情况、新形势不断进行调节。经济没有常态，但改革是常态，历史不可能终结，改革应该一直在路上……

简单回顾我国近三十年的改革方法和改革路径之后，再来审视目前所面临的局面，或许可以更好地理解改革进入深水区之后，在无石头可摸的情况下，中国共产党是如何领导中国继续前进，继续进行深化改革的……

2013 年 11 月 9 日至 12 日，十八届三中全会在北京举行。全会听取和讨论了习近平受中央政治局委托作的工作报告，审议通过了《中共中央关于全面深化改革若干重大问题的决定》（以下简称《决定》）。习近平就《决定》向全会作了说明。

全面深化改革是一个复杂的系统工程，单靠某一个或某几个部门往往力不从心，这就需要建立更高层面的领导机制。2013 年 12 月 30 日，中共中央政治局召开会议，决定成立中央全面深化改革领导小组，由习近平任组长，负责改革总体设计、统筹协调、整体推进、督促落实。全面深化改革领导小组是 1978 年中国改革开放以来设立的最高级别的改革领导机构，直接隶属于中共中央。自此，开启了可以比肩邓小平主导的改革开放的新一轮全面深化改革。此轮深化改革涉及方方面面，此篇所讲的深化改革除非特指，一般是指经济体制的深化改革，也只讨论经济体制改革。

三、对此轮深化改革的理解

1. 此轮深化改革面临的局面：经济发展失去动能

目前我国的主要经济成分构成可以大体分为国有企业（以下简称“国企”）、集体企业、民营企业（以下简称“民企”）、外资企业还有混合所有制企业这几部分。由于其他部分所占比重较低，所以本节重点分析国企和民企这两类的现状和问题，以使读者对经济状况有个大概的认知。

1）国有企业的问题

自汉代的《盐铁论》以来，国企的重要功能已经在人们心中形成了共识，这也是中华文明能够一直传承至今的一个非常重要的经济制度安排方面的保障。国企必须在能源、通信、国防、基建等关键领域发挥关键作用。

作为“共和国长子”，国企是党和国家最可信赖的力量。国企一方面是国家宏观调控、实现战略目标的重要抓手，在关键时刻可以发挥稳定市场、保障民生的重要作用；另一方面，在全球化的今天，国企是参与国际竞争，实施“走出去”战略、“一带一路”战略的重要力量。如果说军队是保卫国家安全的屠龙刀，那么国企就是参与国际竞争的倚天剑，同样是国之重器。

国有企业问题不仅仅是经济问题，更是政治问题。国企存在的最主要目的是为政治统治服务，这也是习近平讲到的要理直气壮做强做大国有企业的根源所在。中国共产党正在探索、开创前所未有的政治文明，这其中非常重要的一个组成部分就是国企在国家治理中的作用问题。

国企最大的问题既不是垄断问题也不是体制问题，而是效率问题。毋庸讳言，目前我国的国企经营，内部存在很多弊端。国企占有大量的矿产资源、人力资源以及资金资源，但是运转效率却不高。同时也存在挤压、侵占民营企业生存空间的情况，在诸如钢铁、水泥等很多非垄断性领域，与民争利。为什么会有那么多过剩产能？国企大规模的存在于竞争性行业，生产效率不如民企，不断亏损，却又很难被淘汰，这是导致行业产能过剩的重要原因之一。当然编者在《新三板，中国民营企业转型升级的主战场》一文中，从全球经济大循环的角度解释了中国产能过剩的另一个重要原因。

2）民营企业的问题

国企问题是资源多但效率低；而民企恰恰相反，问题是效率高但资源少。民营企业面临的最大问题，不是税费高，也不是行政审批多，办事难，制约民企发展的最大问题是资金问题。

笼统地说民营企业融资难是不准确的。中国民营企业在融资方面存在两个极端，一方面，中小企业特别是小企业融资难，不够银行的信贷标准，融不到资，基本没有财务杠杆；另一方面，大中型民营企业的过度融资，高杠杆经营，只要符合银行贷款条件的企业基本都是过度融资。中国整体经济的高速发展，让很多不懂经营、不懂财务风险的企业主发了财。他们发财的秘密就在于高杠杆经营，谁可以利用好银行贷款，谁就能发展起来。这些企业的发展并非靠自身的造血功能，而是靠银行不断的输血，靠通胀去抵消利率。

这种高杠杆，犹如吸毒，一旦吸上，就停不下来。大中型民营企业的企业家脖子上都套着银行还本付息的锁链，让他们不得不拼命前行，拼命为银行赚钱。但在目前他们赖以生存的血液都被银行放给国有企业、放给地产公司，国家超发再多的货币，都流入不到实体经济。

所以看到民营企业开始用脚投票，民间投资已经连续下降，银行呆坏账率不断上升（图 1）。越是这样，银行越不敢给民企放贷，越是不给放贷，民企死亡越快，于是陷入了一个恶性循环……

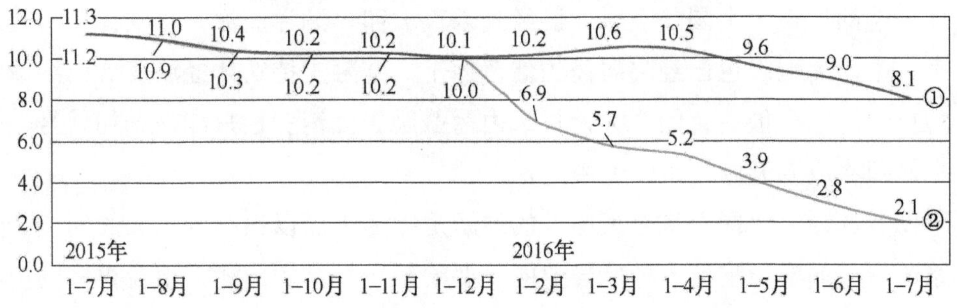

图 1

中国经济在 2000 年左右已经基本告别了短缺时期，进入过剩时代，所以大部分领域是充分竞争的市场。中小企业的关门倒闭，不是什么大问题，反而为其他经济效率高的企业留出了市场空间，优化了资源配置。但是不是说中小企业就无足轻重了呢？当然不是，对于中国这样一个人口大国，必须要有足够的劳动生产率不高的中小企业来保证就业，否则便会影响社会稳定。

民营企业已经成为中国经济发展的主要力量，要解决中国经济持续健康发展的问题，实现从资源消耗型增长升级成为创新驱动型增长，就必须要解决民企发展的问题。要解决民企发展的问题，首先必须解决民企融资的问题：一是解决大中型企业的高杠杆问题，二是解决中小企业融资难的问题。

2. 此轮深化改革的对象：低效的金融体系

中国此轮深化改革的背景与 20 世纪 80 年代的改革完全不同，经过三十年的快速发展，中国已经成为世界工厂，全球第二大经济体，第一贸易大国。经济的高速增长伴随着货币的持续超发，使得中国已经形成了大量的“金融资本”。从 2005 年开始，中国金融业增加值在 GDP 中的占比不断上升，2008 年超过日本，2013 年超过了美国，2015 年达到 8.5%，2016 年上半年达到 9.2%。只占就业人数 0.7%的金融业，其人均收益要比其他行业高约 12 倍。2015 年，16 家上市银行合计实现净利润 1.27 万亿元，其整体净利润规模在已经披露年报的 2700 余家上市公司总净利润中占 50%以上。

金融资本原来依赖于实体经济，现在实体经济高度依赖于金融资本。用句可能极端的话说，中国的金融业已经是杀鸡取卵、涸泽而渔，将实体经济的血榨干，中国的地产也已经将居民的储蓄榨干，金融支持实体经济发展已经成为一句空话。在房价高企的今天，扩大内需鼓励居民消费也只能是一句口号，金融资本即将成为无源之水、无本之木。

作者认为，中国经济今天出现的问题是因为中国以银行为主导的间接金融体系所造成的资源配置失效所导致的。要想解决经济的问题，出台再多的经济政策都是隔靴搔痒。改革必须要改到根源上去，必须要改革金融体系。

20 世纪 80 年代开始的改革，对象是计划经济体系，是通过改革生产资料价格和国有企业产权逐步建立起社会主义市场经济体制。而这一轮的深化改革的主要对象就应当是金融体系。改革的目标应该是打造能够支持实体经济发展，富有效率和国际影响力的金融体系。改革的主要战役依然会集中在改革资金价格和丰富金融市场主体两个方面。

3. 此轮深化改革的策略：双轨制的增量改革

中国金融体系改革的关键在于调整结构，鉴于银行为主导的间接融资体系已经开始失效，用信贷投放来推动经济增长的做法已经无以为继，大力发展以直接融资为主的资本市场已经变得非常急迫。

此轮深化改革，为了减少阻力，提高改革效率，依然采取了双轨制的策略，对整个金融体系的改革，采取稳住体制内（银行为主导的间接融资体系），做大体制外（资本市场为主导的直接融资体系）的增量改革。同时，在做大以资本市场为主导的间接融资体系的过程中继续采取稳住体制内（A 股市场），做大体制外（新三板市场）的增量改革。

1）稳住体制内（银行体系），企业降杠杆，避免出现系统性金融风险

我国商业银行的不良贷款余额和不良贷款率从 2013 年开始便逐年攀升，普华永道认为内地银行资产质量风险目前尚未完全暴露。鉴于目前的宏观经济难以为银行业带来提振，不良贷款率仍将持续恶化。到 2016 年底或 2017 年年底，内地上市银行贷款的不良率或在 1.8%至 2%之间（图 2）。

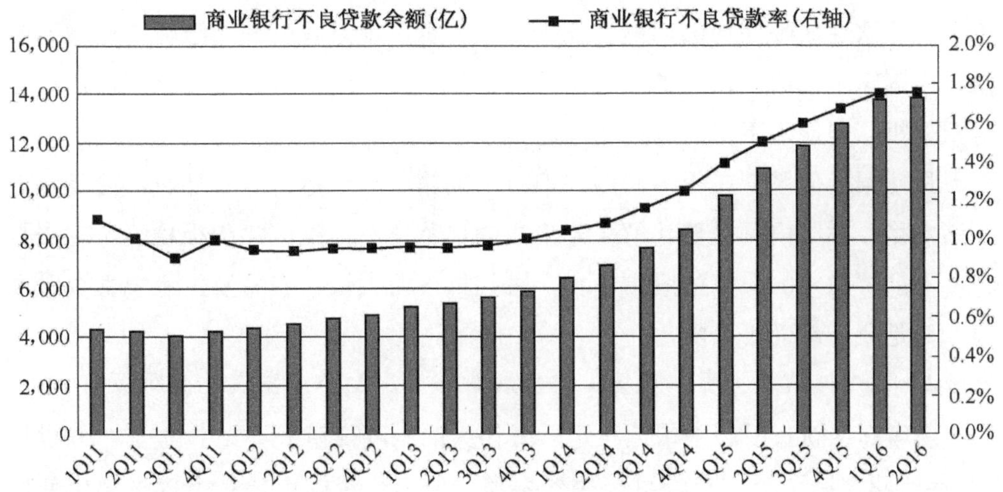

图 2

2016年7月，人民币贷款增加4636亿元，居民中长期贷款增加了4773亿。居民中长期贷款新增规模甚至超过了人民币新增信贷规模，企业部门贷款竟减少26亿元。从2016年7月的金融数据可以得出，除了房地产外的实体经济都没有从金融体系中获得资金，这说明一方面是实体经济投资意愿下降，已经不愿意再贷款投资；另一方面是银行清楚地认识到目前实体经济的困境，已经不敢再给实体经济贷款。2016年7月，这将是一个标志性的时间点，标志着银行为主导的间接融资体系已经从低效转向了失效。

为了解决目前银行和企业所面临的双重困境，确保不发生系统性金融风险，国务院于2016年10月10日发布了《国务院关于积极稳妥降低企业杠杆率的意见》及其附件《关于市场化银行债券转股权的指导意见》。这两个《意见》是我国金融体系改革的重要文件，必须认真解读。这次降低杠杆率是对我国前十年银行高速发展所积累问题的一次外科手术。以前是“吃药”，妄图通过体系自身修复，降低不良率；现在是直接“手术摘除”，主要是以治标为主，债转股，核心是剥离不良贷款，配以治本，完善现代企业制度，强化企业自身约束。

上一次20世纪90年代的债转股，政府依靠行政手段，成立四大资产管理公司，剥离了大量的不良资产，让银行得以轻装上阵，让国企的改革得以顺利推进。这次也面临同样的问题，在银企双方以及地方政府都无法解决问题的时候，由国家出面给予顶层的政策支持，引导社会资金，进行市场化解决，这是一招好棋，但能否下好，有待观察。

虽然银行体系存在很多问题，但改革的第一步目标，并非是破，而是保。所谓的稳住体制内，是要化解多年形成的信贷资产风险，“积极稳妥”地去杠杆，不能够像2015年的股市一样，去杠杆去得太快，容易发生系统性金融风险，这是我们承受不了的。

2）做大体制外（资本市场），发展新三板，为经济发展提供新动能

编者在《新三板，中国近三十年最伟大的制度变革》一文中说过，20世纪90年代建立起了资本市场直接融资渠道，但这个资本市场是个权贵俱乐部，道很窄、门槛很高，无法解决中小企业融资难的问题。但经过近三十年的发

展，中国已经形成了庞大的二级市场，绑架了大量的中小散户，积重难返，各种所谓的发行体制改革基本是换汤不换药。A 股市场现阶段已经是进退维谷：如果放开 IPO，实行市场化的注册制，则担心二级市场崩盘，引发社会性问题；如果控制 IPO 的节奏，又被批评没有发挥其最主要的融资功能，没有存在的必要。A 股市场的改革，已然不可能两头讨好，看上去已成为死结。

无奈之下，本届政府在资本市场的改革中再次启用“双轨制”这个法宝，做增量改革。从新三板扩容的那一天起，就已经确定中国资本市场走上了双轨制改革的道路。

首先，从机制上看，新三板之前的资本市场体制就好比是当年的计划经济体制。虽然叫资本市场，但却是一个管制的领域、计划的领域，每年能上多少家 IPO，都需要通过审批，控制发行节奏。连发行的市盈率也都是规定好的，就如当年计划经济体制下，生产、销售、产品价格都是计划指令规定。而新三板就是在计划体制之外重新开辟的一个新的市场化的运行机制，基本没有财务门槛，只要符合基本条件的都可以挂牌，挂牌后能否定增，以及定增的价格都是市场化形成。

其次，从主体来看，当年的国有企业占据大量社会资源，不愁吃喝，但是效率低下。A 股上市公司就好比当年的国有企业，相比其占有的资源，盈利能力普遍不高。新三板挂牌的企业，就像当年的乡镇企业和民营企业，效率高，但是很难获取企业急需的资金资源。

第三，从价格形成机制来看，A 股上市公司一方面在股权融资的时候，可以有很高的市盈率；另一方面溢价增发股票，债权融资的时候，因为特殊身份也可以很容易地获得利率很低的贷款或者债券，就像国有企业能够以计划内很低的价格采购原材料一样。新三板挂牌企业，一方面股权融资现在看来很难，即使有市盈率，也较上市公司低很多；另一方面很难获得外部的资金（例如银行贷款、债券之类），即使能获得也需要很高的成本，这就像当年的乡镇企业和民营企业很难拿到计划价格的原材料一样，只能花高价购买原材料。

发展新三板，就是要在 A 股市场之外另起炉灶，打破之前资本市场那种权贵俱乐部式的运行机制，为创新型的中小民营企业创建一个属于他们的资本市场，创建一个市场化、法制化，可以引导资本进入实体经济的真正的资本市场（图 3）。

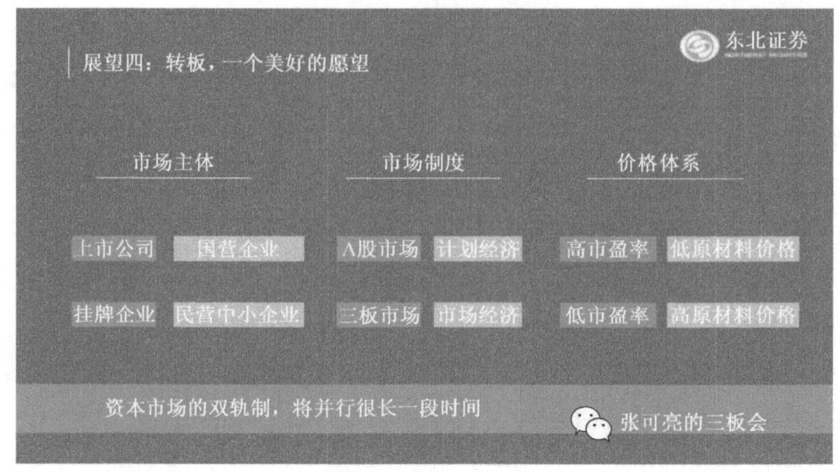

图 3

当然，在双轨制之初，新设的市场肯定比较弱小，配套制度不完善，好处没有那么多，但毕竟在计划之外撕开了口子，为将来的发展打开了制度空间。再去回看 1978 年之初的改革，体制外的市场经济也是面临着种种的困难，但经过二十年的发展，从计划经济体制过渡到了社会主义市场经济体制。所以新三板这个 A 股体制外的市场，是符合我国经济发展规律要求的新的生产关系，即使过程曲折，只要假以时日，必将取代目前的 A 股市场，发展成为能够适应、促进中国经济发展的、富有中国特色的资本市场，成为中国资本市场的主流、主体。

新任证监会主席刘士余上任之后的首秀，就被追问会不会推出 A 股注册制，以及如何施行这一棘手问题。刘士余对此解释非常到位，先帮记者解读了十八届三中全会的《决定》：“《决定》提出健全多层次资本市场体系（逗号），推进注册制改革（逗号），多渠道推动股权融资等。逗号与逗号之间的这些内容是相互递进的关系。也就是说，把多层次资本市场搞好了，可以为注册制改革创造极为有利的条件。同时，注册制改革需要一个相当完善的法制环境。也就是说配套的规章制度，研究论证需要相当长的一个过程。在这个过程中，必须充分沟通，形成共识，凝聚合力，配套的改革需要相当的过程、相当长的时间。注册制是不可以单兵突进的。”

刘士余的逗号论，很好地解释了中国资本市场改革的路径，也清楚地表明了目前的资本市场改革就是采用了双轨制的改革路径。多层次资本市场的发展（新三板的增量改革），会为注册制的推出（A 股市场的彻底改革）创造条件。A 股市场体系存在 20 多年了，已经有了大量的相关的配套制度保证其运转。这种体制类的存量改革，不可能毕其功于一役，也必须是一个系统工程，“必须充分沟通，形成共识，凝聚合力，配套的改革需要相当的过程、相当长的时间。注册制是不可以单兵突进的。”

4. 此轮深化改革的关键：建立“产融互动”的市场体系

1）打造股债并举的金融体系

我国现行金融体系是以银行为代表的间接融资体系，带来了民营企业融资难、杠杆率过高等一系列问题，最直接有效的解决方式就是去杠杆。去杠杆有两个方向，一个方向是减小分子，降低银行对企业的贷款金额；另一个方向是做大分母，提高企业的股权融资比例。国务院推出的市场化银行债权转股权（债转股），可以在减小分子的同时做大分母，是个一举两得的高招。当然，过程并不会很顺利，所以文件中讲“降杠杆是一个时间跨度较长的系统工程”，需要坚持“市场化”“法制化”原则，“有序展开”“统筹协调”。

债转股属于危机推动型的被动调整措施。要创建股权融资和债权融资并举的金融体系，一方面银行应该主动转变经营理念和经营方式，真正的研究支持实体经济的创新，而不是围绕监管的“假创新”“真违规”，比如以北京银行为代表的一些试点银行正在尝试的“投贷联动”等创新；另一方面当然是国家要继续大力发展股权融资。在降杠杆的《意见》中，国务院从四个方面进行了要求：一是加快健全和完善多层次股权市场，二是推动交易所市场平稳健康发展，三是创新和丰富股权融资工具，四是拓宽股权融资资金来源。

2）建立真正的多层次资本市场，实现互联互通

大力发展新三板，建立有中国特色的资本市场是此轮深化改革的关键。可以预期的近两年，国家的资本市场改革应该都是主要围绕着新三板（增量）展开，所以再读党中央、国务院或者证监会相关文件，里面阐述的“大力发展资本市场，进行多层次资本市场建设，扩大直接融资比重”，说的主要都是发展

新三板市场，而不是A股市场。

① 新三板转板创业板，一个美好的愿望

中国资本市场双轨制的改革路径一旦确定，“并轨”就变成了改革中的阶段性目标，而不是改革手段，切不能错把目标当手段。2016年10月10日国务院关于降杠杆的《意见》中提到要研究“转板”问题，很多人又开始盲目乐观，以为只要推出“转板”制度，就可以解决新三板的吸引力和流动性，这是一个拿目标当手段的典型。“转板”实质上是涉及了新旧两个体系的互联互通的问题，如果能够实现真正意义上的转板，那就标志着体制内和体制外开始并轨，那么资本市场的改革已经实现了阶段性的目标。所以短期来看，转板，只能是一个美好的愿望。

② 新三板合并创业板，一个大胆的想象

新三板探索、发展、壮大的过程，也会倒逼A股市场改革，一如当年民营经济蓬勃发展的同时，国有企业也在进行着厂长经理负责制，减员增效等提高效率的改革。体制外做大规模，体制内提高效率，二者并行不悖，慢慢靠拢，最终会合流并轨，融合成富有效率的新体系。参照当年的国有企业改革，资本市场会不会也实行抓大放小，继续建设完善好主板、中小板市场，而放弃掉创业板市场呢？编者今天提出新三板吸收合并创业板，是天方夜谭还是大势所趋？

编者在2011年创业板成立两周年的时候预言：“创业板已然失败了，创业板没有单独存在的意义，要么并入中小板，要么并入新三板。”而且编者在2014年春天的时候断言，两年之内会有创业板公司主动到新三板挂牌。这两年间，新三板的发展并没有想象中的顺利，一是半路杀出一个程咬金，二是股票市场经历了股灾并且引发证券界的地震，所以，这个断言没有成真。但这个断言依然有价值，能否会有创业板公司主动到新三板挂牌，是检验新三板成功与否的标志。

2016年10月10日，国务院发布的《关于积极稳妥降低企业杠杆率的意见》中提到要“推动交易所市场平稳健康发展”。其中，对于A股三个板块的用词是不一样的：“进一步发展壮大证券交易所主板，深入发展中小企业板，深化创业板改革。”对于主板是“发展壮大”，中小板是“深入发展”，对于创业板要求的是“深化改革”。创业板为什么要改革？怎么改革？往中小板改，还是往新三板改革？留给大家思考（图 4）。

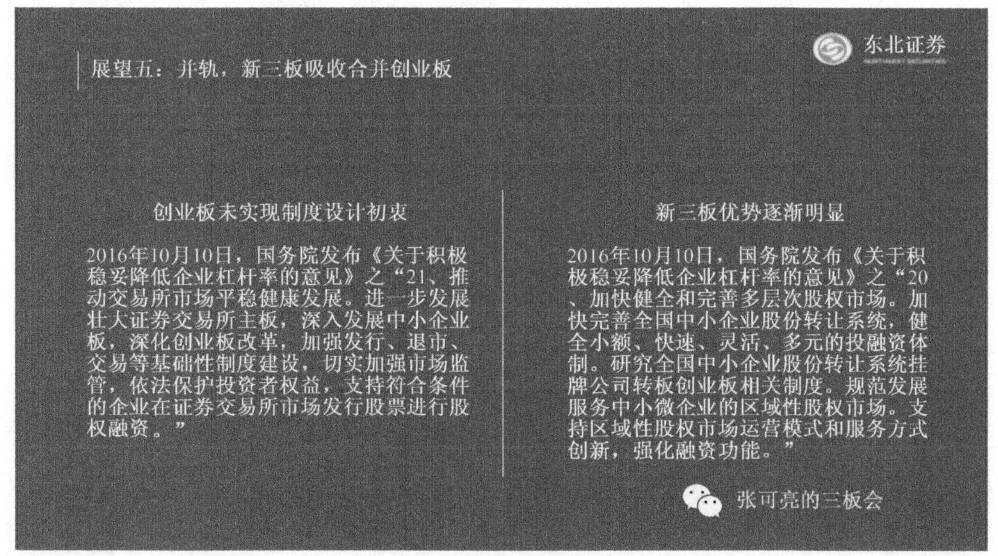

图 4

四、后记

上文回顾了三十年来我国的改革开放历程，分析了新一届政府此轮深化改革的背景，这都有助于更好地认识和理解新三板所肩负的历史使命和现实意义。

再上升一个维度，从更加宏观的全球经济分工的角度来看，中国前三十多年的高速发展，是对内改革释放的人口红利恰好承接了对外开放带来的全球化红利所带来的完美结果。尽管在这一发展阶段，中国一直处于发展中国家普遍存在的“金融抑制”的状态。但面对巨大的全球市场需求，依靠国内低价劳动力和大量的资源投入，中国仍然取得了每年两位数的增长速度，这在一定程度上掩盖了或者说抵消了“金融抑制”所带来的负面效应。现在，人口红利在逐步消失，我国开始提前进入老龄化社会，全球化红利也在消失，世界经济陷入低谷，“金融抑制”所带来的后果逐渐显现出来……

此次深化改革，必须通过“金融深化”来提高金融服务实体经济的效率，推动整个国家层面的“产融互动”，继续保持中国全球制造中心的地位，并实现产业升级。以加快建设新三板为代表的多层次资本市场改革，就是破解“金融抑制”，推进“金融深化”过程的重要举措。新三板的顺利推进，将使得金融资源不再被国有部门垄断，大量金融资产将通过新三板市场实现有效配置，流入战略型新兴产业，从而带动整体的金融资产价格趋向合理，这也是为什么说新三板是中国近三十年最伟大的制度变革的原因所在。我们用逻辑推导，至于正确与否，只能用实践、用历史来检验……

作者简介：

张可亮，南开大学金融硕士，具有 10 年证券行业从业经验，现任东北证券股份有限公司股转业务总部副总经理，公司主办券商推荐业务内核委员，山东省社保基金理事会评审专家。主要从事企业改制与辅导、股票债券的发行与承销、新三板主办推荐、公司收购兼并及资产重组等投资银行业务。曾先后参与和主持同大股份、深圳云海、道恩高材、泰丰液压等 IPO 项目，主持鲁信创投公司债、牟平城建债、昌邑城建债、张家港城建债、广东农垦集团企业债的承做和发行工作。

2017 年新三板的发展趋势

作者：张驰

【引言】

2016 年 12 月 19 日，新三板企业突破 10 000 家，成为挂牌数量最多的股权交易市场。当人们正为此兴奋，并对 2017 年新三板更多利好政策的落实充满期待的时候，2017 年 2 月 10 日证监会主席刘士余讲到，新三板既要有苗圃功能又要发挥土壤功能。这一观点引起社会热烈讨论，很多人解读这句话为 2017 年的 A 股大有可为。

那么，新三板的定位到底如何？到底在 2017 年新三板会如何发展？新三板到底是不是预备板，在中国资本市场中到底如何定位？努力方向应该是什么？

本文将会对 2017 年新三板的走势进行分析，希望帮助企业理性明确新三板定位，理性看待新三板的发展，从而更好地在新三板土壤中成长。

一、新三板定位

在分析新三板趋势之前，首先要搞清楚新三板的定位，只有明确新三板的定位之后才能判断出它的走向。

主板、中小板、创业板、新三板等构成了我国的多层次的资本市场，像一个金字塔，如图 1。

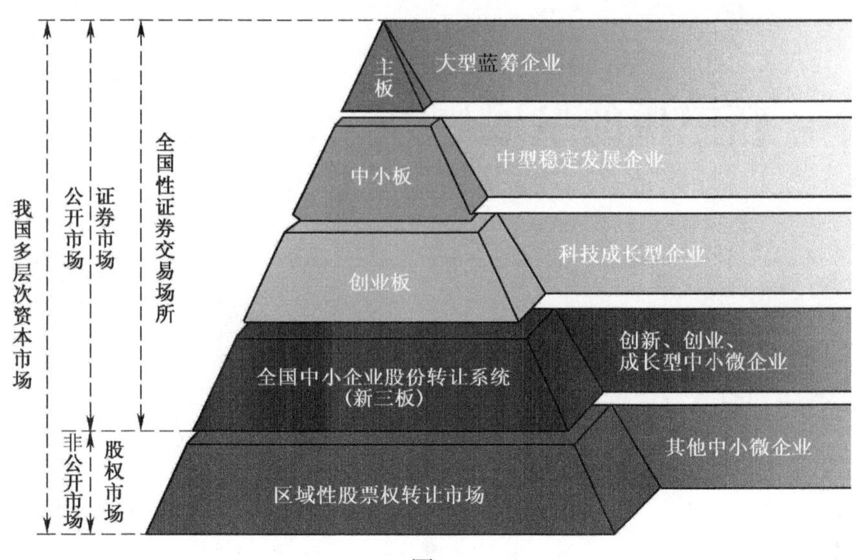

图 1

国务院从 2011 开始，每年把加快发展中国多层次资本市场写入国家战略，并且每年都写入政府工作报告，李克强总理也在多个场合强调加快发展中国多层次资本市场。

那么，**什么是加快发展中国多层次资本市场？**

首先明确，一板，二板，统称 A 股，一定不会是发展的重点。理由很简单，A股已经改革了20年，能改革的早已改革，改不了的就是改不了的，可以说 A 股改革已进入深水区。所以说加快发展中国多层次资本市场这个国家战略，一定不是加快发展 A 股。

那么，A 股都有哪些固有的老问题？

（1）中国 2 亿股民占了 85%的资金量，也就是说它是一个散户的市场，散户过多、机构过少，A 股必然存在狼和羊博弈的问题。但是狼和羊是没法博弈的，狼将永远吃羊，所以 A 股永远出现上涨—下跌—上涨的走势。下跌可以到 3 000 点这个点位，而上涨没办法涨到 1 万点，为什么？因为 A 股有 85%的资金是由散户所提供的，而机构只占 15%的资金。在一个机构和散户博弈的市场里，一定是机构赚散户的钱，所以，看到的永远是机构拉高散户接机构抛。这不是反腐打掉几个像徐翔之类的人，就能解决问题的。根本原因是 A 股市场的结构与市场的规则造成了这个结果。

（2）更深层次的原因，是国有股减持的压力。A 股里最大的股东是谁？是国家股、国有股，那么国有股未来有一天一定会减持。由于国家财政存在亏空，就会需要一笔钱，那么只有出售国有股，所以 A 股未来有一天一定会出现国有股减持。因此，A 股所有的投资行为都是一个短期的、短线的、超投机的行为，很难出现长期的价值。

（3）A 股的无法退出。A 股为什么没有退市制度，因为 A 股有 2 亿股民，让任何一个股民退市，任何一个企业退市意味着这个企业的千个股东的资产会一夜清零。

（4）四板是区域性市场，不是发展的核心和重要的地位，一定不是发展的重点，例如美国各个州的股权转让市场也不是重点，这和四板是一样的道理。

所以，加快发展中国多层次资本市场，就是指加快发展新三板。

现在这个时代需要新三板。自 2013 年起房地产疲软，出口不振，拉动经济增长的几架马车陆续起火。怎么拉动经济的二次增长成为从上到下的一个共同的问题。要拉动经济增长，不能依赖别的，只能重新把眼光放到国民经济的细胞：1500 万中小民营企业中去。

中国 GDP 体量全球第二，但是各个行业集中度远低于美国、日本、韩国，都是小企业，很少有大企业。小企业生产效率低下，污染严重，企业社会责任感差。核心原因就是没有一个面对中小民营企业的大的股权市场。因此中小民营企业大家都靠利润竞争，谁都没办法收购谁。

新三板的挂牌，不是简单地融资与否，更重要的是证券化和规范，从而可以让各个产业的并购重组浪潮兴起。因为有了股权市场，有了杠杆，就可以实现蛇吞象，实现并购。大的证券化的浪潮，让更多的企业股改、上市，就为下一步中国的各个产业从不规范走向规范，从分散走向集中奠定了很好的基础。试想，如果仅仅靠 3000 多家 A 股上市公司，根本无法完成中国的各个产业走向集中的重任。

只有各个行业都出现了大企业，才能带来生产效率的提高，采购成本的降低，用工的规范，进而带来污染的减少，食品安全问题的解决等。因此，发展新三板，会带来产业集中，最终拉动 GDP 的增长。

所以，必须通过中小民营企业的二次增长来拉动整体中国经济的增长，没有别的任何出路。那么，怎么拉动 1 500 万中小民营企业的增长呢？只能依靠解决 1 500 万中小民营企业融资难问题，让优秀的中小民营企业能融到资金，才能够加快这些企业的成长。所以，新三板为什么在 2014 年才开始爆发，三年发展 1 万家？为什么 2013 年之前没有新三板，2014 年之后大力发展新三板？这就是时势造英雄，中小民营企业的发展将是经济增长的支撑点，所以新三板一定会崛起。

二、2016 年新三板的新政

2017 年新三板走势分析一定离不开 2016 年新三板的制度分析，因为任何制度都是连贯的，孤立地看 2017 年的新三板的新政是没有任何意义的。历史是逐渐演变过来的，现在的新三板是 2016 年逐渐演变过来的，所以通过梳理 2016 年的新三板制度，自然能推出 2017 年新三板的走势。

2016 年新三板新政不是很多，因为 2016 年下半年新三板人事变动，董事长杨晓嘉退休，总经理谢庚升任董事长，证监会调过来李明当总经理。因此确实 2016 年新三板的政策推出速度低于预期，但是，这也给 2017 年新政的推出奠定了基础。

首先是新三板分层，2015 年 11 月 24 日分层征求意见稿出台，2016 年 5 月末完成分层。新三板分为两层，创新层和基础层，创新层有 950 多家企业。分层有三个标准，尤其是标准三，是中国资本市场历史性地第一次承认亏损企业也可能是好企业，也可以分入创新层。没有收入、利润的要求，只要求 6 家以上做市商，6 亿以上市值，这是非常大的突破，相信也是 A 股永远做不到的。

这就为一大批高科技企业被市场看到、认可奠定了基础。生物医药研发类、芯片研发类，这些前期巨额投资、后期巨额产出的企业，在中国民间一般很难出现，因为没有人愿意投资一个十年后才有利润收入的项目。但是，新三板做到了，这就是资本推动产业进步的很好的案例。

美国生物制药研发产业发达，我相信其原因除了人、教育之外，很重要的就是纳斯达克在 1971 年就允许亏损企业挂牌，而中国的新三板，是在 2013 年底才允许亏损企业挂牌。而正是挂牌，股份流通，才推动了此类企业的融资便利，产业发展。

除分层之外，新三板在2016年8月到10月间出台了很多政策，也就是杨晓嘉董事长退休之前，把一些不是最重要的，但是也很重要的政策都推出了。因为，最重要的政策一定是新上任的领导来颁布。

关于股转系统发布的主办券商内核工作指引培训的会议纪要（2016年8月5日），明确提高新三板挂牌门槛，审核趋严。明确“新三板市场顶层设计很重要，但企业质量是核心”“适应监管环境，对规则有所敬畏，提高市场整体质量”“有规则必须遵守，不遵守会被处罚”。

紧接着，时隔5天，关于发布《挂牌公司股票发行常见问题解答（三）——募集资金管理、认购协议中特殊条款、特殊类型挂牌公司融资》的通知》培训的会议纪要（2016年8月8日）明确了一些核心条款的内容，对赌协议的约定等等。尤其明确新三板募集资金必须使用企业、银行、券商三方监管的账户，资金的使用必须经过券商监督。所以说，2016年8月8号的募集新规之后，新三板企业募集资金被真正管住了，为之后的保险资金、公募基金、社保资金入市扫清了障碍。之前大资金不敢进入，是因为之前的募集资金管理办法确实不够严格，资金被挪用的事情屡有发生。

2016年8月13日，推出“券商回头看”自查运动。要求中国所有的新三板券商，对自己推荐挂牌的所有新三板企业，出具自查报告，并在2016年9月15日之前报给股转公司备案。这一个月券商忙疯了。股转公司要求的时间这么紧，显然后面会出台更加重磅的制度。同时也给了券商最后一次坦白从宽的机会。

关于发布《全国中小企业股份转让系统公开转让说明书信息披露指引（试行）》1～6号的公告（2016年9月5日）。9月5日，中国资本市场上第一次的分行业披露指引落地。明确了银行、保险、信托、PE等六个金融子行业挂牌新三板的详细披露要求。未来的目标就是对大类的中国200多个细分行业，有完全不同的详细的披露指引，真正做到挂牌公司披露的信息，是自己行业内的信息，而不是像A股那样大众化的信息。目标是披露信息的80%可以供专业投资机构决策，而不是像现在新鼎资本，企业披露的信息只是参考，去尽调还要再重新翻一遍。披露的信息有用程度一般，很多有用的信息没有披露。

关于发布《挂牌申请材料（股东人数未超过 200 人）受理检查要点》的通知（2016 年 9 月 7 日），明确了股东超过 200 人如何进行受理检查的问题。

2016 年 9 月 8 日颁布，关于发布《全国中小企业股份转让系统挂牌公司董事会秘书任职及资格管理办法（试行）》的公告，明确了创新层企业必须有专职董秘。

2016 年 9 月 9 日颁布，关于发布《全国中小企业股份转让系统挂牌业务问答——关于挂牌条件适用若干问题的解答（二）》的公告，明确了国有股挂牌、军工类的问题。

2016 年 9 月 14 日，颁布关于发布《私募机构全国股转系统做市业务试点专业评审方案》的公告，明确了私募 PE 类机构开始做市业务试点，打破只有 70 余家券商是做市商的现状。当然最终的目标是希望做市商达到几百家，便于交易活跃。

2016 年 9 月 30 日，颁布关于发布《全国中小企业股份转让系统挂牌业务问答——关于内核工作指引实施若干问题的解答》的公告，明确了一些审核的内容。

2016 年 10 月 20 日，颁布关于就《全国中小企业股份转让系统挂牌公司股票终止挂牌实施细则（征求意见稿）》公开征求意见的通知。新三板在发展初期，很容易就推出了强制退市制度，这对于 A 股是不可想象的。因为新三板坚持了 500 万开户门槛，都是机构投资者，风险可以自己承担。A 股之所以强制退市制度无法推出，就是因为散户过多，任何一个企业强制退市，意味着损失几千个散户，而越是不敢，就越是有很多人去“炒壳”。新三板从一开始就避免了这一恶性循环。

新三板董事长杨晓嘉退休前一口气出了这么多制度，集中在这三个月。而显然，更重要的制度要在新任董事长谢庚手中完成，这也就是为什么 2017 年的新三板更值得期待。

三、2017 年预计变化

证监会主席刘士余在 2017 年 2 月 10 号的讲话中提出两个要点：第一，是确保未来质量好的公司能够及时上市，用2～3年消化IPO堰塞湖问题；第二，对于新三板挂牌企业还要优化分层的制度和办法，新三板既要发挥苗圃的功能又要发挥土壤的作用，让一批创新能力强、诚实守信、市场前景好的企业能转板就转板，不愿转板的就在新三板里面绽放，这是未来中国资本市场又一道风景线。

随着2月10日证监会刘士余主席的讲话发布，市场沸腾，认为A股分分钟要实现注册制。有路透社消息传出，2017年A股会消化排队的600家企业，2018年要随报随审。

2017年的资本市场，尤其是一级股权投资市场，将会非常沸腾。但是，必须在市场火热的时候冷静思考。A股深层次的问题并没有解决，散户仍然过多，消息主导的A股市场没有变化，退市制度没有推出。机构仍然会不断血洗散户，处罚机制仍然不太健全。国有股减持的利剑时刻悬挂在A股上空。

那么，2017年的新三板，机会仍然非常巨大。A股2016年每月50～60家企业上市的速度，这样的扩容随着市场下行压力加大，有大概率会减速。如果再出现几个A股造假、黑天鹅事件，那么说不定又会有群体事件发生。A股会不会第10次暂停都不可知。因为A股挂牌的这么快，那么就会是萝卜快了不洗泥，一定会出现问题，而散户是风险承受能力低的群体，这样下去会发生什么，不可预知。

再明确，新三板现在交易不活跃，原因是政策推出慢，监管机构不想让新三板太活跃。步步为营，稳扎稳打，是新三板的策略。如果想让新三板交易活跃，其实并不难。

目前的新政策有：

（1）2017年6月左右新三板在创新层近1 000家企业中，再推出精选层，数量500家左右，在精选层进行竞价交易。那么，理论上新三板精选层的交易制度就将和A股一样。

这样做的目的只有一个，那就是让新三板企业改善流动性，那么相信这500家在新三板挂牌的万家企业里面只占5%，这个政策如果真的能顺利推出的话，相信改善新三板流动性的效果会比较显著。

实际上改善新三板的流动性，这句话本身是有问题的，因为新三板的流动性永远会有问题，要解决的是新三板的创新层企业或者新三板的精选层企业的流动性问题。新三板的流动性解决的标志是解决创新层或者精选层企业的流动性问题。

（2）大宗交易平台推出，解决目前做市交易无法大额成交的问题，解决做市交易里面的大宗转让的问题。

（3）降低投资者门槛至 300 万左右，从而引入多一些的投机的资金，带来一定的投机的交易活跃。

（4）引入更多的资金进入创新层，包括社保基金、保险资金、企业年金、QFII、RQFII、信托基金等。

公募基金入市，让散户间接入市，彻底打造机构投资者的市场。实际上，公募基金不是不想进新三板，是政策不允许，如果精选层推出，并进行竞价交易，就意味着允许公募基金进入新三板了。

上述（1）～（4）项制度的落地，相信新三板的流动性等问题可以得到很好的解决。但是需要注意，改善新三板的流动性，只是改善创新层，甚至创新层中的精选层的流动性。新三板整体的流动性永远不会改善。因为基础层的企业确实太一般，基础层的企业就是展示、宣传、激励自己、并购池的作用。

一方面是 A 股那么多的不确定性，一方面是新三板基本确定的、即将推出的、重磅的解决流动性政策。其实哪个更有前途，是明摆着的事情。与其去追 Pre-IPO 项目，不如深入挖掘新三板被低估的企业。

另外，2017 年新三板将面临近 1 000 亿基金的到期，也会倒逼政策快速出台。作为新兴市场，对接着总理的双创的市场，没有理由再做不好了。

万众创新、大众创业的直接落地点，只有新三板的承载。通过新三板，2016 年 VC 基金退出 1 500 余个，成为了 VC 的主要退出渠道，大大缩短了中国的 VC 投资周期，繁荣了中国的 VC 行业，这对于创新创业确实起到了非常重要的作用。

因此，预计 2017 年，A 股尤其是创业板，中小板整体估值会下调。同时新三板创新层，或者精选层估值上移，两个市场最终在年底会实现 A 股创业板、中小板与新三板的精选层估值趋同的结果，这又为转板制度的推出奠定了基础。

新三板的转板制度，在当下完全无法推出。因为一边是高估值、高流动性的A股，一边是低估值、低流动性的新三板。只有两边基本一样，转不转板对企业影响不大，才有可能推出转板制度。

还有据传 2017 年 A 股再融资规模减半，那么是否意味着即使上 A 股容易，但是A股融资将变得异常艰难。那么，是不是新三板优质企业融资，反而更加有便利性呢？

四、投资新三板的思考

随着中国资本市场变革的加速，笔者认为，投机的时代在逐渐过去，甚至以往简单的PRE-IPO的投资模式也会发生很大的变化。以往简单的PRE-IPO的逻辑就是，企业越传统、越简单、越容易看懂就越好，不需要太大成长性，这样是不对的。

随着A股IPO的常态化，PRE-IPO投资如果进入的价格高了真不一定会赚钱，打新也有可能亏钱。投资，更加考验眼光和行业分析的时代已经到来。现在不是只要去A股排队，投进去就能赚钱的时代了。

更需要的，就是做最简单的事情，价值投资。寻找到性价比最高的企业，投进去，无论它是在A股，还是在新三板，无论在哪个市场，只要足够优质，它的价值就可以被发现，被挖掘，被体现。

而未来的大趋势就是A股估值下调，新三板优质企业估值上调，这已经非常明显了。在新三板，可以找到细分行业的龙头，同时估值只有 10～15 倍市盈率。这种投资很放心，远比投资那些需要排队，并动辄 30 多倍市盈率的 A 股企业更放心。

同时，新三板 1 万余家的标的池，信息相对公开透明，从而减少了很多之前投资的信息不对称以及效率问题。可以相对高效地找到行业的龙头企业去投资，大大提高了融资、投资的效率。

当然，目前更多的机构还是专注在准备去A股IPO项目的投资。因为退出明确。但是，想一想，三年后的A股，还会是现在的估值水平吗？三年后的新三板还会是现在的估值水平吗？正因为投资新三板的机构不是非常多，这样才有时间去寻找价值被低估的企业，提前布局。当所有人都看到新三板的估值洼地，以及明确的未来的时候，就是新三板投资机会过去的时候。

当然，投资永远是有风险的。只能在理性判断的基础上，做出有最大盈利可能的决策。无论是新三板，还是A股，都是受政策影响非常巨大的市场。但是，今天的中国经济下行压力巨大，已经可以看到必须发展实体企业，而最大的实体企业支持，就是健康成熟的股权市场，无论新三板，还是A股。未来的A股和新三板，就是相互竞争的市场，而不是从属或者预备板的概念。

作者简介：

啃哥张驰，本名张驰，北京大学光华管理学院EMBA（在读），对外经济贸易大学金融学学士，中国注册会计师（CPA），国际注册内部审计师（CIA）；5年股权投资经验，6年审计工作经验。历任安永华明会计师事务所高级审计师，广东东研网络科技股份有限公司财务总监兼董事会秘书，昆吾九鼎投资管理有限公司高级投资经理。全面参与医药、消费品、制造业、农业、金融业等多个行业的尽职调查、投资决策，充分理解民营企业实际需求和行业发展现状，掌握快速分析判断企业综合投资价值的能力。之前任九泰基金管理有限公司产业投资部总监，新三板专户基金经理，管理多支新三板基金。2015年4月创立北京新鼎荣辉资本管理有限公司、北京新鼎荣盛资本管理有限公司（简称"新鼎资本"），任公司董事长、总经理。著有：《四大那些事：四大会计师事务所工作生活实录》《啃碎新三板：新三板前世今生之深度啃析》《啃碎新三板：新三板政策法规之透彻啃读》《啃碎新三板：得新三板者得未来》，均为当当、京东，亚马逊财经类畅销书，位列新三板领域畅销书籍前列。同时担任中国基金报新三板专栏作家，新浪专栏意见领袖，清华大学继续教育学院金融中心顾问，对外经济贸易大学金融学院兼职教授。在国内各大新三板论坛举行过上百次演讲，在众多高校进行了新三板演讲。多次参与新三板政策制定讨论。

新三板行业研究：一个尴尬的存在

作者：布娜新

【引言】

新三板是中国特色多层次资本市场的最主要的组成部分之一，它的积极作用有很多，但是我们不能只看到诗和远方，必须正视它的不足，理性地对待自己的投资。新三板其实是一个大规模的复杂性事务，而在大规模、复杂的事务上，人类还是一无所知的。人们对于如何把大规模社会运转起来的理解其实仅仅停留在 20 世纪。绝大多数的成果其实都是来自于早期的哲人，像希腊这些哲学家，他们会有一套构建，从逻辑开始引申出来的一系列科学的东西都是产生于早期的这些哲人。

如今，信息呈现了洪水般的、指数级的增长，但是人们的选择能力其实并没有增长，做选择的能力依然非常弱。新三板实际上提供了一个非常好的机会，可以说是分析师的沃土。那我们怎样才能有一个比较好的选择能力呢？

在视频直播最火的那几个月，券商中比较活跃的研究员们都踊跃地加入了直播队伍，后来颜值更胜一筹的美女分析师们的关注量竟然超过了大牌分析师们。在视频直播中，专家尴尬地发现，苦哈哈地讲了几十分钟干货竟然还不如妹子们两分钟的谢谢收到的礼物多。不过无论海外还是国内，分析师（Analyst）生态链中的竞争是异常激烈的。

前段时间那封美女研究员著名的辞职信，刷爆朋友圈，一句话道出了心中苦涩，**“这个行业你不需要平衡工作和生活，因为根本没有生活。”**

A 股研究虽然苦虽然累，打掉牙往肚里吞，但好歹形成一套完整的商业模式，报告有财大气粗的公募基金等着买。但是**新三板的研究目前还是个颇为尴尬的存在，新三板从2014年进入公众视野，但500万的投资者门槛，“天生丽质”地排斥一般散户，而国内散户也基本不太关注新三板**。同样，由于没有 A 股成熟的制度保障，券商研究部门出于成本考虑，热情不高。现在新三板的研究是完全市场化状态，除了券商研究所这支正规部队外，存在着很多游击队。例如私募、媒体、民间机构等。大家似乎把这个问题想简单了，认为如同雪球的高手研究美股那样，先博得眼球再说。（雪球上美股研究之所以做的风生水起，是因为雪球上的网友很多投资美股，而国内券商分析师是不研究美股的，自然雪球高手就填补了美股研究领域的空白。）

可是新三板的研究不会这么简单。在未来也必然从现在的状态走向体系化，会产生一个适合新三板生态系统的研究体系。众所周知，新三板是多层次资本市场的重要一环，在今年顺利完成了创新层与基础层的分层工作，在注册制大背景下，投资研究领域也需要一定程度的改革创新。用供给侧改革的思路来思考的话，研究领域的落脚点很可能在有质量、多品类的研究型服务。

新三板是一次改革和创新，从券商来看改变至少有两点，促进投行端的注册制以及推动研究端的投研一体化。投研一体化的发展则必然加速行业咨询研究这个市场的大发展，催生大量外部机构参与到这项工作当中。几家券商的研究部门早已在“意料之中”的转型战略中拔得头筹，比如民生、安信、中信、联讯证券等研究机构，都已经对新三板开篇布局，下一步趋势则呈现着券商与外部机构合作连横，并逐步走向做大做强的阶段。

一、问题与转型

首先从海外市场来看国内市场一些概念，“投资研究”究其根本是主动寻求一些“根本性”原因，譬如宏观层面的信号、长中短期的策略，这些对于各层次投资者至关重要。“投资分析”也是围绕研究中的可靠性和稳定性成分展开，国内研究员为公募基金服务，一般来说仅仅涉及少许行业，形成的专业报告供机构购买股票使用。而分析师为投资者服务，更强调个股推荐、策略，一般涉及的行业较多。在国内，券商的研究员和分析师统一被称作“分析师”，但他们在投资中的功能是有明显差异的。

纵观新三板，其是一个市场体积非常小的市场。但是品类繁多，可以覆盖各个行业，有庞大的研究需求，任何投研行业的人才都不能错过新三板市场。新三板目前已经包含将近 9 000 家公司，是 A 股的三倍，涉及行业更广泛，是分析师们的沃土。

从供需来看，新三板拥有大量公司，但是研究员的数量却极其有限，主要原因在于新三板体量小、研究机构盈利模式不清晰。即便从 A 股的经验来看，国内券商研究机构分化严重，一些大券商的研究员的分析更受关注。有些基金经理不太在乎本公司研究员的研究，更看重来自机构外部大券商分析员的报告，导致研究员与投资经理摩擦严重，投资经理不采纳其建议，研究员的报告没人用。新三板则是另外一个问题，企业的主要需求是融资，目前研究机构的研究报告还无法像 A 股一样“立竿见影”地为企业带来资金。总而言之，传统的券商研究报告是面对公募基金的，和新三板一样，A 股二级市场投资者和新三板的投资者都不会太关注研究报告。

转向私募机构，一些有实力的私募机构完全可以通过投资加实战的模式培养属于自己的研究人才，通过极大的人力投入与实战环境培养一流的研究人员，走投研一体化之路。其实在国外以及国内很多私募中，研究员和投资经理都在投资部门。这样做的好处是为了加强研究方面的能力从而巩固投资的稳定性。不可否认的是极少数大牌私募机构具有自己的投研部门，水准很高，而且一般不会对外公布自己的研究成果。

和公募的方法不同，私募研究报告更强调提升本机构信息优于外部，保证自己在瞬息万变的市场打赢信息战，所以很少公开。而公募机构的报告则更加公开，消除信息不对称性，将价值发现摆在前头。如果简单做一个划分，那么公募机构的研究报告的出口直指分仓收入，而私募机构的对外公开的研究报告对应的则是 fa 收入，体现在帮助一些企业在股权市场找到下一轮的融资方。

二、分析师的未来

从以往来看，除了各类针对分析师的奖项，分析师就职平台的威望为分析师加分不少，比如很多投资机构的投资经理会抽出时间关注中金以及招商等大券商的报告。从某种意义上说奖项和分析师所在平台有很强的相关性，大券商的分析师人气更旺，也更容易获得奖项以及客户的认可。

分析师行业步入了微信时代、网红时代。未来分析师行业的竞争会更加激烈，强调专业性的同时，机构投资者以及个人投资者也会基于分析师的人品与股票推荐业绩进行考量。当然一个分析师在粉丝面前的神秘感可能会下降，因为粉丝的黏性比个人的神秘感更为重要。和以往不同的显著趋势是，**分析师这个行业的平台已经不再重要，分析师的个人品牌价值越来越凸显**。同时，科技的变化对分析师的学习能力要求更高，由于 AI 以及大数据产业的加速发展，别说是分析师，即便是投资经理在未来均可能像围棋冠军一样惨败给电脑。

在中国经济转型的大背景下，传统产业的地位急剧下降，新兴产业迅速崛起，而这一点在证券市场表现得极为明显。在传统商业模式无法延续的现状下，研究人员的研究佣金最终会落实到市场，研究人员未来将不断适应新的格局，只有如此才能推动注册制市场的发展。

伴随着新三板的出现，知名卖方分析师们原先形成的巨大品牌可能被迅速分化填平，一部分明星分析师的变现能力可能被其他分析师分流。从供求来看，A 股的分析师数量要明显多于 A 股上市公司家数，其报告数量覆盖 A 股绰绰有余，体现研究报告的供大于求；而新三板恰好相反，挂牌企业家数多，对应的分析师人数较少，体现研究报告的供小于求。新三板对于分析师的需求是庞大的，有先见之明的人士早已指出，新三板若要大力发展，研究队伍是不可或缺的。

总体来说，**传统 A 股研究思路是从宏观落实到策略，关注市场短期动向和趋势，形成中短期看法，最后按照专长深挖到各个行业，落实到标的。而新三板的研究思路也是从宏观落实到策略（比如目前流动性糟糕、流动性断层产**

生，对于任何投资都是不利的，同样也会使得估值降低），通过研究形成中长期看法，最后落实到判断赛道和风口。

具体来说，还有以下两点需要注意：

（1）新三板投资分析的基础不同：新三板终究是风险投资，也是有门槛的投资。

（2）股权投资研究和证券市场研究的区别很大，主要体现在估值上，比如财务数字在证券市场基本面分析中非常重要；而早期投资则更看重成长型，天使投资人则会用创业者的心态去投资，估值评判的标准依据和中后期市场投资者的投资风格有着极大的区别。

所以新三板的研究更类似于企业咨询服务中的行业研究，不是企业个股研究。对行业的理解肯定重要于对企业 ROE 的计算，以及依靠财务模型计算的增长率。另外，研究机构对行业足够了解才会拿到相对准确的一手信息和数据，对于企业来说这些信息具有一定的情报价值。

伴随核准制走向注册制，投资银行行业必然发生极大的变化，研究所也是如此。目前新三板研究其实已经形成了一定的生态体系。民生证券的**管清友博士就曾提出“传统+企业咨询”的新三板研究模式，这种模式是极具变革意义的，也是针对目前新三板研究领域开出的一剂“良方”。**同时民生证券近期与太湖金谷联合打造了新三板第一投研咨服体系，为“传统+企业咨询”模式在实践中迈出了重要一步。

三、新生态系统

基于新三板的研究，应遵循新三板目前阶段是股权市场这一特点，认清证券研究和股权研究的区别。民生证券管清友博士之所以提出“传统+企业咨询”模式，是因为新三板需要券商队伍以及一整套研究体系作为支撑，为新三板服务。**两者盈利模式的不同点在于A股的研究员的收入主要在于分仓收入，而新三板是股权市场，服务对应 FA 收入以及咨询服务收入。**当然，两者的相同点在于应始终围绕寻找较好的标的展开工作，避免道德风险与扰乱估值，起到净化市场作用。在现有的安排下，有研究能力的机构紧密合作不失为一条良方。

（1）券商研究机构：基于宏观研究与企业研究的专长，为新三板带来专业的服务。

新三板目前还处于不成熟的生长阶段与制度初建时期，券商的重要性在整个生态链条中再怎么强调都不为过。券商的研究机构是拥有牌照的正规机构，正规专业机构服务的缺位体现于缺乏服务意识和多元化运作。伴随着注册制大潮的推进，券商理应在新三板中扮演重要角色而非简单通道。新三板中的企业目前还是以定向增发为主，二级市场目前还不具备A股的规模，所以需要更多专业研究。目前的市场现状是噪声多，深度研究少。券商应依靠自身多年积累的专业性和及时性，深耕细作，回归投行本源，为中小微企业提供强大的增值服务，以合适的价格，合适的方式，为中小微企业对接合适的资本。

（2）私募研究机构：发展投研一体化研究，逐步提高研究实力，增效新三板市场。

上面提到，有些私募机构已经朝着投研一体化的方向前行，通过增强研究实力，打造私募机构的品牌，获得客户的信赖。在这里还需要强调的是，新三板即将引入私募作为做市商，这一创新之举对于私募的研究实力格外看重，在海外，做市商又是“专家”的代名词，无论从自身投资的角度还是为自己投资企业服务的角度，私募机构强大的研究能力都必不可少，一旦私募做市商经历实验后扩容，私募机构必然更需要强调自身的研究能力。

（3）外部研究机构：利用行业经验，补充新三板研究空白，形成一定程度的协助力量。

新三板体现着注册制的市场化精神，在新三板市场中，一些学术机构与科研机构也参与进来。学术机构拥有较多的理论成果和研究成果需要转化，资源和人力、物力充足，在行业研究中的优势和重要性也越来越多地体现了出来。同时，一些财经媒体也筹建了新三板的研究机构，投研媒体的产生代表市场需求广阔但是供给不足，这些机构形成了生态系统的一环，类似独立性研究机构的角色，是研究能力的有效补充。当然，由于这部分机构缺乏券商专业机构的投研力量、资本市场的经验以及缺乏明确的监管，在道德层面上真正达到独立研究机构的要求还有待时日。

（4）互联网以及人工智能的力量：整合社会资源，不断从专业机构获取专业化投研力量。

除了媒体中的研究机构，还有一部分自己生产内容的互联网公司也投入到资本市场的研究领域中，在A股和美股领域就很明显，出现了“雪球”等社交媒体，大量行业专家集结于“雪球”，发布个性化的报告。将来新三板有没有可能出现类似“雪球”的社交媒体？将来有没有可能自动生成报告？这些绝对是有可能的，除了人类独有洞察力，计算机以及人工智能通过大数据等技术手段可以自动形成简化版本的报告。除了缺乏洞察力和主导性，在基础性研究方面，机器更有优势，也可以在新三板领域首先展开试验田。互联网对中国的影响是巨大的，其颠覆性已经方方面面，将来可能会出现互联网化的研究所。

目前非券商研究机构与券商竞争不具备现实基础，国内投资分析研究至少目前还是需要牌照的，但新三板与A股市截然不同的，行业研究更加迫切，非研究机构应开拓崭新领域，从行业研究入手，主动与券商研究所开展合作，走出一条新路。新三板是一个机构市场，为新三板投资者提供的报告更强调含金量，未来任何形式化的报告都会被市场淘汰，同时任何简单工作依靠计算机和互联网也都可以完成得更好。

作者简介：

布娜新，80后财经学者，知名财经评论人，《新财富》杂志官方微信专栏作家，近年来潜心于新三板研究工作，是新三板领域资深研究分析人士。曾多次在各大主流财经媒体发表有关新三板的专业文章。

细数新三板前进道路上的那些“大坑”

作者：陈利景[①]

【引言】

与 IPO 相比，新三板具有门槛低、时间短、费用省等特点。但是一家企业挂牌新三板，流程几乎是和 IPO 一样的。且不说尽职调查要求的全面而细致，也不说企业需要提供的材料和证明之繁杂，单是要遵守的法律法规就令企业目不暇接。可以说，每一家已经挂牌的企业，在走向资本市场的道路上都是曲折的。

这里就来细数一下新三板前进道路上的那些大坑。

大坑之一：选错券商，劳民伤财

日前，笔者的一位朋友诉苦说，跟他们同一批申报材料的企业都已经挂牌了，而他们因为券商内部的问题，到现在第一次反馈都还没有提交。由于过了报告有效期的要求，还要再加审一期财务数据，会计师事务所和律师事务所都要加收费用，真是劳民又伤财。

企业在全国股份转让系统挂牌，是走进公开资本市场的第一步，挂牌之后发行股票融资、发行债券及证券衍生品、做市交易、并购重组等业务都需要与

---

① 陈利景自 2009 年起专注研究新三板市场，在企业改制、挂牌上市、定向增发、股份置换、信息披露监管等方面，有丰富的实操经验。

主办券商紧密合作。如何选择券商，就显得非常重要。

有企业说，选券商和找对象一样，要擦亮眼睛。笔者非常认同这一观点，选择券商主要看以下几个方面：

一看团队。目前有些券商是总部投行承做项目，还有些是分公司当地人员承做项目。团队是不是本土的，这一点非常重要，如果不是，后续辅导过程可能存在“服务跟不上”的问题。

二看券商综合实力，如：规模大小，知名度，是否全牌照，公司对新三板业务是否重视，有没有做市资格等。特别提醒一下，不能盲目迷信大券商，笔者朋友的公司选择的就是一家知名的大券商，但他们并不重视新三板业务，项目拖延，苦不堪言。

三看券商资源，推荐挂牌仅仅是企业和券商合作的起点，挂牌后的增值服务才是给企业带来切切实实的帮助。要看券商能不能为企业牵线搭桥整合一些资源、推荐一些投资机构或市场上下游资源等。券商在挂牌过程中起主导作用，当然选择经验丰富的会计师事务所和律师事务所也非常重要。

总之，新三板选择券商非常关键，一定要慎之又慎。要非常注意承做项目的团队、人品、职业素养，提供的方案是否能满足企业的诉求，能否针对企业的发展战略提出有建设性的、投行视角的意见，有没有一套新三板综合金融服务体系；还要看券商的规模、牌照和品牌度。不要仅仅盯着挂牌费用，要求严不严格等小事。找到一个能全方面提供服务的券商，会帮助企业少走很多弯路。

大坑之二：以评估价折股，导致公司持续时间不满足挂牌条件

股改中，以有限公司的净资产评估值折股，法律上是允许的。但是这种方式，本质上是终止原有限公司，新设股份公司。所以，公司持续时间和业绩不能从有限公司设立时起计算。很多公司股改是为了上市或在新三板挂牌，持续时间不能连续计算可能使公司达不到上市或挂牌要求。

《全国中小企业股份转让系统股票挂牌条件适用基本标准指引（试行）》规定：有限责任公司按原账面净资产值折股整体变更为股份有限公司的，存续时间可以从有限责任公司成立之日起计算。整体变更不应改变历史成本计价原

则，不应根据资产评估结果进行账务调整，应以改制基准日经审计的净资产额为依据折合为股份有限公司股本。可见，新三板挂牌要整体变更为股份公司时需要按审计的净资产折股，且不能根据评估结果进行账务调整，否则存续时间无法从有限公司成立之日计算。

2014 年 3 月 1 日起实施的新《公司注册资本登记管理规定》，删除了有限公司整体变更为股份公司时须对净资产进行评估的规定。这样做使得公司注册资本登记制度与上述上市制度、挂牌制度在协调一致性上又进了一步。

对于无须上市、挂牌的公司，股改时可以选择按评估的净资产值折股，相当于新设公司、经营期限重新计算；而对于有上市、挂牌需求的公司，股改时选择按经审计的净资产折股，经营期限连续计算。

已经挂牌或上市的公司中，不乏股改有瑕疵，之后又变回有限公司再二次股改的案例。

大坑之三：填错托管单元，股东干着急不能卖股票

托管单元就是投资者在券商托管股份的一个席位，通常股东卡开户在哪家券商，托管单元就要填哪家券商。

由于很多新挂牌公司董秘或证代对“托管单元”这一概念不太了解，导致办理股份登记（一般是初始登记、新增股份登记）业务中，经常填错托管单元编码这一关键信息。最常见的错误是，不核实股东卡的开户券商，想当然地填写主办券商的托管单元，导致股东在股票挂牌后无法在其认为“正确”的券商的交易软件或营业部查到股份。后果可能很严重——比如，股东要卖出股票时查不到股份，从而想卖也卖不掉……时机不等人呐！

因此，在进行股份登记时，一定要跟股东本人核实股东卡开户信息！填错很麻烦。

大坑之四：信息披露违规，企业及高管受处罚

信息披露一直是上市公司和非上市公众公司在日常运营中的一项重要工

作。股转系统对挂牌公司的信息披露也有着严格的要求。

在信息披露中，公司实际控制人和董事会秘书是最为关键的承担义务主体。对于公司实际控制人来说，应做到不干预、不操纵或不使用其他不正当手段干扰公司信息披露工作；而对于董事会秘书或其他信息披露直接责任人来说，应做到恪尽职守，熟悉公司应披露的各项事项及披露时间，确保及时、公平、全面地披露所有对公司股票及其他证券品种转让价格可能产生较大影响的信息，并保证信息披露内容的真实、准确、完整，不存在虚假记载、误导性陈述或重大遗漏。

对于违规进行信息披露的主体，全国股转系统可以对其采取自律监管措施、给予通报批评、公开谴责等纪律处分，并记入证券期货市场诚信档案数据库。

从股转系统公告的信息看，新三板挂牌公司信息披露违规行为主要分为三类，即“披露信息遗漏或有瑕疵”“未及时信息披露”和“未履行核准程序前披露信息”。

2015 年，全国中小企业股份转让系统有限责任公司共对 44 家挂牌公司、35 名挂牌公司董监高、1193 个投资者账户(1238 次)、31 家主办券商(35 次)、2 家做市商、1 家会计师事务所采取了自律监管措施，累计 1351 次；对 1 家挂牌公司、1 名挂牌公司董监高实施了纪律处分；对未按期披露年报的 1 家公司实施摘牌。及时向证监会移交涉嫌内幕交易、市场操纵、大股东违规减持等涉嫌违法违规的案件 27 件。

股转系统公司采取的一系列措施表明了其对于信息披露违规行为采取严肃处理的态度，对挂牌公司及相关主体严格按规定履行各自义务敲响了警钟。

大坑之五：企业盲目发展，自跳火坑

我们一直说“新三板挂牌只是开始，融资和资本运营才是重点”。没错，在企业发展的不同时期，融资和资本运营的做法也是不一样的。

越来越多的案例证明，一个企业要进入资本市场，在自身条件不够完备的情况下，还是需要系统诊断和分析企业的现状与差距，从战略定位上重新做顶层设计，在商业模式、盈利规划、纳税筹划、风险管控方面做到心中有数，方可勇往直前。

资本一定是逐利的，所有资本都希望找到将来能挣钱的企业。企业吸引到投资机构并不是就万事大吉了，因为投资人成了你的股东，为股东创造利益也是公司必须要做的事情。不少企业在没有弄清楚自己真的要什么的前提下，在好友们的撮合下，盲目引入风投，也不懂如何控制风险，更不懂什么叫“对赌协议”。拿钱要紧，没有系统的业绩成长规划和发展方式调整方案，加上团队素质跟不上，拿到钱后也不懂怎么用，导致最终对赌失败，把企业推进了“火坑”。

古语有云：“德不配位，必有灾殃。”企业发展的“德”是管理，“位”是企业规模和竞争地位，当管理跟不上企业快速发展的节奏，必然是死得更快。前一阵刷屏的某 ST 公司，就是因为盲目扩张，“眼见它起高楼，眼见它宴宾客，眼见它楼塌了……”，60 亿估值说没就没，多么惨烈的教训。

大坑之六：回答投资者问题不注意分寸，引火上身

公众公司对外说错话叫虚假信息披露，说太多就涉嫌内幕交易。因此，公众公司在回答投资者的问题时，要有分寸，讲逻辑。

作为公众公司，信息披露首先是通过指定媒体进行的，证监会规范上市公司运用网络媒体行为的相关要求中明确规定：

（1）信息披露义务人在网络媒体发布信息的时间不得先于证监会指定媒体，不得以新闻发布或者答记者问等任何形式替代应当履行的报告、公告义务。

（2）网络媒体发布、传播上市公司信息导致股票交易异常波动的，证券交易所将依法核查所涉上市公司股票交易是否涉嫌内幕交易或操纵市场。

（3）当上市公司相关信息被网络媒体关注、转载，并可能或已经对公司股票及其衍生品种价格造成重大影响时，上市公司应当启动快速反应机制，并通过指定媒体及时披露澄清公告。

新三板公司也应当严格遵守此项规定。信息披露义务人千万不要把自己理

解成一个代表公司的对外部所有主体的新闻发言人。信息没披露，有人给你打电话，你要说公司所有信息以指定媒体信息披露为准；信息已经披露，千万不要做超出披露内容的解读。如果不清楚自己言语的界限，一定要有礼貌的回绝任何提问，这样一则维护了公司的形象，二则履行了作为信息披露义务人的职责，千万不要擅自发言。

这个教训可以参照光大证券前董秘梅键的血泪史，2013 年 8 月 16 日，光大证券发生乌龙指事件后，媒体电话找到梅键求证，梅键不经了解，即任性地对媒体表示，没有乌龙指这回事，然后，梅键的董秘生涯就彻底结束了，再也没有然后了。

笔者要说的是，不管是否有，回答投资者或媒体的问题时，一切信息披露见，即使要接受采访，也一定是在信息披露后，并且在信息披露范围内。

结语

企业在资本市场前进的道路上，确实充满了坎坷与艰辛。不过大坑如此多，依然可以绕道走，企业要懂得让**“专业的人做专业的事情”**。愿挂牌企业不忘初心，砥砺前行，借助新三板这个资本市场，实现企业的跨越式发展。

作者简介：

陈利景，MBA 经理师，获证券、基金从业资格证，深交所董秘资格证书，自 2009 年起专注研究新三板，曾为数十家企业做挂牌咨询辅导，多家培训机构特邀讲师，在企业改制/挂牌上市/定向增发/股份置换、信息披露监管等方面，实操经验丰富，发表的《<董监高红宝书>信息披露事项之最全总结》一文累计阅读已经突破 10 万。

第二章　市值管理篇

- 新三板企业市值管理剖析
- 新三板市值管理实务之价值挖掘
- 非上市公司的股东关系管理与市值管理的关系
- “互联网+”与企业市值管理
- 你真的搞懂了市盈率吗

新三板企业市值管理剖析

作者：李益诚

【引言】

新“国九条”提出“市值管理”，明确鼓励上市公司建立市值管理制度，此举确立了市值管理的正统地位，确立了市值管理的规范性要求。同时市值管理逐步纳入国企考核指标体系，部分地方国企已经率先对下属上市公司进行市值考核。随着我国国企改革进一步深化，以及民营企业市值管理意识逐渐加强，我国资本市场进入市值管理时代。

回顾资本市场的变化和发展，IPO 重启、注册制推出、新三板分层、战略新兴板等一系列资本市场新政策，如何在变化莫测的资本市场中做市值管理，确实让很多新三板企业有点迷惘和错乱。

鉴于此，本文除了阐述新三板市值如何理解，还结合案例分析对市值管理的实际操作进行说明，希望能帮助新三板企业家打开市值管理的大门，学到资本运作的实际操作技巧。

一、如何理解新三板市值

挂牌新三板的三个需求：融资，流动性，市值。客观来讲，只有上市公司创业板中小板才有市值，但是新三板作为一级半市场，新三板企业是存在市值的，必须重视市值。

对于没有挂牌新三板的企业，市值就是如何估值，考虑如何越高越好；挂牌后企业市值等于定增融资的价格，也等于股票交易时候的价格，也等于企业未来要想走向创新层或者中小板的时候，如何打好良好的基础。

市值管理，是达到公司价值创造最大化、价值实现最优化的一种战略管理行为，是推动上市公司**实体经营**与**资本经营**良性互动的重要手段。

现实生活中有很多新三板挂牌企业，把市值最大化等同于利润最大化，这是错误的，实际上，**市值跟利润并不是绝对线性的关系**，有时候有关系，有时候又没关系。所以有很多企业一直处于净亏损状态，但是市场估值却很高，比如京东。

（一）为什么净利润亏损，估值却很高

1. 企业是有毛利的

比如京东，从其所销售的单品来看，基本都是高于进价销售的，所以会有毛利，但是均摊掉公司运营成本、物流建设成本、营销成本等，最后就变成了亏损的状态。

2. 亏损是有意控制在一定范围的

相比京东的资产、估值，亏损只是非常小的一部分，京东一直将亏损控制在合理的、可接受的范围内，不会对企业的经营造成不良的影响。

3. 最重要的是，低利润率促进了企业快速增长

比如京东用更低的商品售价吸引更多的用户在京东上购买商品，销量更多。

（二）用低利换得大量用户的优点

（1）流量变大，成为不少商家销售产品的重要渠道，在价格谈判上就有很大话语权。

（2）更大的销量会极大降低商品的平均配送成本。

（3）更大的销量让企业拥有更低的进货成本和更长的结账周期。

（4）大的销量拉高了企业的估值。

二、案例分析——企业如何做市值

1. 深圳市某股份有限公司

深圳某股份有限公司主要做两方面业务，第一是智能建筑工程，主要是做一栋楼的硬件软件的监控设备，第二是做计算机软件。该公司 2016 年的净利润只有 427.17 万，但是市值高达 7.08 亿，是如何做到的呢?

它做市值主要解决了两个问题：

（1）解决战略定位的问题。所有的战略地位都源自于企业的基因，核心管理人员的社会关系和团队的基因，该公司根据自身资源，重新定位为做智慧城市。虽然定位做智慧城市，但是到底做智慧城市中的哪个环节呢？这就需要进行战略分析，**战略分析包括三个方面：第一是相关行业，第二是相近行业，第三是上下游行业。**

（2）解决商业模式的问题。在完成战略分析后，就需要通过对企业家团队和社会资源的整合，来解决商业模式问题，比如以云计算存储作为重构商业模式的方向。

第一步，该公司与珠海某云计算存储领域的企业签订战略合作协议，以转型做云计算存储的 ID 基因。做云计算存储主要是针对银行和金融机构，整个投资规模需要十个亿，企业家下定决心完成此次业务。而此战略协议奠定了企业转型的基础。

第二步，启动融资，准备挂牌新三板，并成立子公司，即智慧城市有限公司和物联网技术有限公司，以提高企业的价值。

新三板挂牌之前，企业引进投资人主要是达到三个目的，第一利益共享，第二就是未来上下游产业链的整合，第三个就是梦想。在新三板挂牌前，企业实际上可以找这七种人作为投资人：第一上游，第二下游，第三合作伙伴，第四经销商，第五员工，第六亲戚朋友，第七同学老乡等。

该公司融资找的是上下游企业，即未来要做云计算存储的设备商和施工单位，因为之前与公司匹配的就是跟它业务有关系的资源，并谈好合作的条件和后续的设备供应。最终，该公司一共融资 5000 万，一部分进入注册资本，一部分进入资本公积金，挂牌之后，再把资本公积金转为注册资本。

第三步，该公司挂牌新三板以后，通过找银行做融资租赁，通过路演做融资，来做基础设施建设。

在已经有了框架协议之后，该公司去找银行等谈做融资租赁，用一个亿的杠杆来撬动这十个亿的项目。除此之外，企业在不断路演融资中注重强调：

① 目前地区的产业前景很广阔。

② 现在所有的上市公司都在做 IDC 业务。

③ 与某行业巨头合作开展业务的状况。

④ 企业需要一个亿的启动资金，就能撬动银行的配套资金，还有融资租赁杠杆资金。

渐渐地，该公司引起了众多投资人的兴趣，并逐步释放利润。综上所述，该公司通过战略定位与设计、配备资源，融到了资金，因而战略定位是企业转型的重点。

2. 广州某钢管结构有限公司

该钢构公司是专门给国家电网、南方电网做高压线塔的一家新三板挂牌企业。企业家想融资，同时想做市，遇到一个困惑，那就是到底是先定增再做市还是先做市再定增？

解决这个困惑首先要想一个问题：**做市的目的是补充流动性，融资的目的是为了拿到钱**。流动性和资金哪个优先？可能很多企业家的回答是：我既要钱又要流动性。但是就像现在的房子由于房价很高而卖不出去，如果企业先找做市商做流动性，做市商能把企业的价格拉得很高，最后没人接受。同时如果先做市的话，做市商给企业价格一定会很低，企业融资相对来说比较难。

所以，**企业要先融资再做市解决流动性，挂牌新三板的首要目的就是融资**。当然，并不是企业不要做市，而是要根据新三板不同时期不同政策，根据企业不同状况，根据不同需求来做市。

那么，在利润亏损一千多万的情况下，该钢构公司是如何融到资的呢？

融资一般要解决融资用途、融资价格、融资人三个问题，而解决融资用途是解决后两者的前提。首先，如果融资用途不设计好，大家觉得没有期望，没有梦想的话，是不会投资企业的；再者，价格跟用途有密切关系，企业要告诉投资人拿到钱做什么，投资人才会对企业有信心，才愿意花高价买企业股份。

所以该钢构公司为了解决融资用途的问题，做了产融结合。

以下几种融资用途，投资人应慎重选择：

第一，补充流动资金。

第二，收购兼并。

第三，研发新产品：研发属于中长期投资。

做产融结合的核心其实就是供应链金融，该钢构公司通过建立一个 B2B 的供应链平台，对上下游进行整合，因为它这个行业最大的问题就是应收账款比较多。该钢构公司在广州成立了一个供应链管理公司，成为一个供应链管理的平台，来进行上下游资源的整合，也就是说它成立了供应链管理公司，作为一个品牌，开始B2B模式的商业模式。企业投入两千万，就可以把这个平台建起来，同时再融资 3000 万就可以带动整个流动资金。在这一年之内通过 3000 万进行滚动，就可以带来银行的授信。

最后，该钢构公司通过一个B2B的供应链金融平台融到了资金。所以，战略定位很重要，尤其是对于新三板挂牌企业。

3. 北京市某装饰股份有限公司

这家企业主要做精装修，企业通过招投标的方式开展业务。企业的业务模式相对传统。该公司通过市值管理，定增融资了一个亿，而且只花了 40 天，是怎么做到的？

首先，战略定位与战略规划。该装饰公司开始定位为一个全程的整体服务商，并向上游延伸。虽然现在是精装修，但是未来如果企业融资到位，就会开始升级做智能家居。做智能家居：第一是做整个数字模型，做模块化；第二是转型，做平台化。一家企业，**卖产品不如卖平台，卖平台不如卖结果**。所以，企业战略定位要从卖产品向卖平台、卖结果转变。

再者，进行并购。虽然市场行情比较低迷，但是**行情越差的时候企业越要**

做并购。并购行情越差，越要做战略规划和定位。行情一旦起来，企业就可以做定增融资，不过除了对未来趋势要有个判断，还要对行业要有个判断。企业在选择定增融资的时候，也要对企业的人才基因有个判断，然后对资源整合要进行一个规划。

总的来说，企业做市值管理一定要做三件事：第一是战略定位，第二是平台商业模式的打造，第三就是收购兼并。再者，企业发展一定要记住三个点；第一个是市场低迷做并购，市场好转做定增；第二个是能够在挂牌前融资的，尽量在挂牌前融资，在挂牌后的融资显然比挂牌前难；第三个是企业挂牌后一定要重视阿米巴经营模式，也就是一定要重视员工内部创业。因为新三板挂牌企业股权激励不能解决根本问题，股权激励并不能让员工兴奋，而真正能让员工兴奋的是做员工内部创业机制。

作者简介：

李益诚，深圳嘉实资本有限公司董事长，北大汇丰商学院、清华大学、复旦大学、上海交通大学、中山大学特约教授，曾任中植资本高管，新华联集团股权投资机构部总裁，近 10 年来专注于企业商业模式升级设计、产融结合系统构建及境内外上市策划实务，先后为太阳鸟游艇（300123）、新世纪信息（002280）、南方轴承（002553）、唐人神集团（002567）国腾电子（300101）、中颖电子（300327）、海润光伏（600401）、大金重工（002487）、亿通科技（300211）等 50 多家企业融资及上市出谋划策，是最先将有限合伙制度引入中国创业投资基金及私人股权投资基金的开拓者之一，专业专心专注于私募股权基金与企业上市业务，被中外业界誉为“真正富有创造性及解决方案的交易策划者”。

新三板市值管理实务之价值挖掘

作者：李建辉

【引言】

一些新三板企业借助A股上市公司的市值发展理念，提出产融互动，产业和资本相结合的思维发展，殊不知A股市值管理多适用于成熟发展企业。在A股的市值管理经验基础上，结合新三板市值管理的实际情况，从总体来看，小企业有小企业的做法，中型企业有中型企业做法，传统企业有传统企业做法。

新三板企业市值管理更多的应该是价值挖掘、资本塑造，是为大股东及全体股东资本梦想的挖掘——实现过程服务的。我们应区别于现有的A股市值管理理论，建立一套适合企业自身发展的市值管理提升、产业经营提升的解决方案。

一、新三板企业的诉求

总体来说，新三板企业的主要诉求有以下几项：

第一，挂牌后的一系列操作规范合规的基础性需求，主要由券商来满足。

第二，基于泛市值管理的财务需求。为什么是泛市值管理？因为新三板实际上既有市值管理的需求，也有综合财务顾问的需求。新三板毕竟在成长中，很多的需求还在摸索。往往一些有价值的企业的需求是偏综合类的，不简简单单是一个市值管理，也不简简单单是财务顾问。

第三，产业与资本宽度的资源整合需求。既然拥有了新三板这个平台，企业的需求就要与资本融合起来，与资本背后的资源融合起来。

二、新三板企业市值更多是价值挖掘

很多新三板企业借助A股上市公司市值发展理念进行市值管理，但是A股的市值管理方式并不适用于新三板。因为A股与新三板有着很大的区别，尤其是流动性不同。据有关数据显示，新三板股票与投资人的比例是1:20，而A股股票与投资人的比例是1:50，所以A股的流动性是溢价的，而新三板的流动性是折价的。

实际上，A股公司市值管理的难度要比新三板低得多，新三板市值管理难度相对更复杂。这是因为：第一，政策不太明朗；第二，投资人的门槛比较高，流动性容易折价；第三，新三板的投研基础比较薄弱，没有相应的投研体系。

在符合对非上市公司监管要求的条件下，新三板企业市值更多是价值挖掘，进行资本市场的营销，这才是新三板企业市值管理的一个基础模型。

三、如何进行价值挖掘

（一）选拔优秀人才

一个企业想要做好自己的财务规划和市值管理，主要还是依赖于人才：

第一，优秀的董秘。一个优秀的董秘能为企业的市值管理带来一个较成熟的、成体系的规划。目前很多新三板的董秘不具备这个条件，企业可以从现有的股东里边或者企业的投资人两个层面聘请专业的财务官来改变现状。

第二，财务顾问。聘请专业的机构去做专业的事情，企业可以找一些财务顾问公司来满足需求，它有一定的经验和资源。自身的精力应该主要放在业务发展方面，因为其市值管理的最终核心落脚点是企业本身的质量、本身的成长性。

（二）出具专业的研究报告

1. 专业的研究报告是价值挖掘的核心

大量的新三板企业缺乏把自己的价值给体现出来的手段和意识。很多投资机构都明确地指出只有 5%的新三板企业有对自己企业本身的研究报告，对相关行业进行梳理的行业报告更是稀缺。即使有相关报告，也多是来自于媒体，很少是由券商研究所等专业的第三方机构出具的研究报告。

然而在新三板活跃的投资机构有一半来自于原来的二级市场，一部分是来自于一级市场原有的一些基金，还有一部分是来自于一些体外的第三方的资金，主要是从房地产等实业转型过来的资金。这些资金进入新三板以后，一般从这两方面入手了解企业：第一，通过券商、熟人或熟人的朋友的介绍；第二，从网上筛选到合适的企业和行业，再找相应的渠道去了解、分析这些企业与行业。无论是哪种方式都有一个痛点，就是筛到某个新三板企业，结果看到的相关资料不仅少，还是两年前的。

投资机构的投资经理往往无法覆盖太多的行业，所以他们往往是在自己熟悉的行业去筛选合适的企业，一旦跨到行业以外的企业，他们想投资的话，也是非常被动的。

所以企业找专业的第三方机构出具关于企业及行业的研究报告是很有必要的。一个关于公司的有深度的研究报告，是新三板企业价值挖掘的核心所在。

2. 研究报告应该是多维度的

关于公司的专业的研究报告，不能是泛泛而谈，比如企业的年报、半年报等，而应该从公司的行业前景、核心竞争力、商业模式等多维度对其投资价值进行深度研究与分析。一个新三板公司实际上至少有三个券商，那么可以从这三个不同的维度去出具公司的研究报告。

这个研究报告不能是很多券商在自己内部平台的发言，这样的话影响力是非常小的。所以，还是要发布到主流的财经资讯频道，精准而广泛地传递好的研究报告。因为实际上很多新三板企业的市值管理，是要吸引潜在的投资人。这些潜在的投资人往往通过这些咨询平台来了解公司，他算是一个大的渠道入口，所以主流财经资讯频道是企业获取潜在投资人的重要途径。

3. 出具研究报告要在重要的时间节点

新三板企业要注意把握重要的时间节点，比如融资的时候出具研究报告。这样利于把公司的价值报告传递出去，利于企业稳住两类股东：一是企业自身的股东，不会在市场进行抛售；二是吸引更多的潜在投资人，在企业股票价格稍微下滑的过程当中，他们依旧对企业前景看好，保持信心，仍然是主动投资状态。**据统计，每发表1篇研究报告，潜在投资人的数量就提高10%～15%。**

四、总结

通过价值挖掘获取资源的过程就是获取融资的过程，获取更多的投资人关注的过程。价值挖掘最终的目的是要解决投资人跟企业发展之间的信息不对称问题，研究报告正是企业与潜在投资人、存量股东进行沟通的工具，不仅利于投资人的稳定，也利于获得更多的潜在投资人。所以出具研究报告实际上是间接地帮企业获取了更多的资源，从而带动市值的相对稳定。

作者简介：

李建辉，北京博星证券投资顾问有限公司，深耕证券市场10余年，曾任职多家证券公司分析师，主导新三板基金投资，重点挖掘TMT行业，筛选成长型企业投资机会，负责了领信股份（831129）、讯众股份（832646）等20余家新三板优质项目的市值管理及财务顾问工作。

非上市公司的股东关系管理与市值管理的关系

作者：王俊

【引言】

在新三板上市公司中，第一大股东持股比例达到50%以上的超过挂牌公司的半数，少数公司第一大股东持股超过 99%，股权的过度集中对公司估值融资产生了不良的影响。随着企业在资本市场上融资的进程，股东数量和股权分散度将进一步提高，如何进行股东关系管理将对公司市值管理产生极大的影响。

本节将从实操层面讲解如何通过合理的股东关系管理提升企业的市值，达到非上市公司市值管理的目的。希望对新三板企业进行市值管理有所帮助。

一、市值管理的定义

市值管理是指公司建立一种长效组织机制，致力于追求公司价值的最大化，为股东创造价值，并通过与资本市场保持准确及时的信息交互传导，维持各方关系的相对动态平衡，在公司力所能及的范围内设法使公司股票价格服务于公司整体战略目标的实现。

从普遍的观念来看，很多老板认为公司的市值等于净利润乘以市盈率，因此在操作层面发生了很多啼笑皆非的事情。比如有少数不负责任的做市商给企业设定利润目标，要求半年报达到多少利润，年报达到多少利润，完全不符合企业的实际情况，企业估值是上去了，做市商清仓走人了，给企业留下一个烂摊子。

对于新三板来说，投资人大多数是机构投资者。新三板企业的估值从长远来看是需要反映企业的真实价值的，从客观的角度来说，资本往往做的是锦上添花的事情，很少能做到雪中送炭。所以对于新三板的市值管理，需要从真正提升企业内在价值入手，最终达到提升企业实质的目的。

二、投资者关系管理

新三板的信披制度目的是规范公司管理。经过几年来的发展，多数的企业公司治理日趋完善正规，这是投资人能进入的前提。一个完善透明的公司治理结构可以提振投资人的信心，是市值管理的基础，而信息披露的对象就是公司所有的投资人和潜在投资人。所以，信息披露是投资者关系管理的手段之一。

一个长期有效的投资者管理制度对于企业市值管理有促进作用，如何从实操的角度做好投资者关系管理，以提升非上市企业的市值呢？

（一）完善公司治理结构

投资者关系管理的基础是完善的公司治理结构，对于一个有志于在资本市场有所作为的企业，第一步要做的就是完善公司治理结构。

这是一个老生常谈的问题，很多人认为很简单，但是往往最简单的事情，能把它做好的人反而很少。股东会是公司的最高权力机构，董事会是代表股东行使权力的，总经理领导下的运营团队是完成董事会通过的各种战略目标以及决议的，但在许多新三板企业当中，往往实际控制人兼任董事长、总经理。在公司的实际业务中，股东会、董事会高层其实都是同一人说了算。

对于这种公司，投资人往往是敬而远之的，因为这样的企业完全不可控，那么如何解决这个问题呢？建议按照如下的步骤进行解决：

第一，明确公司重大事项的决策流程。

第二，在董事会引入独立董事或者引入真正熟悉公众公司管理的高层人员，使董事会真正发挥作用。

第三，企业实际控制人在处理不同事务的时候，需要从内心明确自己的角色，区分清楚投资人、董事、高管的身份，在做不同的事情的时候确认自己的身份，这样做出的事情才是符合情理的。

第四，在实际控制人可控的范围内引入集体决策机制。专业领域内的事项要尊重专业，从实质上降低公司运营的风险。当一个企业建立了真正有效的公司治理机制，在投资人尽调的过程当中，无形中就提高了企业的信誉度，同时也对公司的估值产生正面的影响。

在目前的新三板企业的管理中，更多的企业是为了迎合监管的需要，被动地按照股转公司的要求进行工作。希望未来有更多志存高远的企业能主动地利用现代公司管理制度，完善公司的管理治理结构，发挥专业人员的作用，杜绝拍脑门决策的现象。这样可以降低公司的运营风险，提升公司的实际价值，从而提升公司的市值。

（二）发挥中介机构的作用，提升企业的信誉度与透明度

许多新三板公司是完全按照会计师事务所的要求进行日常业务的处理的，这看起来是一个很正常的事情，但在实际工作中，大量的企业没有认识到中介机构对企业的正面影响，反而把中介机构的要求当作是负担，认为这是为了融资需要付出的代价。然而上市公司及非上市公司中市值管理做得比较好的企业，往往是充分发挥了中介机构对企业管理运营的积极作用，通过与中介机构的合作，向投资人以及潜在投资人传达了正面的信息，大幅提振了投资人的信心，同时也降低了企业的运营风险。

随着中国法制社会建设的进程加快，这种做法也大大降低了实际控制人的风险。

（三）与战略投资人沟通的策略

一个真正有内在价值的企业不通过资本市场也可以生存得很好，有很多优质企业不考虑上市。大多数挂牌新三板的企业是想在资本市场上有所作为的，但是资本只是企业需要的资源之一。一个成熟的有发展前景的企业，更多的是要考虑资本背后能够给企业带来的资源。纯粹的财务投资人在企业经营过程当

中是需要的，但能够真正提升企业内在价值的是战略投资人。

针对战略投资人，建议通过如下的方式建立与其沟通的制度，深入挖掘战略投资人的背景资源，提升企业的内在价值。

第一，对战略投资人进行深入的调查，了解其背后可以为企业带来利益的资源。有一部分企业是被动地等待战略投资人提供的各种资源，因为它认为战略投资人的地位比较高，同时了解的信息也比较多，但是，真正了解企业的人是战略投资人吗？不是的，只有企业自身，只有企业的团队，才是最了解企业的。所以战略投资人主动给的不一定是最合适的，一定需要自己主动去要求。

第二，在企业发展的关键决策事项上，企业主动邀请投资人出谋划策。除了日常的信息披露之外，在企业发展的关键决策事项上，如果投资人有相关行业的经验或者是专业能力，需要企业主动邀请投资人出谋划策，一方面可以切实提高企业的决策能力，同时也增强了投资人对企业的了解，知道如何更好地帮助企业发展。

许多企业涉及的专业领域非常多，仅凭一家公司不可能做好所有的工作。正是由于在成立之初引入了强大的战略投资人，在专业和公司日常管理上为公司做了大量的支撑，从而使企业在成立之初便形成了强大的合力，在进行第二轮融资的时候，公司的估值整整提高了一倍。

（四）与财务投资人的沟通策略

从关系依赖上来讲，财务投资是为了回报，是为了赚钱，目的比较单一，在签订投资协议的关键条款时，比如否决权、优先购买权、优先选择权、清算优先权、反稀释条款等，这些都是为了从财务角度衡量回报和降低风险，并不会去干涉企业的发展方向。财务投资人会更加依靠创业者，而战略投资人相对创业者较少，自己的人或许可以直接接盘。

从回报时间的敏感性上，财务投资者从投资到回报是一个时间周期，这个周期财务投资者会有资金退出的压力，会对回报时间更加敏感。

相对战略投资人，财务投资人对公司的理解深度明显比较浅，同时在公司内在价值的提升上起到的作用也比战略投资人要小，但是财务投资人在公司发展过程当中是不可或缺的，因为战略投资人比较稀缺。

在与财务投资人的沟通策略上，建议按照如下原则进行：

第一，企业要严格按照股转公司的要求进行信息披露，坚决杜绝信披违规的事项。

第二，在公司重大决策的沟通上，需要了解财务投资人的背景，用对方能够理解的表达方式，精确地描述公司的实际状况，防止因为财务投资人的非专业背景而对信披事项产生误解。

第三，定期沟通。了解财务投资人的资金退出计划、投资计划，以及统筹公司的资金使用计划。如果企业在非专业的财务投资人心目中建立了良好的形象，对于公司的市值提升也将起到关键性的作用。

（五）制定一份靠谱的商业计划书

一个卓越的团队在专业背景及行业经验够用的情况下，几乎在任何行业成功的概率都比较高，但是如何判定一个团队是否卓越？一方面，从团队成员的从业经历以及个人素质上来判定；另一个方面，就是要看这个团队在工作中的执行力。

一份商业计划书（Business Plan，BP）可以认为是企业未来发展的纲领性文件，也是企业需要经常给投资人以及潜在投资人展示的内容。在 BP 当中所展示的企业发展战略，是需要通过团队来执行的，正是基于这个愿景，投资人才愿意将资金注入到企业，经过运营可以验证其团队是否有能力将企业战略变成现实。但是如果企业当初为投资人提供的是一份不靠谱的商业计划书，团队的信誉将会大大降低，从一定程度上将会影响企业的再融资，也会对企业未来的估值产生不良的影响。

那么如何制作一份靠谱的商业计划书？

第一，明确企业的发展状况，制定战略选择方案。在制定战略的过程当中，当然是可供选择的方案越多越好，企业可以从对整体目标的保障，对中下层管理人员积极性的发挥，以及企业各部门战略方案的协调等多个角度考虑，选择自上而下的方法、自下而上的方法或者是上下结合的方法来制定战略方案。

第二，着眼于未来，优化企业战略选择。对于技术的先进性、团队的执行力、企业的行业定位、未来的发展空间都要进行深入而客观的审视，企业要着眼于未来优化企业战略选择。企业所处的市场以及外部环境永远处于不断地变化当中，预测并了解这些变化，并把握其本质是企业领先于竞争对手的前提。

首先是把握市场需求的变化，需要了解市场中各种竞争力的变化，清楚竞争对手是在什么地方竞争，在哪些方面竞争，自己的优势和差距阻碍。然后要把眼界充分放开，从区域上到全球市场，从行业背景到整个经济发展战略的大背景，以未来为先导，把企业的战略建立在对未来的预测和把握上。

第三，对战略方案进行评估。评估备选方案通常使用两个标准：一是考虑选择的战略是否发挥了企业的优势，克服了劣势。是否利用机会，将威胁削弱到最低程度；二是考虑选择的战略能否被企业利益相关者所接受。

需要指出的是，实际上并不存在最佳的选择标准，管理层和利益相关团体的价值观和期望在很大程度上影响着战略的选择。此外，对战略的评估最终还是要落实到战略收益风险和可行性分析的财务指标上。

第四，选择确定并准备实施的战略。企业可以根据企业目标选择最终战略。企业目标是企业使命的具体体现，因而选择对实现企业目标最有利的战略方案，提交上级管理部门审批。对于中下层机构的战略方案提交上级部门，最终选择更加符合企业的整体战略利益的方案。企业发展战略是使企业在经济市场中发展的有效保障，通过执行团队对企业战略目标的实现提升整个投资人的信心，同时也可以提升企业的估值。

（六）合理规划公司的盈利目标

几乎所有的投资人都会对公司的净利润提出要求，市场上也不乏投资人与公司实际控制人的对赌案例。在急功近利的思想下，为了融资，有部分企业与投资人签订了几乎不可能实现的利润目标。结果不是失去公司控制权，就是在压力下对财务数据进行处理，给公司造成了灾难性的后果。

新三板公司的市值管理是一个长期的过程，利润的增长也有其内在的规律。针对投资人关系管理的重要环节，业绩承诺是需要公司管理层深思熟虑，然后才能下结论的。现在向大家介绍一下确定目标利润的几个常用的方法，确定目标利润最常用的方法有四种，企业应根据自身的特点，选用与企业经营环境相适应的方法。

第一，量本利分析法。量本利分析法是一种利用产品销售量、销售额固定成本、变动成本与利润之间的变动规律，对目标利润进行预测的方法。运用量本利分析法，需要建立在对市场进行充分调研的基础上，通过对市场的调查分析，首先对产品的销售量或者是销售额作出科学的预测，然后再分析预测企业的固定成本、变动成本、贡献毛利率，最终确定目标利润。

第二，相关比率法。相关比率法是指与目标利润相关的比率，主要有销售利润率、成本利润率、经营杠杆率以及资本净利率等。管理者可根据分析，先对这些比率进行预测，再根据预测来确定目标利润。

第三，简单的利润增长比例测算法。利润增长比例测算法也是企业确定目标利润的一种常用方法，它主要是用于稳定发展的企业。主要是指根据企业历史最好的利润水平，上年达到的利润水平，以及过去连续若干年特别是近两年利润增长率的变动趋势与幅度，结合预测可能发生的变动的状况来确定利润增长率，然后测算出目标利润。

第四，标杆瞄准法。标杆瞄准是以最强的竞争企业或同行业中领先的最有名望的企业为基准，将本产品企业的产品服务和管理措施等方面的实际状况与基准进行定量化评价与比较，分析基准企业的绩效达到优秀水平的原因，在此基础上改进策略，并在企业连续不断地反复进行，以改进和提高企业绩效的一种管理方法。该方法应用的范围十分广，企业可以进行全方位、全过程、多层面的标杆管理，也可以就企业的某一项经济活动进行标杆管理。

目标利润一旦确定，就要保持相对稳定，修正目标利润的情况并不经常发生。只有执行过程中出现了新问题，遇到了出乎意料的新情况，比如说国家经济政策的调整、市场环境的变化、重大灾害的影响，并且这些新问题、新情况对目标利润的影响足够大，使目标利润变得不甚合理，才对目标利润进行修正，以保持目标利润的先进性和合理性。

目标利润的修正事关企业全局，必须严格按照程序进行修正。目标利润的修正程序与预算的编制基本相同。总之，不是遇到突出问题和特殊情况，企业管理者尽量不要对目标利润进行修正，通过合理的方式确认企业的目标利润是维持与投资者良性关系的重要原则，切不可为了短期利益为企业发展造成障碍。

（七）企业保密制度的执行

建立的保密制度对于企业的作用一般来说有四方面：第一，是有标准可以参考；第二，对企业的利益有所保障；第三，确保企业的先进性，比如先进的技术不被窃取；第四，发生泄密事件有法可依。

但是除了这些作用，企业的保密制度对于维护良好的投资者关系也有着高度的重要性。因为保密制度是作用于企业的市值管理的。

对于一个成熟的公众公司，公开的信息发布渠道只能是董事长、董秘或者是其他指定的高管，投资人也会从其他渠道对公司的情况进行尽调。但是由于信息的不对称，不同渠道的信息所参考的维度是不一样的。如果投资人从其他渠道了解到的信息与企业公开渠道的信息严重不符，而公司又没有合理的解释，会造成投资人对企业的不信任，从而引发更加严重的后果。而这种现象产生的原因，更多的是因为企业内部保密制度执行的不到位，各种信息没有得到有效的屏蔽，非公司决策层根据泄露出来的信息，捕风捉影，片面地造成了这种传言，对公司产生重大的影响。只有做到防微杜渐，坚决地执行公司的保密制度，才能从根本上杜绝这种现象的发生。

三、总结

总之，公司市值管理是一项任重道远的工作。企业的发展也是有其内在规律的，完善并贯彻公司的治理结构，让应有的部门起到作用，借助外力，包括券商、会计师事务所、律师事务所等中介机构，还有投资人为企业的发展助力，从内在价值上做到真正的提升，这才是市值管理的核心。所以，建立一个完善透明的投资者沟通机制，有利于企业的长期发展，对于企业市值管理有着积极的推动作用。

作者简介：

王俊，原辅仁致胜高级咨询师，新三板企业董事会秘书，现任某混有制拟IPO 企业董事会秘书，对于股权激励、非上市公司市值管理、股东关系管理等方面有些丰富的实操经验和理论知识。

“互联网+”与企业市值管理

作者：张可一

【引言】

传统企业的“互联网+”转型升级一直是一个热议的话题。在过去的十多年里，互联网高速发展，截止 2017 年 7 月的数据，全球上市公司市值 Top10（后附名单）中有两家中国的企业，一家为腾讯，一家为阿里巴巴，两家企业市值之和超过 6 000 亿美元。互联网行业达到了前所未有的高峰。对于传统企业，在接下来的时间里，应该如何看待“互联网+”与企业的日常运营关系？如何看待“互联网+”对于企业的价值呢？

大家知道近 10 年互联网企业飞速发展。阿里巴巴在纳斯达克的上市，让互联网达到前所未有的高峰。“互联网+”的概念在国家层面被提到了前所未有的高度。针对传统企业在进入资本市场时候，都需要对“互联网+”进行深入的思考。如何看待“互联网+”？如何理解“互联网+”和企业日常运营之间的关系？如何通过“互联网+”基于整体的商业模式的改造，帮助企业提升市值？如何有效地进入“互联网+”领域？如何使用“互联网+”的形式，去帮助传统企业快速转型和升级？这些是每一个企业，尤其是传统企业都需要关注的重要问题。

一、互联网企业为什么能高溢价

提到互联网这个词，我们看到的更多是互联网企业的高速发展，高溢价。返回到整个资本市场这一个概念中来看，实际上所有企业的高溢价都源于两个字——信用。无论是政府还是股市，无论是散户还是实际的操盘机构，大家能够看好一只股票的发展，看好一个公司的市值提升，前提都是一个信用累积的过程。相对而言，互联网更容易获得资本市场的青睐，而传统企业拥有很多的实体，却不能够有效利用资本市场的杠杆红利，其中一个重要的原因就在于互联网企业大多通过大数据的积累，通过可迭代的发展运用的方式，通过可视化的方式有效地证明这一家企业业绩是能够得到持续有效的提升，而并非短暂的、间歇性的和项目性的一种运营方式。

二、三资模型

在互联网高速发展的时代，理解企业资本市值提升和公司运营之间的关系需要引入和理解三资的概念。

三资：资源、资金、资本（见图 1）。

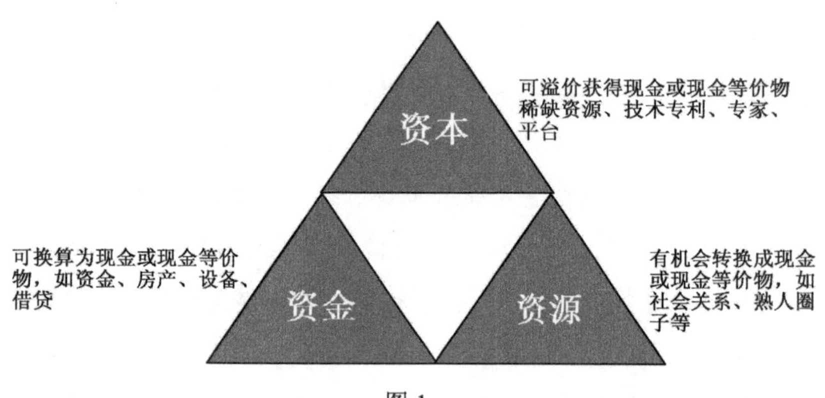

图 1

- 资源：资源是一种机会的存在，企业发展的方向和目标要与拥有的资源相匹配。

- 资金：现金或等价物，不能起到溢价的作用。
- 资本：资本可溢价的前提是稀缺性，只有稀缺资源才是构成溢价的因素。市值的提升，更重要的是溢价能力。在资本溢价过程当中，利用人群效应、专家效应、团队建设的效应，通过新的组织形态，适应互联网形态下的高速发展。

任何一家企业的成长都需要“三资”概念的推动。

第一是企业所拥有的资源。资源可能是一种机会，或者是能够转成现金物等价物的一种时间成本。对资源的利用，可能是有效的，也可能是无效的。资源的利用需要企业能力、经营方式的方向和目标，与掌握的资源进行匹配需要时机，否则是不能直接折现的，它只是一种机会的存在。

第二是企业的资金。资金相当于现金以及固定资产，或者是折算成现金的等价物。资金是企业所必需的资源和重要的组成部分。对于企业来讲，最重要的不是资产，也不是流水，而是现金流。资金在企业的发展中起到一个非常重要的作用。但是资金并不能起到溢价的作用，而只能起到维持一个公司的发展的现金作用。

第三是资本。资本本身就由稀缺资源（包括可议价的现金或者现金等价物）组成。资本本身可以作为议价的前提，是因为它的稀缺性。我们拥有的相对稀缺的资源，包括技术专利、高科技、或者专家团体，以及能够进行标准化运作的组织方，这些都能够构成议价因素。

任何一家企业市值的提升，除了本身经营的资源的扩张，资源储备的扩张以外，更重要的是企业的议价能力。互联网时代对我们的议价能力提出新的要求，需要企业进行重新的思考。

三、为什么互联网公司很烧钱？传统企业的优势在哪里？

可能过去的十年，大家是通过机会、资源来挣钱，那么未来更多注重的是在资本的议价过程当中，企业如何能够更多地利用人群效应、专家效用、企业团队建设的效益，通过一种新的形态适应未来互联网形态下的快速发展。当企业对“三资”有一个认知的时候，要重视对三资之中的资本议价的调整来适应整个企业市值的提升。

同时会发现，传统意义上的互联网公司非常的烧钱，主要原因看图2。

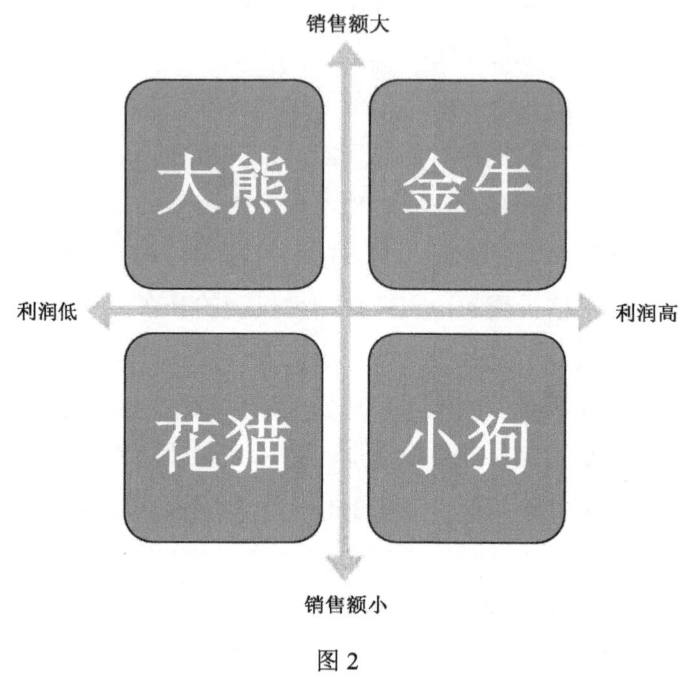

图 2

1．传统企业的产品循环

传统企业的产品循环是：小狗→金牛→大熊→花猫。

首先，这两个图做简单的二维分割。横轴是利润，纵轴是销售额。一家传统的企业，在推出高科技产品的时候，或者推出一个新品的时候，往往定价较高，这种产品即图中的小狗产品，产品的销量相对比较少，但利润很高。当市场周期到达一定成熟度的时候，该企业具有一定的市场覆盖量，利润具有一定的保证，即可推出进入金牛产品。当一些企业拥有某个市场指导权的时候，产品拥有更多市场份额，逐渐变成一种大型的产品，形成销售量大但是利润降低的一个局面，就进入了大熊这一象限。当这个社会的这种标品和大型的产品到一定量级的时候，会转化成花猫型的产品，此时产品利润变低，销售量也会变小，这样的产品品类逐渐就会退出市场。这就是一个传统的企业产品的运作轨迹：小狗→金牛→大熊→花猫。

2．互联网企业的产品循环

但是阿里巴巴、百度、腾讯这一类的互联网企业的运行轨迹与传统企业是完全不一样的。他们会用一种高科技技术，比如搜索引擎技术，产生一种“小狗”的科技含量，同时采用“花猫”的市场运营策略，进行免费的产品供应方式，用高科技+免费的方式，或者是用一种好的商业模式和客户体验的方式获取大量的用户。在积攒大量客户以后，会在后期创造出大量“金牛型”的产品或者“大熊型”的产品。比如搜索引擎业务，对 2B 企业竞价排名业务进行收费服务，对 2C 业务模块实行免费方式，像 Google 公司，就会向无人机以及安卓等新兴领域进行业务渗透以保持企业的高速发展。

由此可见，一家互联网企业，无论是通过高科技还是高体验，在快速累积客户的过程中是非常烧钱的。总结下来，传统互联网企业用花猫的销售策略去卖小狗产品，将高科技的产品、好的客户体验免费提供给客户，快速累积大量的用户。有了大量用户之后，再销售其他的金牛或大熊型产品，通过其他的商业模式去赚钱。这就是我们看到的传统互联网企业在累积客户的过程中非常烧钱的原因。

但是目前我们本土市场的流量天花板达到一定的上限，整个社会的流量进一步分散化、碎片化，更多的流量不再集中于 PC 端，而是转移到了移动端，比如社交朋友圈、分享课程微信群等，这些都是一种流量的组成方式。由此可见，我们传统的互联网的流量优势正在逐渐被削弱，一方面是由于流量成本在提高，另一方面是因为流量被专业性和信用链逐渐取代。正是由于这个原因，具有匠人凭证，拥有技术积累、有产品、有信誉、有团队的传统企业在互联网方面有着独特的优势和巨大的发展潜力，在未来的 3～5 年会迎来一个良好的发展机遇。虽然目前的经济处于一个平稳略有下行的阶段，但是这是企业转型过程中必然面对的真实的现状。

四、验证企业“互联网+”模式成功与否的双三角模型（见图3）

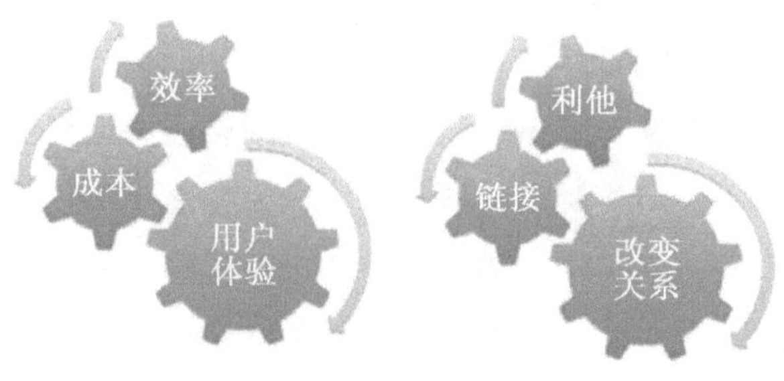

图3

第一个三角：效率、成本、用户体验。企业内部因素。

第二个三角：利他、链接、改变关系，更多是企业外围、企业跟合作伙伴、上下游、员工的关系。

企业“互联网+”的模式是否能够成功？我们经过2、3年对市场上进行互联网转型成功或者失败的案例进行市场验证，双三角模型是切实有效的。互联网创业或者转型成功的企业都可以在双三角中加以体现。

第一个三角：效率、成本、用户体验。这一企业内部因素可以通过自身的努力来完成。无论是企业经营的效率还是企业对成本的把控力，以及企业对客户产品的极致追求，都是企业能够通过互联网转型后，产生蝴蝶效应式的扩张。企业在互联网转型过程中，如果效率、成本以及用户体验当中其中一点得到提升，其他两点持平的话，则这个互联网模式经过验证是可行的。如果效率、成本、用户体验三者中有一点下降，即使另外两点提高了，也有可能导致项目的失败，需要警惕。比如很多到家型洗车项目都因资金链断裂而失败，这个项目破裂的主要原因是虽然用户体验提升了，但是整体工作效率明显下降，成本上升。虽然体验有改善，但是另外两端下降，在商业模式进行复制，规模越大，现金流压力更大，公司运营的压力更大。

第二个三角：利他、链接和改变关系。第二个三角是利他、链接和改变关系，这个三角更多属于企业外围。首先，当企业在进行互联网转型或者互联网化的转型时，我们应该思考的问题是，企业互联网化的过程，是否是利他的，是否对周边企业、上下游和合作伙伴有利他效应，员工是否有更好的反馈。其次，能不能改变和创造链接，把链接作为一种产品来设计，公司与公司的合作是一种信息的合作、利益交换层的合作，还是某种模型链接的合作，都会导致两个公司之间的合作从持久度、共赢的程度上面得到不同程度的效果。再者就是我们能不能改变关系，很多时候信赖的产生来源于专业度和关系信用的积累。比如企业和员工之间能够变成合伙的关系，与外部企业的关系由原来的竞争关系变更为合作关系，将我们的客户变成我们生产和服务中的一员，让周边主体更多的变更为参与者。

利他、链接和改变关系的三角，更多说的是从企业在转型过程中，如何更好地调度外源资源。在双三角的验证无瑕疵时，才会有下一步的运营落地。

五、"互联网+"运营的 5 个组成部分（见图 4）

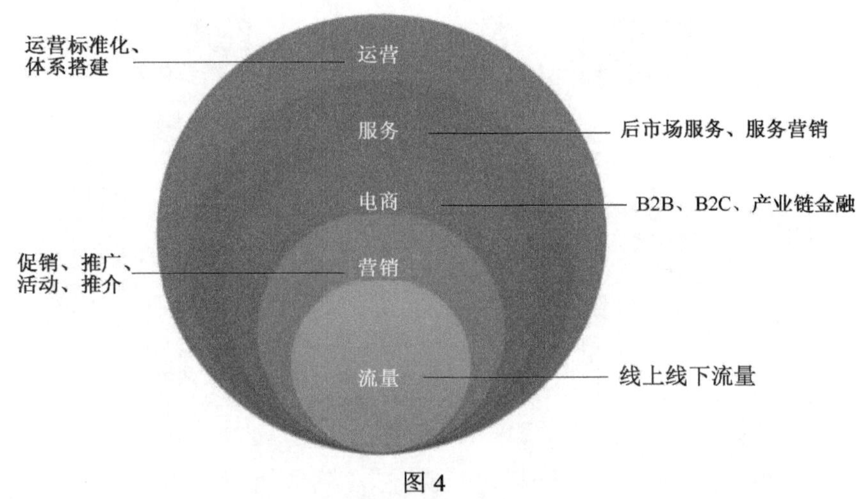

图 4

基于企业的"互联网+"转型过程中，企业应该有哪些方面的事情需要去准备？有 5 个组成部分，即流量层、营销层、交易（电商）层、服务层、运营层。对于传统的互联网企业而言，更多的服务是在线上，解决的是流量层，营销层和电商层的问题。对于传统企业而言，其流量和互联网企业流量是有很大差异的，比如传统企业会有线上流量和线下流量，还有社群的流量，从而导致企业在营销和推广的方式有很大差异。除了线上的标准化营销之外，传统企业可能更多的是基于我们的情感、场景、节日等来进行相应的营销。交易层面，传统企业是在打通了流量和营销环节之后才会考虑具体的交付方式。

传统互联网企业比较擅长于流量营销和电商方式，而传统企业承载了线上所承载不了的比如落地服务以及支撑服务的相关运营。在传统企业向互联网转型的时候，企业应考虑将自身特色的流量和特殊的服务场景以及背后所拥有的线上所不具有的特殊资源或者行业型资源加以调度和利用，最终保证企业在“互联网+”过程中，找到自己擅长的突破点，而不是单纯去模仿线上平台或者线上互联网的发展模式。

六、运营路径如何落地（见图5）

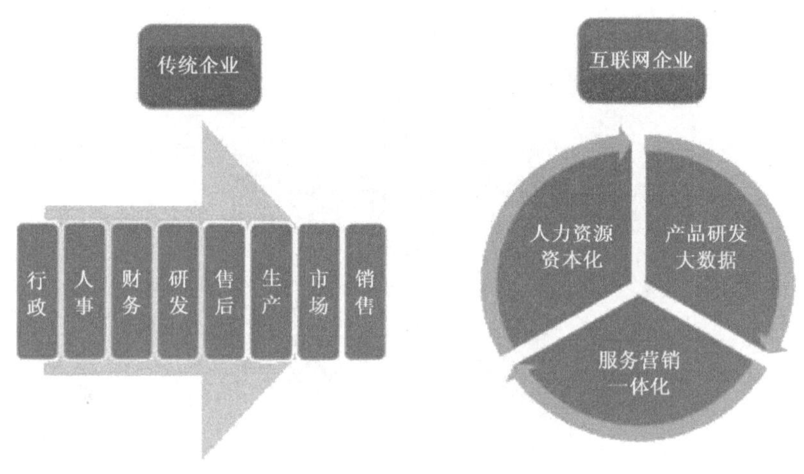

图5

- 互联网企业擅长流量、营销和电商。
- 传统企业更擅长线上承载不了的落地服务和服务背后的运营。传统企业实现“互联网+”转型，要考虑如何能够更好地将自身有特色的流量、服务场景、特色资源加以调动和运用，找到自己擅长的突破点，不能单纯模仿线上平台。

在了解企业运营路径之后，企业应该思考如何实现“互联网+”的转型落地。很多传统企业在“互联网+”转型的过程中，企业自身也在进行相应的调整，比如海尔，海尔在转型过程中，实现了由原来的正三角式组织形态，变成由一线员工的决策，中层员工负责管理协调，高层负责打造标准化和相应的组织支撑的倒三角的模型。传统企业和互联网企业的本质区别在于运作方式。传统企业的运作方式是线性方式，比如传统企业组织运营方式是销售最前端→市场→生产→售后→研发→财务→人事→行政的方式。这种线性组织运营方式具有分工明确的优势，但是组织的迭代周期和迭代的速度相对缓慢，并不是基于用户视角和迭代模型产生的。

- 人力资源资本化：给谁股份？哪些成员具有溢价能力？传统企业不建议全员持股。
- 产品研发数据化：企业即媒体，产品即关系，服务即营销。

在互联网时代中，突出了“快”一词，快几乎取代了一切。快的前提就是有效的组织和迭代。一个良好的互联网组织形态下企业运转方式是，一方便互联网企业考虑到了“三资”中的资本构成，比如人力资源的资本化，这是互联网企业非常重视的一点。互联网企业会使用合伙人的方式实现人力资源的资本化。

如前所述，稀缺资源、独有专利、高科技、核心骨干的团队合伙人等都是三资中资本构成部分。而在整个运作中，最困难的一点是如何辨别什么样的成员应该被给予股份，什么员工是能够提高企业议价能力的。这一点对于传统企业的企业家而言是比较困难的一点。因为并不是大方地将股权分给员工就是人力资源的资本化。通常互联网企业会采用全员持股，但是这并不适用于传统企业。因为当一个人的能力和发展速度足够其成为一个合伙人时，实际上拥有股份是具有强有力的激励作用的。其实经过统计，如果不具备合作人能力时拥有与其不相适应的股份，弊大于利。在互联网化的过程中，人力资源的资本化是一个值得深入思考的话题。

针对传统企业的转型，应该强调产品研发的数据化。“企业即媒体，产品即关系”。企业应该在产品的构建过程中，实现产品的数据化。当企业的产品研发具备用户使用的数据支撑，或者行业专家相关的数据支持时，产品的定位、市场包装以及产品用户体验的改善过程中才能实现产品有效、高速的迭代。

互联网的高速发展，使信息更加对称，企业应该学会进行信息对称情况下的交易设计。信息对称情况下的交易设计应该营销服务一体化。原来进行营销的人员和产品交付人员为两类群体，在互联网时代，我们需要通过产品和服务的标准化，实现让前后两类群体逐渐成为一类群体。顾问式营销、产品式营销或者体验式的营销，有效地抓住客户，提高客户满意度和转化率、复购率。当我们传统企业转型为“互联网+”企业时，应该对企业的组织形态，人员结构进行充分的调整，以如何更有效、更快地围绕客户服务作为我们整体运营迭代的基础。

七、互联网时代，企业能力线聚焦比客户群体的聚焦更关键

服务营销一体化：通过产品和服务的标准化，将两类人合并成一类人。顾问式营销、体验式营销、交付式营销。

在互联网时代，企业不应局限在客户群体的聚焦，更应该实现企业能力线的聚焦。当企业进行能力线聚焦时，就会发现企业在内部能力建设的同时，更需要外部能力建设。现在企业的竞争，不再是单个企业之间的竞争，而是通过商业模式、生态链条而进行竞合关系下的组合式的竞争。在这样的大环境下，我们必须发挥自身核心能力的最大化效应，发挥自身能力和稀缺资源的作用，才能具备与企业合作共赢的前提。所以，企业的价值不仅仅是企业内部产生的，更多的是企业的合作伙伴、上下游、专家型的团体共同构成的，最终形成企业在社会中的共同价值的放大。所以，企业在进入资本市场时，并不一定是大笔股权融资才是唯一的资金解决方式，企业的资金可以通过企业链条，上下游合作伙伴，通过员工等获取。最好的融资方式是业务型融资，无论是众筹、众包或者期权、招商的形式，为企业里带来的价值可能要大于纯粹的股权融资的价值。而且不同的阶段，企业资金解决方式是不一样的。如果不能通过模式化的、经过市场验证的可复制方式推进项目和企业发展，企业获取巨量资金，

反而成为企业运作杠杆另一端的负担和包袱。企业的互联网化，是提升企业可迭代和可持续运营提升的一种有效方式。对于资本市场而言，有数据、有迭代能力、资本化的团队的企业也会受到资本市场更多青睐，会有更多的资本市场的资源和资金注入以推动企业的发展。

八、企业转型“互联网+”的步骤

（1）商业模式规划。梳理核心资源，即三资的组成，团队、稀缺资源和形成溢价的核心资源。

（2）基于互联网的产品设计和运营规划。提出新产品或将原有产品重新设计和包装，然后进行可行性验证。

（3）人才路径规划。通常是企业进入“互联网+”的年代模式规划。

（4）运营期。即具体互联网产品和运营落地周期。

企业在进行内部建设和外部建设时，需要思考哪些是需要建立的一线部门，哪些虽然必不可少，但是现阶段是需要链接的服务方或者外部合作方共同完成的。通过内部和外部的判断，不同的企业在“互联网+”转型中，会设置不同企业人才路径。就此，企业转型“互联网+”就有标准四步走的方法即：商业模式规划、基于互联网的产品设计和运营规划、人才路径规划、产品化的设计。

企业在转型“互联网+”的过程中，首先要进行商业模式的梳理，商业模式规划梳理核心资源，即三资的组成，团队、稀缺资源和形成溢价的核心资源。

尤其要关注外部能力建设。通过商业模式、生态链条，形成竞合关系下的组合式竞争，发挥优势把核心能力做到“一根针杵破天”。企业价值更多是由合作伙伴、上下游、粉丝型用户、专家群体一起来放大的。在资本市场股权融资并不是唯一的方式，资金来源可以扩大到上下游链条、合作伙伴、内部员工等。业务型融资远好于纯粹的股权融资。

对于互联网企业转型路径中，只有在完成商业模式规划后，才能进入互联网的产品设计和运营规划，即针对企业的运营，进行产品化的设计，既包括互联网化产品的设计，同时包括对原有产品在互联网化逻辑下的产品重新包装，即适用用户的过程。在产品设计完成后，进行可行性的验证。在完成可行性验证后，再进行产品及技术开发，以提高效率，有效节省时间以及费用成本。在进行验证后，才进行产品投产，并同步进行运营准备，包括内部的产品培训、包装、客服的准备、媒体内容的准备等。

技术落地完成之后，才进入运营期，运营期才是企业“互联网+”的开始。互联网平台的上线才是“互联网+”的开始。比如活动策略、品牌公关传播、媒介资源的对接、分销落地实施等等。在这个过程中，企业才会发现“互联网+”如何更多的发掘企业创新点、更好地满足企业用户的需求，满足市场迭代和发展。

成本最小化，更好地利用三资的原理，找到什么样的人和什么样的资源才是对企业溢价最有益的。这个溢价的整个过程，对内部建设更加重视，更好地引入第三方合作伙伴，以更开放的心态去链接更多有效的外部资源。

对于每一位企业家形成互联网思维架构之后，在面对投行的时候，如何阐述企业的发展是可视化的，企业发展是有数据支撑的，可以阐述对外的连接，对内的人力分布和布局。这个时候会发现企业整个“互联网+”的过程变成了一个高速迭代的过程，这也是互联网这个基因本身带给企业最大的一个变化。相信作为有匠心有积累同时又开放的企业家群体们，一定会在这个新的时代获得更快速的成长。

九、案例分享

1. 新三板挂牌的某装饰装修企业

诉求：某公司隶属装饰装修行业，行业具有高毛利、账期长的特点。企业诉求是通过供应链金融解决资金问题。

解决重点：通常企业互联网转型，把买卖关系转变为合作关系。

解决方案：通过项目换取房源，由第三方公司合作出售房产。同时通过房产抵押获得现金。项目通过“互联网+”方式实现商业模式标准化复制。

成果：成功解决资金问题，企业飞速发展，从两三千万的营收发展到了 1 亿多。

2. 某防水公司，挂牌前估值 2 亿左右

诉求：商业模式创新“互联网+”模式。

解决方案：创新商业模式，通过“互联网+”实现供应链金融，对上游的材料方、下游的实施方进行了整合。前端标准化，中端操作标准性，后端非常复杂，材料、施工、质控等通过互联网的方式来完成，提升工作效率。

成果：企业 2014 年 1 个多亿的营收，2016 年要突破 10 个亿。

截至 2017 年 7 月 1 日，全球市值排行 TOP10 名单

数据来源于网络

序　号	公司名称	市　值
Top 1	苹果	市值为 7561.05 亿美元
Top 2	谷歌	市值为 6238.98 亿美元
Top 3	微软	市值为 5328.29 亿美元
Top 4	亚马逊	市值为 4567.3 亿美元
Top 5	Facebook	市值为 4318.48 亿美元
Top 6	伯克希尔-哈撒韦	市值为 4177.08 亿美元
Top7	阿里巴巴	市值为 3587.31 亿美元
Top8	强生公司	市值为 3585.06 亿美元
Top 9	腾讯科技	市值为 3373.05 亿美元
Top10	艾克森美孚	市值为 3350.3 亿美元

作者简介：

张可一，北京开拓明天科技股份有限公司（833009）创始人&董事长&总

经理，国家高级理财规划师/MBA，专注互联网、移动互联网模式以及技术管理研究；擅长公司整体商业模式、业务模式、产品路线规划、组织架构及人才培训，对移动互联网产业、企业发展模式以及具体运作执行有深入的研究实践经验；企业诊断“互联网+”整案服务领域创领者。

你以为你真的搞懂了市盈率吗

作者：范年臻

一、什么是市盈率

有不少投资者知道，约翰·涅夫是市盈率之父，也有书籍把他的名字译成约翰·奈夫。但并不是他发明了市盈率，真正的发明人是 20 世纪初高盛集团的一个合伙人，名字不详，其文献资料出自一本书，叫《揭秘高盛》。

市盈率也称 PE、股价收益比率或市价盈利比率，由股价除以每股收益得出，也可用公司市值除以净利润得出。市盈率容易理解，是股票估值最常运用的指标之一。它的优点在于简单明了告诉投资者在假定公司利润不变的情况下，以交易价格买入，投资股票靠利润回报需要多少年的时间回本，同时它也代表了市场对股票的悲观或者乐观程度。但在具体使用中仍有很多问题需要考虑。

市盈率公式有两个，分别是：市盈率=股价/每股收益和市盈率=总市值/净利润。使用哪个都可以，我个人常用后者来计算市盈率。企业的股本基本是持续扩大，那么它就会稀释每股收益和股价。为了能够在同一标尺上分析企业的市盈率，用第二个公式最方便，不用考虑除权因素。

市盈率的倒数就是当前的股票投资报酬率，市盈率估值法本质是永续零增长的贴现模型。

$$p = eps / r，\quad PE = p / eps = 1/$$

（p＝股价，eps＝每股利润，r＝贴现率，贴现率往往可以理解为回报率）。

二、正常盈利下市盈率经验倍数

按照经验判断，对于正常盈利的公司，净利润保持不变的话，给予 10 倍市盈率左右合适，因为 10 倍的倒数为 1/10=10%，刚好对应一般投资者要求的股权投资回报率或者长期股票的投资报酬率。

为什么这里强调的是正常盈利状态的公司，因为**亏损的公司计算的市盈率是负数，该指标失效。而微利的公司因为其净利润的分母小，计算出来的市盈率会高达成千上万，指标会非常高，但是公司的估值实际未必真的高。**

对于未来几年净利润能够保持单位数至 30%增长区间的公司，十至二十多倍市盈率合适。30 倍市盈率以上公司的股票尽量别买，并不是说市盈率高于 30 倍的股票绝对贵了，而是因为仅有少之又少的伟大公司既有超高的盈利能力又有超快的增长速度，能够长期维持 30 倍以上的市盈率，买中这种股票需要非同一般的远见和长期持有的毅力。

一般的公司也不可能长期保持超高的利润增长速度，因为净资产收益率受到竞争因素的限制，长期能够超过 30%的公司凤毛麟角，对应的可持续增长率也不会长期超过 30%。如果你的投资组合里都是 30 倍市盈率以上的公司，奉劝还是小心谨慎些好，因为能够称为“伟大”的公司真的非常稀少。

60 倍市盈率以上为“市盈率魔咒”或“死亡市盈率”，这时候股票价格的上涨迅猛，市场情绪最为乐观，但是很难有公司、板块以及整个市场能够持续保持如此高估值，例如，2000 年美国的纳斯达克市场，2000 年和 2007 年的中国 A 股市场，1989 年的日本股票市场等，无一能够从市盈率魔咒中幸免。

美国股票市盈率整体处于 10～20 倍的波动区间，平均在 14、15 倍，其倒数对应 6.5%～7%的长期回报率，而 6.5%～7%长期回报率是由每年利润实际增速 3%～3.5%以及 3%～3.5%的股息回报构成。

特别补充说明一点，大家不必担心经济增速降低后股市回报率会降低。资本一定会获取正回报的，事实上资本的长期回报率往往是经济增速的 2 倍，即使经济增速为3%，资本的回报率也可以达到6%。虽然资本和劳动共同促进了经济的发展，但这里资本高回报的原因并非是因为劳动被资本剥削了，本质是资本具备复利效应，而劳动所得往往被消耗掉了。（笔者写这段话的本意是想说明：**资本的高回报得益于资本的红利再投资，所以说红利再投资是发挥复利效率的利器。**）

一个国家的长期整体 GDP 增速基本决定了企业利润的长期增速，且这个增速不是红利再投资能改变的。经济增长带来的红利是一部分收益被大众买车、房、食品、衣物、首饰等消费了，一部分被投资者红利再投资买股票了。资本和劳动因素两极构成了整体增速。整体企业利润增速3%下（接近于通货膨胀率），企业赚的钱中增长的零头部分分红了，大部分利润再投资，取的新一年3%增长。资本市场给予投资者的回报是自身年增长3%+分红3%，资本市场增速仅仅是整体经济增速的一个部分，而非全部。

从美国道琼斯工业指数100年的风雨路中可以看到，尽管经历无数天灾人祸的沉重打击，长期股指仍然是一路向上。虽然每次市场悲观的理由各有不同，但是当市场处于 10 倍左右市盈率区间时去购买股票是不会错的。这个购买过程中也可能会好几年的煎熬，不会一买就涨，但是在低估区间耐心持有终将胜利。而当股票指数处于 20 倍市盈率以上区间时，同样也有无数的理由来论证高市盈率的合理性以及对前景无限看好，但股票资产已经处于泡沫化，长期投资回报率下降。

关于市盈率与股票回报率之间的关系，不论国内还是国外研究都表明，从长期来看，选择购买低市盈率股票组合产生的回报要明显高于高市盈率股票组合。根据埃斯瓦斯·达莫达兰（Aswath Damodaran）所著《打破神话的投资十诫》一书研究所示，将美国股票根据市盈率从高到低分为 10 个等级，这些股票是根据每年年初的市盈率进行分级的。统计 1952—2001 年间的年均回报，发现最低市盈率股票组合平均年回报为 20.85%，而最高市盈率股票组合平均回报为11%，最低市盈率股票组合的收益率几乎是最高市盈率组合的两倍。而为了测算在不同子时期里是否会出现差异，作者分别测试了 1952—1971 年，1972—1990 年，以及 1991—2001 年三个子时期，结论仍是低市盈率股票组合能够获得超额回报。

有人说整体市场市盈率应该有一个平衡点，这个平衡点可以参考长期国债利率。例如当下长期国债利率 5%，那整体市场市盈率应该为 20PE，这个说法只能说半对。股市与国债的不同在于风险，当长期国债收益率下降时，市场风险往往增大，风险利率发挥作用。当长期国债收益率接近于 1%时，市场风险利率应该取 3%～5%，所以美国历史市场的估值 10～20PE 本身就非常具备参考性，中轴 15PE 也是一个极好的参考数据。

例如，当日本长期处于负利率时，整体市场基本在 25～30PE 之间。解释这一现象的因素只能是风险利率。

三、市盈率计算时利润的选择

市盈率本身也有许多版本，比如 LYR 市盈率、TTM 市盈率、动态市盈率。LYR 市盈率就是静态市盈率，TTM 市盈率是当下的市盈率，三者的公式如下：

LYR 市盈率=当前总市值/上一年度净利润

TTM 市盈率=当前总市值/最近 4 个季度的净利润总额

动态市盈率又有两种情况，一种是年化市盈率、一种是预期市盈率：

年化市盈率=当前总市值/当前报告期年化净利润

预期市盈率=当前总市值/当年预测净利润

所以在使用市盈率之前必须搞清楚用的是哪个版本的市盈率，哪个版本的市盈率最靠谱。

LYR 市盈率，笔者认为没用，静态的东西是过去的历史，跟过去的净利润比较没有意义，买企业买的是未来，不是过去。

TTM 市盈率，相对客观地反映了当下市盈率水平。因为它采用的是最近 4 个季度的净利润总额，它的净利润是在不断滚动更新。但是它的缺陷依旧是不反映未来，我们买企业，现在的业绩好不代表未来的业绩继续持续增长，如果未来的业绩下滑，那么 TTM 市盈率反倒会拉高，所以本指标只适合业绩持续稳定增长的企业。但是即便业绩稳定的企业也可能在某个季度出现非经常性损益，那么企业的净利润会出现扭曲现象，致使市盈率失真。

再看年化市盈率，我们软件中给出的市盈率就是年化动态市盈率，这个市盈率也不科学。所谓年化，它的净利润是以当季的净利润折算成年，如果披露一季报，那么它就在一季报的净利润乘以 4；披露中报，就在中报的净利润乘以 2，这种简单年化的方法很幼稚，没有考虑企业的淡旺季。有的企业正好进入淡季，那当季净利润会很低，因此造成市盈率虚高，这种情况很有可能导致市盈率达到 100 倍以上；同理，有的企业进入旺季，那么当季净利润就会大幅增长，这时你去折算成年净利润，估值反倒会虚低，可能只有 8、9 倍，也不合理。同时如果企业出现非经常性损益，同样会使企业净利润扭曲，市盈率失真。

笔者个人常使用的是下一年度预测利润计算当前股价对应的预测市盈率，然后根据此市盈率判断相关标的估值的胖瘦。**它是双刃剑，把净利润预测对了，当然市盈率最合理，但是如果预测错了，那就最危险。**从逻辑的角度看，以预期净利润作为分母是最合理的，买企业买的本就是未来，只有看好未来，才会去买。笔者个人使用预期市盈率，但是它也不适合大多企业，只有小部分业绩持续稳定增长的企业才可以预测未来的净利润。笔者在使用预期市盈率的时候已经对企业的质地做了层层筛选，最后剩下的一小部分企业才可以用本指标进行估值。**预期市盈率的另一个好处是可以规避非经常性损益造成的净利润失真，因为它使用的是预期净利润，因此可以规避 TTM 市盈率与年化市盈率所产生的净利润失真现象。**

四、研究真实的企业利润

在计算市盈率时，往往需要理性分析企业的盈利质量。根据“市盈率=总市值/净利润”，计算市盈率的两个关键数据是总市值和净利润，分子总市值是客观存在的，而分母净利润却可以各种粉饰，因此我们需要在实践中仔细甄别。

（1）**核心业务带来的利润是根本**，长期股权资产过高的企业，谨慎分析其带来的利润。（复兴医药的商誉和投资收益都极高，存在调节利润的可能。）

（2）**剔除一次性收益或非核心业务收益。**（长江电力为 2015 年增发，增加了一次性收益 10 亿元；上海家化 2015 年变卖资产 20 多亿。）

（3）**关注存货、应收账款的变化，以确定企业是否调节了短期业绩。**（伊利股份 2015 年、格力电器 2014 年业绩都有此因素，但这个比例往往不高，因为 50 亿的存货能带来 5 亿的净利润就不错了。）

（4）**关注企业有多久没有调薪、人力成本及原材料成本的稳定性，**回避利润大幅波动的企业。（海尔 2014 年报中人力成本的降低，双汇猪肉价格波动的影响，大部分企业会选择在利润高速增长时加薪。）

（5）**关注企业的提价行为。**（海天酱油 2015 年提价，而酱油行业的竞争激烈，定价权没那么强，这代表着未来盈利扩张能力的底牌更少了。）

（6）**关注税收因素，**新企业的税负一般较低，随后逐步增加（如 2015 年的大华股份）；水电企业的增值税返还逐步降低（2015—2018 年两投都深受此痛，利润基本没有增长）；茅台也可能存在政策性税负增加问题。

（7）**政府管制的价格**（2015 年油价、电价的调整，电力过剩时对行业冲击很大，且不知道什么时候下调到头）。

可以看出，要分析好盈利质量往往需要对所分析的企业很熟悉。为何如此关注分析企业的盈利质量？因为分析好当下盈利质量，才能更好预期下一年的真实盈利水平。这也和投资的究竟是什么有着本质的联系。我们绝不会花钱去买企业的资产，因为不能带来现金流又不能清算的资产没有任何长期价值可言，看 PB 更多是一种安全边际的视角。作为一名长线投资者，投资的就是企业未来的所赚取的所有现金流的现值。说白了，**我们需要购买能够在未来长期赚钱的企业的股权，我们需要关注的是当下的盈利质量和未来的盈利能力，这些才是确保未来长期股息回报的根本。**

五、论平均市盈率的不靠谱

当确定了预期净利润，下一步就要确定一个合理的市盈率倍数。目前大概有三个版本的算法，一是用行业平均市盈率作为合理倍数，二是用企业历史平均市盈率作为合理倍数，三是根据行业长期增速，目前企业增速和企业长期品质来确定合理市盈率倍数（这点如何确定后面会论述）。

在《股市真规则》中，帕特·多尔西认为，可以把一只股票的市盈率与整个行业的平均市盈率做比较。但我认为帕特·多尔西只是纸上谈兵，他的观点是错的，也误导了大批价值投资者。因为**一个行业内，有龙头，也有垃圾企业，你把所有参差不齐的企业摆在一起做平均，显然不合理。**每一家企业的净利润增速是不同的，从逻辑的角度看，一家企业的市盈率高低应该取决于企业的增速，企业增速快，就可以给予高估值，企业增速慢，就应该给予低估值，一个行业内有增速快的，也有增速慢的，还有负增长的，把它们都放在一起做平均，这样得到的指标显然不合理。

另外，帕特•多尔西在《股市真规则》中还指出，你可以用企业的历史平均市盈率作为其合理倍数，这个理论在业内也是得到广泛传播，当然我依旧认为不太合理。**任何一家企业，去回顾历史，它的成长不太可能是线性的，可能某个阶段增速快、也可能某个阶段增速慢、某个阶段可能还亏损，你把不同增速下的市盈率给它做平均，显然得出的市盈率也是不合理的。**这个指标也只适合那些业绩持续稳定增长的企业，必须业绩持续稳定增长，至少过去 10 年没有大起大落，那你才能用历史平均市盈率去衡量它的估值高低，因为业绩稳定增长的企业未来的净利润增速会跟过去差不多。

2016 年沪深 300 指数的平均 PE 大概是 13，它是由 35%的 PE=6 的金融股和大量 PE=40 以上的“成长股”组成的，这个看似并不高估的指数也挺有意思的。

六、市盈率的驱动因素是什么

不能简单地认为市盈率越低越好，因为低市盈率的背后可能真的是黯淡无光的经营前景。市盈率主要和以下两个因素相关，只有在充分考虑了影响市盈率的各种因素后，才能对公司的市盈率是否合理作出判断。

一般来说，笔者个人只投资长期稳健长寿的企业，此类优秀企业多数把净利润视为自由现金流，那么一个常数增长的贴现模型可以表达为：

$$P = EPS / (r - g)$$

其中：P——公司股票价值；

EPS——下一年预期的每股收益（随后会解释为何选择下一年预期每股收益）；

r——股权投资的要求回报率（贴现率）；

g——每股收益的增长率（永久性）。

因此，可以看到市盈率指标最主要和贴现率和增长率这两个参数相关。个人通常采用 10%的固定贴现率去计算优秀稳健公司的内在价值，并直接把贴现率视为目标回报率，g 的取值是 0%～6%之间。具体原因在现金流量贴现法那一篇有解释。

1. 不同行业估值的合理 PE 如何确定

当我们把贴现率 r 取固定值 10%时，根据

$$PE = P / EPS = 1 / (r - g)$$

- 当 g=0 时，合理 PE=10；
- 当 g=1%时，合理 PE=11.1；
- 当 g=2%时，合理 PE=12.5；
- 当 g=3%时，合理 PE=14.2；
- 当 g=4%时，合理 PE=16.6；
- 当 g=5%时，合理 PE=20；
- 当 g=6%时，合理 PE=25；

按上述公式计算时，会发现市盈率主要跟假设的永继增长率 g 有关。按长期回报率为 10%计算，医药行业的 g 乐观取到 6%，对应 25PE 的买入价，医药行业的合理市盈率在 20～30 之间；食品饮料行业的 g 乐观取到 5%，对应 20PE 的买入价，食品饮料行业的合理市盈率在 15～20 之间；水电行业的 g 可以取到 1%，对应 11PE 的买入价，水电行业的市盈率在 8～15 之间。

这里大家可以看明白，**不同行业的估值不同，表面看是由其眼前增速决定，本质是由其永继增速决定的**（本质由其行业空间，寿命，增速三个因素决定）。关于 g 的深入理解，在《公司金融》讲股利政策“一鸟在手”的时候，它认为当公司按照持续增长率 g 成长时，每股的股利也按照 g 成长，实际上是将公司盈利增长率视为股利增长率的近似。

消费品公司为何会有溢价？**表面看是抗通胀、逆周期、转嫁成本和提价的**

能力相对比工业用品强，有定价权，重复消费频率高；本质是其行业的永继增长率高。所以 20PE 的茅台并不比 10PE 的水电股有任何溢价，其对应的长期回报率极可能前者更高。

这里估算的目标，主要是计算一家优质公司的长期合理 PE，截至目前大家已经有了答案，它的关键在于对行业长期增速的理解和企业长期品质的洞察后，对 g 进行的估算。需要注意的是，永继增长率设为 5%的要求必然是优秀行业的极品公司，所以通常我们在买入市盈率大于 20 的公司时需要非常慎重。

2. 实践估值举例

实际估值举例，对于具备长期经营价值的水电公司。取 $g=1\%$，股权回报率 r＝10%，得 PE＝1 / (1- g)= 1 / (10% 1%) 1。可以看出，这个假设要求企业可以无限期经营到永远，不太现实。但打 7 折以接近 8PE 买入这类长寿且稳定分红的公司应该是一笔好买卖。但这样计算的前提是，企业净利润得接近自由现金流，水电企业折旧现金流较多，是符合这个前提的。也只有极少数优质公司才符合这个前提，投资支出大或 ROE 持续下移的 0 成长型公司都是在损毁价值。

这里我们会发现自己面临了一个问题，每家企业不同阶段的增速是不同的，直接用一个永继增长率 g 来贴现太不靠谱了。尤其对于近几年高增速的公司，用此方法估值会偏差很大。但是，直接采用偏低永继增速来折现，也是一种折扣或安全边际的艺术处理，毕竟我们是不想拥有企业十年就不去拥有一分钟的投资者。

例如假设贵州茅台的永继增长速度为 5%，则合理买入 PE 为 20 倍，考虑到贵州茅台现阶段高达两位数的增长，直接视为安全边际即可，不再打折扣了。要完全解决不同阶段增速不同的问题，只能进行分段估值，也就是采用 PEG 或现金流量贴现法来计算会更为接近企业的内在价值。

综上所述，会发现上面描述的估值方法，只适合长寿稳健的白马股和未来盈利稳定的类水电股票罢了。也只有此类公司，才更适合使用现金流量折现法计算其价值。

3. 长期回报率计算法 1——长期理论回报率

根据 PE＝1/(r−g)，易得

$$r=1\div PE+g$$

其中：r——股权投资要求的回报率（贴现率）

g——每股收益的增长率（永久性）=长期企业利润融资摊薄后的增长率=接近经济或行业增长率。

备注：根据美国长期数据：GDP 的长期增长率接近 3%，整体长期成长率 g 也会接近这个数据。但考虑到公司很难像行业一样永存或永继增长，这个成长率建议根据 GDP 或行业特性保守取值。多数时候买入时不考虑公司的内生性成长也是一种安全边际。

所以，长期回报率=1÷PE+长期成长率=1÷PE+g。

对于经营稳健，赚钱能力强，重视股东回报且未来预期没有融资摊薄股东回报的优秀公司来说，这个公式基本可以视为一个完全忽略眼前的高速成长性，着眼于长期随 GDP 稳定增长，是一种打了折扣而具备安全边际的回报估算。

对于重视股东回报的优质消费企业，在完全不考虑成长性时，15PE 买入对应的长期回报率接近 10%，20PE 买入时对应的长期回报率接近 8%。若是企业能够有很好的再投资能力，比如菲利普·莫里斯这样的优质消费公司，高成长使其长期复合收益率达到 19%。估值和买入时完全忽略成长，也是一种很好的安全边际思维。我们确实需要打折或忽略成长来估值，因为我们不靠谱地假设了企业永生且保持永久的赚钱与回报股东的能力。

对于优质水电公司，考虑到长期只有不到 1%的成长性，没有眼前的高成长，最好在买入时再打个 7 折，8PE 的买入才是合理的。值得注意的是：水电远没有消费或医药类公司的长期稳健的内生性成长惊喜。

4. 长期回报率计算法 2——中长期实际回报率

对于一个投资期限为 3～10 年的中长线投资者来说，其投资的长期回报率取决于什么呢？

中长期回报率=股息收益率+摊薄后每股收益的复合增长率+市场波动差价

为何实际使用中选择这个计算公式更接近实际呢？因为把 1÷PE 看成回报率往往会高估了回报率。利润中用来分红的那部分是稳定的回报率毫无争议，但非分红的那部分往往难以取得企业原来的回报率。所以股息回报是最实在的，投资中尽量避免买入低股息率的股票。我们往往可以把 3%的股息率视为获得了 3%的复利效应，因为可以红利再投资嘛。

有不少企业是通过融资实现的利润增长，虽然利润高速增长，但其实际 ROE 依然低下，每股利润被严重摊薄，所以有时候高利润增速与高股东回报率之间没有必然联系，每股真实价值的增长才是根本。从上述回报公式可以看出，**便宜才是王道，成长不够低估来补。**打折买入往往能收获估值修复收益的惊喜。而买入高增长高 PE 的股票，随着增速下移，大家的预期 PE 也会不断下移。事实上这里博弈的是高增长带来的回报远超过估值下移带来的损失。

所以从中长期投资回报角度看，股息最稳定靠谱，高成长不可持续，稳健成长尚可期待，等待市场低估需要极大的耐心。

5. 其他市盈率尺度参考

（1）消费类企业，毛利率较高，利润增长比较稳定的情况下，直接用每股收益除以 4.5%，除出来的数就是它的合理价格，大概按照 22PE 算的，这个只作为判断肥与瘦的参考，然后打 5～7 折买入即可。（其实这个是取 r=10%，g=5.5%，然后得 r−g=10%−5.5%=4.5%的贴现计算法，很靠谱。消费行业 5.5%的永继增长率是靠谱的，它可以由接近 GDP 增速 2 倍的行业永继增长率实现，但单个企业这样估值就有风险，毕竟行业不会消亡而企业会。此简化版方法很实用，特别推荐。

（2）按格雷厄姆的成长股公式保守估值，给出的 PE 估值一般为 14～18 倍。

（3）按目前国债收益 3%+5%的风险溢价，那么一只股票的合理价值是 8%，8%的价值收益水平对应的是 12.5 倍市盈率。

（4）按成熟市场如美国的整体估值，市盈率更多在 10～20PE 之间波动。

6. PE=10 是十年投资回本吗

假设企业零成长，PE=10，g=0，根据 PE=1÷(r−g)得，贴现率（回报率）

r=10%，它的含义是零成长企业必须 100%分红，才能取得 10 年回本的收益。所以零成长企业的长期投资回报率可以直接看股息率即可，即买入低增长或零成长企业，应要求尽可能高的股息率，因为企业的留存现金不会带来什么成长，极可能被浪费掉了。若 5PE 买入一家企业零成长且不分红，利润都被新垃圾项目挥霍掉了的公司，得到的不过是损毁价值的机器罢了。企业都很难成长了，把利润分红给股东让股东自己红利再投资总比让管理层随意挥霍强。

假设企业有成长，PE=10，每年利润的 40%用于分红，那企业应取得年利润 6%的增速，这样也可以也对应 10 年投资回本。这里面隐含的 10 年期回报公式是：股息率+年利润增速=回报率，这个公式使用时要求最好把时间拉长到 5～10 年，才能更好避免市场波动影响。当然企业在成长中还能积累更多现金，说明成长需要的投入资本小，那就更好了。

7. PE÷1 可以看成回报率吗

这样计算往往会高估了回报率，因为利润（优质企业视为自由现金流）往往被分成两个部分，一部分分红变成股东真实回报，另一部分留存用于企业发展需要。留存的那部分利润能否实现红利再投资的收益率才是关键，实践中留存的利润多数时候是被乱投资或盲目扩张并购给浪费掉了，并没有很好的发挥复利效应或者说是提升每股价值。

巴菲特很懂复利这台机器的运作原理，他投资最成功的地方根本不是什么浮存金效应，买入伟大公司等传统结论。而在于巴菲特只选择理性回报股东的管理层或自己去直接影响管理层或直接完全收购企业，然后充分发挥所投资企业的自由现金流复利效应，这是其取得高投资收益的本质。

所以，只买入伟大企业如茅台的投资逻辑也是有问题的。因为茅台和五粮液留存大量货币现金，而部分现金流的复利效应和全部现金流的复利效应，差别很大。现实中大部分企业都是部分现金的复利效应，只有伯克希尔·哈撒韦实现了其全部现金流的复利效应，集企业经营与投资于大成者，难以望其项背。

七、利用市盈率计算 3～5 年回报率

长远来看，我们都会死去。所以基于永继经营假设计算的回报率往往缺乏

实际指导意义。笔者个人在实践中更喜欢**使用中长期投资回报公式测算未来3～10年的投资回报率。对于自己深刻理解的公司，未来3～10年的利润其实是可以估算的，时间太短反而不好预测。**

我们也可以使用未来三年预测的净利润年复合增速（目前是2016年，可以用2018年预测总利润/15年总利润，然后通过复利表确定复合增速，注意剔除融资和股权激励的摊薄效应）。使用这个指标，同样**要先将企业的质地做层层筛选，在确保剩下企业中每家企业的质地都没问题的情况下，才能去预测未来三年的净利润。**

笔者个人不会去自己做预测，券商手中有更多的调研资料和行业数据，比自己测算的强太多了。因为市场带有偏见，且遵循主流偏见，所以我采用券商的平均预测值，如果各券商的预测值偏离度过大，那么这样的企业将直接PASS，偏离度大说明企业未来的业绩不易预测，相反，如果认同度高，那么笔者会把所有券商的预测值做一个汇总，去掉最高与最低预测值，再用剩下的预测值求平均。

我们选择的企业是具备长线价值的，所以估值和使用市盈率就比较方便了。例如许多消费和医药股的市盈率是长期在15～30PE的。我们选择企业的具备长期稳健性，所以我们可以进行未来3年或5年回报的评估或预测。市盈率的倒数就是当下收益率，但它并不准确，不能很好确定近3～5年持股收益率。

笔者是拿预测3年后的净利润与预测的合理市盈率倍数预算3年后的企业价值，即未来第3年利润的平均值*预期PE=未来第3年的市值，然后，预期3年回报率=未来市值/当下市值。预期3年回报率在80%以上的自己熟悉的极品公司或是120%以上的优秀公司，都是值得购买的。

巴菲特能充分发挥企业的自由现金流效应，所以他用自由现金流贴现法是靠谱的。而我们很普通，多从做生意角度看回报率，做出估值更靠谱。投资目标设定为3～5年100%的回报率，这样就避免了长期估值的误伤。ROE和PB都是滞后性指标，所以PE和利润增速多数时候更好用，但必须用于自己了解的企业。

从回报率的角度看估值，和实际做生意的情形也更为接近。

八、投资大师眼中的市盈率

（一）彼得·林奇的 PEG

PEG 指标（市盈率相对盈利增长比率）是用公司的市盈率除以公司的盈利增长速度。PEG 指标是著名基金经理彼得·林奇发明的一个股票估值指标，是在 PE（市盈率）估值的基础上发展起来的，它弥补了 PE 对企业动态成长性估计的不足。PEG 告诉投资者，在同行业的公司中，在市盈率一样的前提下优先选择那些增长速度高的公司，或者在同样的增长速度下选择市盈率较低的公司。

PEG，是用公司的市盈率除以公司未来 3 或 5 年的每股收益复合增长率。市盈率仅仅反映了某股票当前价值，PEG 则把股票当前的价值和该股未来的成长联系了起来。比如一只股票当前的市盈率为 30 倍，传统市盈率的角度来看可能并不便宜，但如果其未来 5 年的预期每股收益复合增长率为 30%，那么这只股票的 PEG 就是 1，可能是物有所值。当 PEG 等于 1 时，表明市场赋予这只股票的估值可以充分反映其未来业绩的成长性。如果 PEG 大于 2，说明公司的利润增长跟不上估值的预期，则这只股票的价值就可能被严重高估。如果 PEG 小于 0.5，说明公司的利润增长远好于估值的预期，则这只股票的价值就可能被严重低估。

PEG 也可以理解为在 15%～30%的增速下，企业的 20～30 倍高 PE 在 3 年时间就可以降低到 10～13 倍的相对安全区域。当然，周期股和垃圾股另说，融资换来的增速注意按摊薄后利润增速计算。所以，优质成长股选用此指标才更有意义。

PEG 告诉投资者，相对市盈率估值而言更应该关注公司的利润增长情况。短期内，利润增速高的股票在一段时间内走势都会强劲，即便估值已经偏高。

需要特别注意的是：根据未来 3 年的利润复合增速，利用 PEG=1 确定当下 PE 也是可以的。但买入时，20PE 以内的极品白马股 PEG 不要超过 1.5，20PE

以上的优秀个股 PEG 最好不要超过 1，因为高增速多数不可持续。

（二）戴维斯双击

在低市盈率买入股票，待成长潜力显现后，以高市盈率卖出，这样可以获取每股收益和市盈率同时增长的倍乘效益。这种投资策略被称为“戴维斯双击”，反之则为“戴维斯双杀”。

戴维斯双击的发明者是库洛姆·戴维斯。戴维斯 1950 年买入保险股时 PE 只有 4 倍，10 年后保险股的 PE 已达到 18 倍。也就是说，当每股收益为 1 美元时，戴维斯以 4 美元的价格买入，随着公司盈利的增长，当每股收益为 8 美元时，一大批追随者猛扑过来，用“8×18 美元”的价格买入。由此，戴维斯不仅本金增长了 36 倍，而且在 10 年等待过程中还获得了可观的股息收入。

（三）约翰·涅夫的成功投资

约翰·涅夫 1964 年成为温莎基金经理，直至 1994 年退休，著有《约翰·涅夫的成功投资》一书。约翰·涅夫在温莎基金 31 年间，复合投资回报率达 13.7%，战胜市场 3%以上，22 次跑赢市场，总投资回报高达 55 倍。约翰·涅夫自称低市盈率投资者，对市盈率的理解较为深刻，以下为他运用低市盈率的投资法则。

（1）低市盈率（P/E）。

（2）基本成长率超过 7%。

（3）收益有保障（股票现金红利收益率要高）。

（4）总回报率相对于支付的市盈率两者关系绝佳。

（5）除非从低市盈率得到补偿，否则不买周期性股票。

（6）成长行业中的稳健公司。

（7）基本面好。

九、避免市盈率的误用

虽然市盈率指标简单易用，但也正是因为简单使得投资者缺乏系统考虑公司基本面的情况，误用市盈率的情况普遍存在。以下为较为常见的误用之处。

（1）周期公司误用。周期行业，由于产品大多同质化，公司盈利取决于产品的供求关系。在行业波峰时周期公司盈利状况很好，市盈率分母较大，市盈率较低，给了投资人估值看上去很便宜的错觉，但正是因为丰厚的利润吸引了产品供给的增加，很可能发生行业反转，公司盈利下降的情况，股价下降，市盈率反倒上升。而在行业低谷时，公司普遍亏损或者微利，市盈率高达成百上千，股票估值看上去很贵，但真实却可能很便宜，一旦走出低谷，盈利上升，反倒出现股价越涨市盈率越低的情况。因而周期公司除了关注市盈率指标的变动，更需要结合后面我们所说的市净率指标判断。

（2）前景变差，业绩下滑。运用市盈率最关心的仍然是公司未来的发展前景，投资者要确保买到的不是未来业绩大幅下滑的公司，否则即便现在买入的市盈率再低，也无济于事。

（3）现金流差。市盈率指标关注的是公司的净利润情况，这使得在使用时缺乏从 DCF 模型的角度去思考公司的现金流情况。如果公司利润状况不错，但是经营性现金流净额很少，而投资性现金流净额又很大，这样低市盈率的公司，其实背后是因为公司的价值低。

（4）风险过高。之前我们提到市盈率的驱动因素之一是贴现率，风险越大的公司贴现率应该越高，市盈率水平越低。如果某些行业或者个股市盈率低于其他，未必真的便宜，很可能是因为承担了过高的风险，例如财务风险过高，运营风险过高等。

（5）忽略增长及空间。现金流贴现模型显示公司大部分价值来自于未来永续增长部分，而这部分就和公司增长的空间相关。行业及个股的增长速度和空间很大程度就决定了行业与行业之间，个股与个股之间的市盈率差异。

（6）忽视可持续的经营利润。计算市盈率要扣除非经常性损益，考虑到投资收益、补贴或者资产重估收益等因素，关注利润是否来自主营业务，持续性如何。有的公司利润也是来自主营业务，但主要集中在单个项目，单个项目一旦完成，利润不可持续。

（7）假账风险。由于市盈率计算基于公司净利润水平，而净利润是公司选择会计政策、会计估计编制出来，人为调节的空间很大。如果投资者选择了一份虚假的财务报表作为价值评估，将得不出任何意义。

（8）用别人更贵来证明自己便宜。投资者经常用估值很高的同行业公司来证明标的公司的便宜，事实上，两者可能都是很贵的，只是参照公司更贵，这正是比较估值法的重大缺陷。

总的来说，市盈率大致反映了股票的贵贱，但是市盈率高未必真贵，市盈率低未必真便宜，仍然需要具体分析。从概率来说，如果一个组合涵盖了来自不同行业的低市盈率公司，那么这个组合长期（得 30 年以上，否则可能存在 3～15 年都跑输的可能）都跑赢市场指数的机会很大。

十、大道至简

有朋友问，到底应当怎么给企业估值？估值是不是太难了？坦白讲，恰恰相反，估值太简单。初期，笔者只用市盈率估值，其后，精研，逐步增加估值法，尝试使用多种估值法计算企业价值，用市净率、市销率、市现率、自由现金流等估值模型计算企业价值。最多时，竟用到十余种估值法，后来，又回归只用市盈率。

世间有如此多估值法，只因企业品种太多，靠一种估值法压根没法估全所有，于是，提出十余种估值方法。实际上，这不过是贪婪，想得暴利，妄图搞明白所有企业，才设计出各色估值法。回归后，笔者放弃了百分之九十九的企业，妖股、概念股、庄股、重组股、周期股、次新股、太多股，全无视。只要有朋友问某企业怎样，我的回答通常是，不懂。一百人问我，才能有幸给一位朋友解答。那百分之一的企业有啥特质？无非财务优异，业务简单，只需市盈率估值。何为至简？这是至简。

目前，我已返璞归真，现在又只用市盈率一个指标计算企业价值。我发现**一个有局限性的指标才是好指标，局限越大，指标越有价值。**我们知道市盈率不适合净利润是负数的企业，如果是负数，那市盈率就是负数，所以通常出现这种情况会使用市销率，市销率一定是正数。开始我也认为这很靠谱，因为它弥补了市盈率的缺陷。但是慢慢发现，这毫无意义，你本身就不该选择净利润为负数的企业。当然每个人风格不同，风险承受能力也不同，我的风格是必须选择业绩持续稳定增长的企业，我不喜欢赌高成长股，过去业绩不行的企业永远不会成为我的标的。**说得再通俗点，我能够只用一个市盈率指标来计算企业价值，是因为在计算前就对企业的成长性、赚钱能力、财务结构、稳定长寿等维度进行了评估。**这样的企业在A股中不足5%。我只对这不足5%的企业用市盈率计算估值。

虽然这是我的风格，但是作为价值投资者，我认为都要尽可能保守。你发现不同版本的市盈率基本都只适合业绩稳定增长的企业，其实市盈率有局限是好事，正因为有局限，你才不会过于冒险，你就拿业绩稳定增长的企业算估值就行了。就像巴菲特只用自由现金流模型计算企业价值，能够用自由现金流模型计算价值的企业很少，那些网络股根本没法算，现金流都是负数，所以巴菲特不会买。我也一样，我所选择的标的可能比巴菲特更严谨，必须业绩持续稳定增长，这个业绩稳定不光光是净利润稳定，现金流也要稳定，主营收入也要稳定，股东权益也要稳定。

我们必须苛求，必须寻找最优秀的企业，过去优秀，未来也优秀，只要是优秀企业，那完全可以只用一个市盈率指标计算估值。

最后，需要特别提醒的是，**再一次回归使用市盈率时，你会常使用自己计算的市盈率，即通过分析企业盈利质量和预期下一年的利润后，用当前总市值/预期总利润=预期PE。**

计算PE时应融入企业的现金与负债因素：

$$PE = 1/r - g$$

这个公式是企业永继价值，但一般时间拉长到30年左右，结果已经近似了。

方法一：r一般取10%贴现率，g取0，视企业利润为自由现金流，PE=10。这是一个0成长下现金流量贴现模型。贴现要求长期，因而此法适合净利润中自由现金流比例高的稳健长寿企业。

方法二：r一般取10%贴现率，g取3%，计算企业自由现金流，自由现金流倍数=14.2。对于高自由现金流，这两个算法结果都类似，属于比较保守的投资视角。换个说法，一个自由现金流比例超过7%的稳健优质企业，已经具备绝对投资价值。

既然自由现金流折现考虑的是把企业未来的利润折现了来考虑企业的整体价值，那企业过去负债或累积现金也是企业价值的一部分。

以格力电器为例：

2016 年企业价值下限=14.2×90（自由现金流）+500（现金）=1 778 亿

以贵州茅台为例：

2016 年企业价值下限=14.2×220（自由现金流）+1 000（现金）=4 124 亿

（这样算低估了茅台的成长）

以苹果为例：

2015 年企业价值下限=14.2×300（自由现金流）+2 000（现金）=6 260 亿美金

以双汇发展为例：

2016 年企业价值=14.2×40（自由现金流）−10（现金）=550 亿

2016 年的伊利有 100 亿现金，但招商银行、平安、复星医药这些企业，负债比例过高，自由现金没法看，价值也没法看。

第三章　并购篇

- 企业上市前并购重组的典型模式与疑难问题
- 并购重组实务要点解析
- “野蛮人”敲门，支招格力反收购
- 并购的财富效应和风险
- 并购基金操作实务
- 上市公司并购重组流程及方案要点浅析

企业上市前并购重组的典型模式与疑难问题

作者：陈利景

从严格的法律层面上来讲，并购重组是两个不同的概念。并购是兼并和收购的总称。重组指的是企业对于资产、业务、人员、债务等要素进行重要组合和配置，以提高企业综合竞争力的过程。并购和重组都是企业或内或外的一种再组合，都是资本运作的基础形式和手段。但是在实践中，由于并购与重组是交互发生、相伴而行，因此统称为并购重组。

在企业所有的运作中，除了并购重组，没有哪一项运作能够把法律和经济、经营和管理、实体和资本、战略和操作结合得那么紧密，没有哪一项运作能够包括那么多的企业间行为和关系；没有哪一项运作可以在改变企业形态组合的同时也改变了企业的轨迹和模式。因此，并购重组涉及的层面非常多，今天的分享也尽可能多地进行提炼和总结，希望为大家分享更多的干货。

并购重组按照双方所涉及的行业，可以分为横向并购、纵向并购以及混合并购。按照并购标的，并购重组可以分为资产并购和股权并购。按照收购企业的意图，并购重组可以分为善意并购和敌意并购。按照对价支付方式划分，并购重组可以分为现金支付并购、股权支付方式并购以及混合支付方式并购。

这些都是基础概念，不展开来讲。那么根据并购企业上市阶段的不同，又可以分为非上市阶段的并购重组、拟上市阶段的并购重组和上市以后的并购重组。目前上市以后的并购重组呢，不光是影响到上市公司本身，更影响到市场中广大的投资人，因此，目前证监会对上市公司监管的法律法规体系相对完善和明确，并购重组的操作也要按照相关的规定来执行，但是非上市阶段和拟上市阶段，这里统称为上市前，这个阶段的规则有些是不太明确的，很多都是要靠专业的中介机构来把握。目前大部分新三板企业虽然是公众公司，但依然还处在拟上市这个阶段。这里主要是针对企业上市前这一阶段来展开。

融资、并购、上市，被称为企业资本运作的经典三部曲。企业融资做并购交易，通过并购来满足上市条件，最终实现在国内外上市的目的，到上市这一步，应该说一个企业就到了比较圆满的境界了，但有的企业还追求更高的境界，在上市后继续高举并购整合大旗，继续通过不断的并购交易来满足资本市场对上市企业的高成长性要求。这里可以发现，企业资本运作三部曲中，并购是核心，融资是为并购做准备，就连上市也只是阶段性目标，上市之后还是接着并购来实现更大的发展。

一、企业上市前并购重组的动因

1. 从企业发展角度看并购动因

（1）增强经营实力：常见的做法第一种是通过企业自身积累，第二种是通过并购重组。

（2）追求协同效应。

（3）整合优势资源。

（4）规避潜在风险。

2. 从上市要求角度看并购重组的动因

（1）突出主营业务。

（2）避免同业竞争。

（3）减少关联交易。

（4）实现五个独立。

二、企业并购重组的典型模式

在了解了企业并购重组的动因之后，就非常好理解并购重组的典型模式了。

1. 以突出主营业务为主旨的并购重组

第一种解决方案：出售非相关业务所属公司的股权。

第二种解决方案：出售非相关业务所对应的资产。

第三种解决方案：将非相关业务分立出去成立新公司。

2. 以避免同业竞争为主旨的并购重组

第一种解决方案：拟上市企业收购竞争关联方资产。

第一种解决方案：拟上市企业收购竞争关联方股权。

第三种解决方案：将有竞争关系的公司资产或股权转让给无关联的第三方。

第四种解决方案：直接注销有竞争关系的公司。

3. 以减少关联交易为主旨的并购重组模式

第一种解决方案：收购关联方资产。

第一种解决方案：收购关联方股权。

第三种解决方案：吸收合并关联方。

4. 以实现五个独立为主旨的并购重组模式

五个独立：资产、人员、财务、机构、业务。

上市前并购的疑难问题，重点关注以下几个方面。

（1）保持实际控制人稳定。

（2）保持管理层稳定。

（3）保持主营业务稳定。

（4）注意同一控制下及非同一控制下重组的不同要求。

作者简介：

陈利景，MBA 经理师，获证券、基金从业资格证，深交所董秘资格证书，自 2009 年起专注研究新三板，曾为数十家企业做挂牌咨询辅导，多家培训机构特邀讲师，在企业改制/挂牌上市/定向增发/股份置换、信息披露监管等方面，实操经验丰富，发表的《<董监高红宝书>信息披露事项之最全总结》一文累计阅读已经突破 10 万。

并购重组实务要点解析

作者：李东亮

【引言】

所谓的并购，狭义而言，并购指企业的合并、兼并或者收购。广义的并购是指通过企业的资源重新配置或组合，以实现某种经营或财务目标。企业的扩张和发展，或者采用内部扩张的方式，或者通过并购发展。内部扩张的方式，缓慢而具有不确定性，与此相比较而言，并购实现企业的迅速扩展和发展，有效地缩短企业扩张周期，能够减少企业学习成本。在现代的企业发展过程中，并购成为一种越来越重要的企业寻求价值增长，市场扩张，实现垄断利润的有效手段。成功的并购，依赖于前期并购整体规划，并在于并购实施过程中对并购战略的执行以及并购完成后的并购整合。本文对并购战略和并后整合进行综合、系统梳理。

一、并购的价值

在并购的过程中，企业最关心的话题是“我们为什么并购”，“并购的目的是什么”。如果没有明确的并购目的或者并购的诉求，在并购过程中往往面临着这样或那样的迷失。比如企业在看到并购标的价格比较合理或者鉴于优秀的团队，想把团队所在企业作为并购的标的的目标不明确的并购。在并购的过程中，需要确定自己是否有清晰的战略去完成并购。对此，笔者感触颇深，对于并购，企业应该是看着发展做并购，基于发展战略做并购。从并购的战略出发，这是在并购过程中作为企业应该首要关心的问题。

> 并购战略
>
> 企业并购重组应当符合整体的战略定位和战略目标

对于并购，可以从道的方面去论述并购或者是去了解并购，也可以从术的方面去并购整合优化。对于并购战略以及并购目的而言，是从道的角度解析，并购的目的、为什么做并购。

在确定并购之前，企业方应该就以下问题做系统和完整的思索和确定：并购战略和并购目的，并以战略规划为基础，综合考量单个项目获取是否对集团实现规划有所帮助。

明确并购目的，比如获取优异的财务表现，如合并报表；或者获取新的市场，实现产业链延伸，获取必要的技术，或者获得并购标的所具有特有资源。确定并购目的，有益于指导企业并购的开展，并购标的选择，以及并购后的整合。比如优质并购标的，并购价格较高，企业面临着第一次的选择，即为什么要去并购，企业是否要支付高昂的并购费用去并购目标标的。决定这一选择的决定因素就是企业的并购目的。所以，企业在进行并购之前，需要确定并购的目的并制定初步并购战略，并购的目的是什么，并购可以获得什么样的资源，有利于指导未来这样的并购标的来选择并购战略整合。

> 并购目的
>
> 开拓新市场：进入新的目标市场或区域市场。
>
> 财务需求：短时间内迅速提升业务规模，达到某一财务指标。
>
> 完善产业链：通过并购方式完善自身的产业链环节，从而构建全新的盈利模式。
>
> 获取关键技术：迅速弥补技术不足，提升技术能力，甚至获取技术领域的垄断优势。

（一）并购战略目标的达成

在战略性并购的思考基点下，对于项目筛选及估值模型进行关照性修正，在符合企业整体的战略实现的前提下开展并购。

企业整体战略目标达成方式：

（1）通过并购存量项目，提升企业规模，获取运营收益，实现企业整体资本价值。

（2）通过并购项目协议进行区域垄断，享受未来长期时间范围内市场增长带来的运营收益增长。

（3）享受未来上市后项目本身所带来的资本市场溢价。

案例：某矿业集团并购案例

在与企业接触之初，首先协助客户制定明确的并购战略，明确并购目的，在并购目的和并购战略的整体指导下，制定并购方案，以及并购完成之后的并购整合方案。明确的并购战略和并购目的，才能让并购效率更高或者收益率可能更高。在整个并购的过程中，相比较而言，并购后的整合方案可能更为重要，并购后尚未实现有效的整合，可能会导致企业为并购付出高昂的成本。在并购实施之前，应该首先协助企业完成并购战略的梳理。对此，我方的操作方式如下：

（1）并购的第一步，设定无悔的选择/战略：在短期内实现目标，能够实现企业效率的变化，在短期内实现目标。即首先应该是设定一个并购目标。

（2）百日整合方案。确定 3 个月的战略方案实施周期，双方团队共同制定行动方案，推动项目进展，进行项目整合。

（3）百日后交接。重点在于协助企业并购后，接收团队能够正常的运营企业。

从咨询公司的角度出发，在并购实施之前，实施的整体战略如下：

协助集团制定一个比较清晰的并购战略，在并购战略的基础之上做出明确的并购标的的选择，对并购战略实施过程中对并购标的做出合理的判断和取舍。

由于该矿业集团有色金属的服务商和提供商，并购标的是国内某小金属加工最大的企业。在此种情况下，鉴于有色金属行业的特征，该矿业集团的目标是控制某小金属这一资源。再确定这一目标后，如何快速获取某小金属这一资产？综合判断后，并购成为首选的交易方式。同时，在交易过程中，综合企业的整体的情况，以及企业的诉求，在交易方案中作出系统的安排：

（1）控制某小金属资源中的某小金属加工，并且在短期内完成交易并控制此种资产。鉴于交易时间的长度问题以及交易难度问题，矿业集团在面临多个标的时，就需要综合企业并购诉求，合理选择标的。

（2）交易方案的取舍，也是围绕着企业短期内获取某小金属资产的整体诉求，基于场景设定不同的并购手段，现金、股权、现金+股权等形式，推动交易的完成。（此部分内容在并购手段中说明。）

（二）并购战略梳理与执行

某房地产公司预实行多元化战略，在原有地产业务的基础上，新拓展环保业务。作为合作伙伴，有幸参与了该公司的环保业务整合，在企业并购领域协助企业制定明确的战略。

1. 首要目标：梳理清晰控股公司收购较低收益率的环保业务的目的和价值

解决这个问题，首先要解决的问题是，环保领域当期收益并不明显。与环保行业相比较，房地产行业收益率较高，环保业务收益 7%～8%。说服内部决策机构，如果没有明确的并购战略，是无法实施的。在这个阶段，需要解决下面的几个问题：并购环保业务，环保业务对企业的价值是什么？企业收购与原企业主营业务不一样的业务板块时，满足企业的什么需求？收购后，企业未来的未来商业模式和现在的地产板块的商业模式、其他板块如何衔接？

2. 并购实施后要达到主要目标

清楚地梳理企业整体战略目标以后，需要分解每一个实施并购的主要目的。在此房地产公司预实行多元化战略收购环保业务的并购战略实施中，企业确定了两个目标：

（1）短期内实现业务的突破。

（2）短期内实现收益的突破。

如何保证企业开展并购能够协助企业能够在短期内实现企业业务的突破，实现收益。在明确具体并购实施目标，就需要在与企业制定并购战略时，同时也要综合考虑企业如何实现这样的实施目标，并梳理清楚并购如何帮助企业实现这样的价值，作为企业并购战略制定和执行中重点考量的因素。

在实践中，的确有客户对并购战略没有清晰的规划，成为后期做并购整合过程中的隐患，以至于后期的整合中面临着很多的困难和问题，降低了并购的成效。当然也不乏并购战略清晰，但是业务整合过程中发生了与并购战略的偏离的情况。

二、并购手段的多样性

并购手段也是并购方案重要的一个环节，在以并购战略为中心的基础上，结合企业的实际情况，选择最佳的并购手段，不仅有利于目标的达成，也有益企业整体并购价值的提升。

本文中的并购手段，是指并购的支付方式。并购手段包括现金方式、换股方式以及现金+股权的混合方式。并购支付方式上，综合根据企业的情况，采用灵活的支付方式，比如，采用股权支付方式，丰富并购手段的同时，缓解即期的资金及估值压力；比如收购方举债能力和手持现金多寡，以及收购的金额等都决定了企业并购的支付手段的选择。

1. 现金支付

企业并购中采用现金支付时，需要综合考虑企业的资金的筹集规模以及资产负债率。由于现金支付方式对企业现金要求较高，并购后有可能提高公司的资产负债水平，恶化公司的财务状况，抑制未来的融资和投资能力。而且，现金支付在一定程度上提高了估值的敏感性。

2. 股份支付

股份支付，顾名思义，并购过程中采用换股的方式进行支付。股份支付方式可以降低短期内的资金要求，一定程度上提高了对项目估值的承受能力，对公司整体的投融资能力影响较小。股份支付的方式能够丰富公司的股权结构，但可能会影响原有股东对公司的控制权。

3. 股份+现金的方式

可在资金需求和股权结构影响中获得平衡。

在新三板智库和中国并购基金网共同编制的《新三板并购》蓝皮书中提到，2016 年新三板重大并购交易中：

（1）纯股份支付的交易有 16 起，全部为新三板企业发起并购，对象都是非公众公司。其中关联交易 4 起。

（2）股份+现金支付有 36 起，其中 17 起是新三板企业被并购，19 起是新三板企业发起并购。被并购的交易中，股份+现金支付占到了被并购总交易数的 36.17%；发起并购采用股份+现金支付方式的占到发起并购总数的 29.69%。

（3）纯现金支付的交易有 59 起，其中挂牌公司发起并购交易中采用纯现金支付方式的有 29 起，占发起并购总数的 45.31%；被并购采用纯现金支付的有 30 起，占被并购交易数的 63.83%。挂牌公司发起并购采用纯现金支付比例小于被并购交易中获得纯现金支付的比例。

这说明，挂牌公司卖给非上市公司更倾向于“拿钱走人”；挂牌公司卖给上市公司更倾向于分享上市公司后续股票上涨的收益；挂牌公司主动并购时，其新三板资本平台的价值对非公众公司的股东有一定的吸引力。

图 1 为 2016 年 1～10 月新三板企业被上市公司并购（左）、被非上市公司并购（中）、发起并购（右）的支付方式对比。

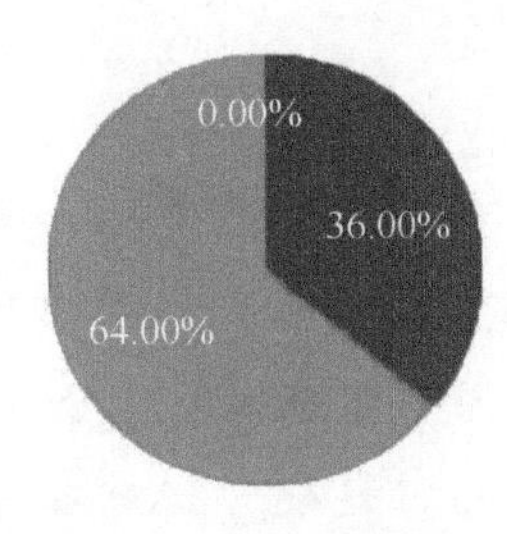

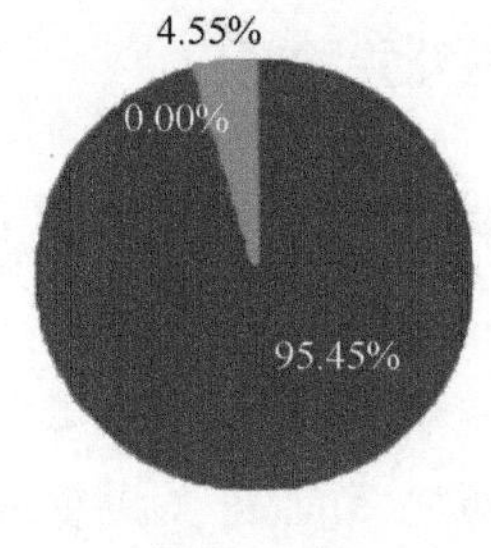

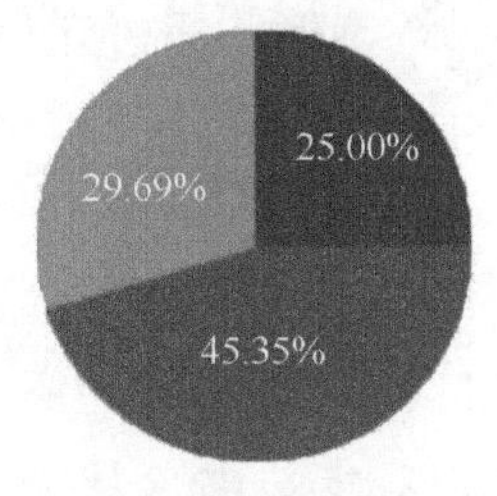

图 1

三、并后整合

并购后的整合是并购链条中的一个环节，但也是并购中耗时长、不确定性较高，并且与并购收益关联度最高的环节。并购后管理整合作为一项管理行动，并购方需要从实际出发，明确并购后管理整合具体措施，并购整合应当从管理和运营两个维度着手。

（一）管理维度的并购整合包括财务管理、人力资源和文化的整合

1. 财务管理方面的并购整合

在财务管理方式，并购后需要建立企业统一的财务管理体系，并建立相应的财务管理过度机制，逐步纳入企业统一的财务管理体系。

当然，管理维度的并购整合，除了财务管理方面的并购整合以外，还包括企业整体管理制度的整合。结合企业的整体经营策略的调整，企业整体制度保持一贯统一，保证并购后企业业务执行的顺畅。

2. 人力资源管理方面的并购整合

建立针对并购对象的人力资源政策过渡机制，逐步将并购方纳入企业统一的人力资源管理体系，包括岗位、薪酬、考核等方面。人力资源管理方面是并购整合中至关重要的一个环节。因为人力资源制度敏感高，人力资源制度与企业员工的士气和内部的融合至关重要。同时，人力成本，尤其是知识密集型企业中人力成本的比重对企业的当期效应影响至关重要。

案例：通过冗员处理，提升并购效应

人力资源管理方面的整合的内容之一是冗员的问题。通过人力资源的冗员的问题的整合处理，能够极大地降低大量的人员成本，对当期业务的提升有极大效应，对未来的发展起着积极的作用。前述某矿业集团的案例中冗员处理中，我方协助处理企业 1/3 的冗员问题，减少人员的薪资、社保、福利等成本，提升并购的效应。

3. 文化

尊重被整合方的人员及文化，摒弃被整合方的不良文化，宣贯企业的企业文化。

企业文化的整合是并购中最为困难的环节。文化是企业的灵魂所在，企业文化能够成为企业发展不朽的源泉。文化的差异会直接影响企业整合的效果。在战略制定之初，应该综合考虑文化风险，同时也要有制定行之有效的文化整合的方案。在文化整合的过程中，要尊重被整合方的人员及文化，同时，有效地摒弃被整合方的不良文化，宣传贯彻并购方企业的企业文化，让被整合方能够有效地接纳新的企业文化，并一以贯之。

（二）运营维度的并购后整合包括技术改造以及运营流程的整合

1. 技术改造

根据项目改造经验及改造标准手册，对并购项目的运营情况进行评估，进行技术改造的可行性研究，并实施改造，以提高项目的运营水平。

2. 运营流程

按照企业的运营管理手册对并购项目进行运营流程重塑，提高运营效率。

四、并购程序

制定清晰和可执行的并购战略后，需要一个完整的并购程序，识别风险，提前做好风险防范作措施，规避风险。

并购程序分三个阶段：

（一）第一个阶段：预可研—项目立项

“预、可、研”即预判、预评、预案，是属于并购前期的工作阶段。该阶段的工作是基于行业专业研究，以及并购战略价值的综合分析的阶段。在“**预判、预评、预案**”阶段，需要从以下几个方面综合分析：

（1）行业研究及并购整合价值评估。

（2）经营分析。经营分析是从并购标的公司所处的行业态势、市场格局、产品/服务、价格/收费标准、资产、资质、运营、人员结构等维度精心系统分析判断。

（3）初步经济性分析。企业的并购是为了获得并购收益的增加，所以在项目立项时，需要对项目的收入、成本/费用、投资收益等概算，精心进行初步的分析。

（4）初步并购预案。在对项目进行综合评判时候，需要对收购方式、收购业务/资产、底限方案/条件的基础方案，作为并购执行依据。

（二）第二个阶段：可研—并购方案

在完成项目立项之后，需要对项目进行尽职调查。

1. 尽职调查

与交易对手和标的企业签署备忘录及保密协议，组织开展法务、审计、资产评估等机构开展尽职调查，组织出具相关专业意见。

进行业务可行性、财务可行性、交易可行性（估值、对价、交易方式）等评估。

2. 商业谈判

协助收购方确定与交易对手的谈判策略。

为收购方交易谈判提供技术支持，如法律法规、相关政策等。

3. 可研设计

投资必要性：战略价值/财务价值。

标的公司综合分析：市场/竞争、财务状况、审计/资产、生产经营、人力资源、法务风险。

投资方案/交易结构：收购方案、资金支付、相关承诺与保证。

投资估算与资金筹措：收购/增资资金金额、分年运用、资金筹措。

投资效益分析：损益表/现金流量表预测、财务指标测算（NPV、IRR）、基本假设。

治理管控要案：董事会席位、管理团队派遣、表决条款等。

项目风险分析：风险清单与应对方案。

主要法律协议（以下均指草案）。

（三）第三个阶段：并购后整合

在完成并购后，在发展战略、业务、管理领域的整合进行系统性的支持，保证并购战略能够在并购整合的过程中得到贯彻实施，保证并购效应最大化。

1. 发展战略的整合

发展战略的整合主要是明确并购后标的企业的战略定位、发展模式、盈利模式、运营模式、业务/市场选择、规划措施。

2. 业务整合

业务整合主要包括以下四个方面：

根据战略，进行必要的业务重组/合并/出售。

对合并后资产进行必要的股权、债权重组。

对涉及重组目的的各方面进行全面尽职调查，设计重组方案和重组操作方案。

为实施重组方案提供全面指导，并提供法律、财务和业务方面的专业服务。

3. 管理整合

管理的整合主要包括以下内容：

整合后治理结构和运行方式、组织结构调整。

整合后管控方式、关键管控事项及其相应的责权与边界，提出具体可执行的方案。

协助进行核心领导层调整，提出方案。

整合后内部运营管理的系统改进提出方案。

作者简介：

李东亮，远卓管理咨询集团合伙人，业务专长：并购重组、股权规划、企业治理，10 年管理咨询经历，曾就职于信托、保险公司等金融机构，咨询领域涉及金融、交通、地产、先进制造、能源资源等行业。

“野蛮人”敲门，支招格力反收购

作者：张永刚

2016 年格力电器不是很太平，先是收购珠海银隆股份失败，董明珠被罢免格力集团董事长，而整个市场正在观望之时，宝能系的姚员外，又断然出手敲了董小姐的门。前一阶段的宝万控制权之争沸沸扬扬，刚刚告一段落，姚员外转过头来，又对格力出手。前海人寿从 2016 年的 11 月 17 日到 11 月 28 日格力公司复牌期间，它的持股比例从 0.99%增至了 4.13%，从原来的第六股东升至到第三大股东。

针对这样一个现象，各方都做出了不同反应，2016 年 12 月 3 号，证监会主席刘士余在中国证券投资基金协会第二届第一次会员代表大会上脱稿怒斥，希望资产管理人不当奢淫无度的土豪，不做兴风作浪的妖精，不做坑民害民的害人精。用来路不明的钱从事杠杆收购，行为上从门口的陌生人变成野蛮人，最后变成行业的强盗，这是不可以的。从这几个关键词里可以发现刘主席怒斥一个是土豪，一个是妖精，一个害人精，甚至从陌生人变成野蛮人最终变成行业的强盗，对险资举牌上市公司这一事件立场非常鲜明！很清晰地表达了自己观点。

针对这一现象，保监会于 2016 年 12 月 7 号直接派驻由发展改革部牵头的检查组，进驻前海人寿并且针对前海人寿产品开发中存在的问题，责令公司进行整改。停止万能险新业务和互联网渠道保险业务的销售，同时也禁止前海人寿在三个月内申报新的产品。在证监会以及保监会的压力下，前海人寿于2016年12月9号发布承诺未来将不再增持格力电器股票，并且会在未来根据市场的情况以及投资策略，会逐步地择机退出格力电器。

前海人寿做出承诺之后对于董小姐来讲是吃了一个定心丸。在2016年12月10日，董小姐在中国企业领袖年会上回应了野蛮人举牌的问题。她说：只要是真正的投资人，是谁没关系。创造性的企业所有人都要记住自己的责任。我们是中国人，你的行为需要和国家的发展结合在一起。不要破坏中国制造，不要成为社会的罪人。中国的发展离不开实体经济，仅仅用金融杠杆来搞发展对中国来讲是灾难。

对于格力电器来说，对于董小姐来说，她之所以能化解目前的这一场危机。关键在于受到了相关主管机构的一个围魏救赵，或者主管机构的打压的情况下，使前海人寿迫于压力承诺未来不再增持格力电器，那么对于这样一个现象，如果主管机构不出手，如果未来又出现了王员外、张员外来敲董小姐的门，那么是不是每一次都是主管部门来出面打压市场，通过一种权力的干预来代替市场的条件，显然这是不合适的。我们认为董小姐除了要求主管机关的庇护之外，还要从自己企业的多个角度，多个维度来采取相应的反收购措施。

收购和兼并的本质就是公司所有权和控制权的转移和重新组合。如果一旦控制权发生转移势必会影响大股东和管理层的既得利益，反收购便由此而生，核心就是防止控制权的转移。反收购实质就是为了不发生控制权的转移，而只在预防或者挫败收购行为的一种措施，这就是反收购措施，对于董小姐来讲，她如何去应对未来王员外、李员外这种险资的收购？

险资喜欢举牌的上市公司具备如下四个特征：第一，股票估值相对低，股票的价值被市场所低估；第二，股权相对分散，第一大股东持股比例低；第三，净资产收益率高；第四，现金流充足。2016年12月9日格力电器的收盘价是26.99元，根据第三季季报每股1.87元，市盈率14倍，每股的净资产8.27元市净率3.3倍，每股未分配利润6.64元。无论从市盈率这个角度还是从市净率这个角度作为A股的格力电器，作为A股的蓝筹股估值相对比较低，符合险资第一个特征。第二个特征格力电器一共有34万户股东，股权相对分散，户均持股 1.76 万股，第一大股东珠海格力集团持股 18.22%，第二大股东河北京海担保持股 8.91%，第一大股东持股比例比较低。险资在进行收购的时候他能用比较低的杠杆撬动一个比较大的公司一个控制或者控股，能拿到公司控股的成本相对比较低。第三个特征从净资产收益率分析来看，格力电器每股净资产收益率是 23.09%。第四个特征现金流非常充足。

2016 年 11 月 17 日，格力终止筹划发行股份购买珠海银隆。如果上述方案通过，支持管理层的股份将超过 43%，不适合被举牌。收购银隆失败后，格力电器是市场上受关注度最高的公司之一，且公司基本面很好，在资金的推动下，这种关注度完全可以转化为股价。格力在 2016 年 11 月 17 日至 12 月 16 日不能筹划新的重大资产重组事项。险资之所以举牌格力，是因为它完全符合险资举牌的标准和特征，它可以在短期内套利能够实现财务投资收益最大化，所以姚员外和前海人寿对格力电器悍然出手。

接下来给大家介绍防止反收购的五种措施：第一，提高收购成本，降低收购者的潜在收益。其中包括，一般性的财务措施：多发股利、回购股份、抬高股价，加大收购人的收购成本，让股票的价格回归股票的内在价值。采取白衣骑士战术，邀请友好的第三方购买自己的股份或者成为自己公司的大股东提高格力电器自身及利益相关人的持股比例。除了一般性财务措施，还有毒丸术：公司章程规定，当一定触发事件发生时，原股东可以行使特别的权利，通常情况下可以在章程里规定当外部收购者单个持有人持股比例达到公司所发行股份的 20%或 30%时，原股东有权利以低价购买合并后的新公司股票，或者购买并购前目标公司的股票。第三种方法则是出售黄冠明珠，另外还有金降落伞、银降落伞、锡降落伞计划。

下面给大家介绍第二种防止反收购的措施：提高自身的持股比例增加收购者取得控制权的难度。首先，进行事前防御性的股权结构设计；公司内部人及相关的利益主体尽可能多地持股；其次，提高内部管理层持股比例，管理层收购、员工持股计划、股份回购；第三，事中的策略性的股权措施：白衣骑士（邀请友好的第三方购买公司股份）和帕克曼防御术（遭到收购袭击时，不是被动防守，而是主动进攻，以攻为守）。

第三种方法是公司章程的策略，包括：绝大多数表决权策略；分级分期董事会制度策略；特别优先股授权计划；累计投票权策略；定时股东会策略等。第四种方法是贿赂外部收购者以现金换取管理层的稳定。最后一种方法则是焦土战术：有意恶化公司资产和经营业绩，这是一种两败俱伤的做法。

作者简介：

张永刚，北京路演天下互联网信息服务股份有限公司董事长，北京大学法学院硕士，新三板领秀私董会创始人，北京天元海博基金管理公司首席架构师。多年投身于新三板领域，擅长新三板企业顶层设计、路演、股权融资等，多家企业常年管理咨询顾问、法律顾问，曾担纲首席架构师筹建龙江银行，为贵州老友记便利店连锁管理有限公司等多家公司进行商业模式设计，培训辅导过的新三板企业达数百家，如中研高塑（835017）、山东数字人（835670）广东宝德利（833367）、安徽蓝麦通信（838487）、道有道（创新层 832896）、天阶生物（创新层 430323）、广东云控照明（拟挂牌）等。

并购的财富效应和风险

作者：张永刚

【引言】

纵观我国当前形势，并购重组已经成为当今的一个经济热点。上市公司收购新三板企业更是呈现井喷式，新三板成为A股市场的并购池。其中，并购的财富效应是上市公司选择新三板企业作为并购标的的重要动机。那么，什么是并购财富效应？如何度量财富效应？除了并购财富效应，并购又存在哪些风险？

本文将为大家依次阐释，希望帮助企业通过并购进行良好地资本运作，离企业市值的顶峰更进一步。

一、上市公司并购新三板企业的特点

在最近111起并购案件中的47起被并购的案件当中，有25起是由上市公司并购新三板的企业，有22起是非公众公司并购新三板的企业，其中上市公司并购新三板企业呈现两个特点：

第一，目标一般是新兴的领域新兴的行业领域，追求那些业绩好、成长快并且能和上市公司形成产业互补的三板企业。这说明上市公司并购新三板企业的实质是进行一个产业上的布局，换句话说，上市公司并购新三板企业是为了市值管理。

第二，所有并购案例呈现一个规律，那就是多采用现金支付。以支付方式来划分，在 111 起并购案例中，总共有 59 起是现金支付，36 起是现金加股份支付，有 16 起是股份支付。

那么为什么现金支付这么多呢？对于原股东来说，现金订购与股份并购相比，现金收购的并购收益要大于股份支付的并购收益，这就是市场上为什么现金支付多而股份支付少的主要原因。

二、并购财富效应

"大鱼吃小鱼，小鱼吃虾米"已然成为当今市场上的流行语，并购浪潮一波又一波，为什么越来越多的企业愿意或者偏好于并购呢？原因就在于它有一个很好的财富效应。

（一）财富效应的含义

财富效应是指企业能够通过并购形成企业价值市值的正向增长，一般情况下，可以从如下五个方面来解读所谓的财富效应。

第一，实现规模经济。企业通过并购可以形成规模，就会降低单位的成本，从而会形成一种规模效应。

第二，降低成本企业通过并购进行上下游产业链的整合，进行上下游的并购，从而降低成本。比如原材料的及时供应对一个企业非常重要。新三板企业蓝麦通信现在正在筹划对它的原材料的上游供应商进行并购，一旦并购成功，那么首先，它能够保障原材料的及时供应；再者，能将上游的利润变成企业的低成本。预计，蓝麦通信的毛利率将会从原来的 29%提升到将近 50%。也就是说企业成本降低了，企业利润自然就增加，这是第二个财富效应。

第三，提高竞争力和市场份额。企业通过横向并购能够减少竞争对手，能够扩大市场份额。一般来说，国内一提到竞争，通常就想到了价格战，由于价格战就想到了红海。而国外与中国的竞争是采取了一种什么战略？采取了一种顶层上的较量，即并购。通过一个天价，将它的竞争对手变成为自己的子公司或者是成为自己的一个部门，最终减少了市场的竞争对手，并且扩大了市场份额。

第四，套利。所谓套利就是没有成本，没有风险地获取利润或者说从他利用。同一资产在不同市场之间有不同的定价，比如说同一个企业资产，作为新三板企业，它的市盈率是 28 倍，而到了创业板它的市盈率就变成了 78 倍。但是由于它是同一资产，却产生了 40 倍的市盈率差，从而产生了 40 倍的这样的一个套利空间，所以说这也是上市公司喜欢并购新三板企业的另外一个原因。这就在于主板、中小板或者创业板，和新三板之间存在着一个很大的套利空间。

第五，利用效率的差异来创造价值。也就是说，一家管理效率高的企业通过并购管理效率低的企业，那么还有一个管理和经营上的一个重造或者是整改，从而将其并入了资产。提高了价值，从而创造了一个新的价值。

以上五方面从某种程度来讲也可以是财富效应的动因，或者说是能促使企业进行并购的动因。

（二）度量财富效应

财富效应，是可以度量的。关于并购财富效应的度量，有三个关键词。

1. 第一个关键词是协同效应

考虑两个分立的公司 A 和 B 准备合并。A 公司在分立时（未宣告合并前）的价值为 P_A，B 公司在分立时（未宣告合并前）的价值为 P_B，合并后的价值为 P_{AB}。则合并新创造的价值，即产生的协同效应为：

$$协同效应 = P_{AB} - (P_A + P_B)$$

当协同效应为正时，兼并产生协同效应，创造财富；反之，则损毁财富。当然，即便兼并产生正的协同效应，新创造的财富也不完全归收购方（A 公司）股东所有。原因是在收购过程中，收购人（A 公司）常常需要向被收购人（B 公司）支付超出其股票原有价值 P_B 的溢价。

2. 第二个关键词是并购成本

并购是有成本的，比如说甲企业并购 B 企业，那么 B 企业除了对企业的资产有一段内在的价值之外，它要想被甲企业所并购，肯定还要产生一个溢价。

而这个并购标的公司的溢价对于甲公司来说就是它这次并购的成本，比如说一个企业花了十块钱买了一个价值八块钱加两块钱溢价的企业，那么其中的并购成本用十减去八等于二，这两元指的就是并购成本。

对于并购成本，企业一定要注意控制权问题。比如说乙企业，它的股本是两千万股，每股股票的价格或者市值是十元钱。甲企业对乙企业进行百分之百并购的时候或者超过51%订购的时候，往往给出的价格会超过每股十元钱，为什么呢？因为这里面有一个控制权的问题，对于乙企业来讲，它失去控制权的价格和不失去控制权的价格，完全是两个价格。

3. 第三个关键词是并购收益

刚才提到协同效应，比如说原来甲企业在并购之前的市值是5亿，乙企业在并购之前的市值是2亿，那么甲企业和乙企业的市值和就是5亿加2亿，总共7亿。但是当甲企业对乙企业进行并购之后，就产生了一个新的企业，比如叫做丁企业，此时丁企业的市值并不简单地是7亿，即两个企业的之和，而是变成了9亿，那么9亿减去7亿等于2亿，而这2亿就是协同效应，而协同效应再减去并购的成本，恰好就得出一个并购上的收益。

三、并购风险

并购风险一般分为以下十种：

第一，财务风险。财务风险是指由于收购方对被并购企业财务状况缺乏足够了解，从而导致收购方错误地估计目标公司价值和合并的协同效应。财务报表是并购中进行评估和确定交易价格的重要依据，其真实性对整个并购交易至关重要。但目标企业可能为了自己的利益，利用虚假的报表美化其财务、经营状况，欺骗收购者。从而，兼并方股东可能要蒙受利益损失。

第二，资产风险。资产风险是指被并购企业的资产低于其实际价值或并购后这些资产未能发挥其目标作用而形成的风险。并购的本质是产权交易，并由此导致所有权和控制权的转移。所有权的问题看似简单，实际上隐藏着巨大的风险。比如，目标企业资产评估是否准确可靠，无形资产（商标、品牌、技术专利、土地使用权等）的权属是否存在争议，资产真实价值是否低于报表显示的账面价值等，都不会一目了然。同时，并购资产质量的不确定性也可能影响合并后企业的运营。

第三，负债风险。在多数情况下（收购资产等除外），并购行为完成后，收购方要承担目标企业的债务。这里有三个问题特别值得注意：一是因目标公司为其他企业提供担保等行为产生的或有负债。或有负债符合一定的条件便要加以确认，但主观操作空间极大，给企业未来的财务安排带来不确定性。二是被收购方是否可能隐瞒了负债。三是目标企业负债率是否过高，会不会在将来引发还本付息的压力。

第四，法律风险。企业在并购过程中可能发生民事纠纷，或者兼并活动本身不符合相关的法律，如政府反垄断的规定。此外，目标企业的未决诉讼等或有事项也可能引发法律风险。

第五，融资风险。融资风险是指收购方能否按时、足额地筹集到资金，保证并购顺利进行。通过现金方式支付的企业并购往往需要大量的资金，如何利用企业内部和外部的资金渠道在短期内筹集到所需的资金是并购活动能否成功的关键。即便企业能够筹集到足够资金进行收购活动，但如筹资方式或资本结构安排不当，也会大大加重企业将来还本付息的负担，埋下财务危机的隐患。

第六，流动性风险。流动性风险是指企业并购后由于债务负担过重，缺乏短期融资，导致支付困难的可能性。流动性风险在现金收购与杠杆收购中表现得尤为突出。目标企业的高负债（特别是短期负债）比率也可能给承担债务的收购方带来流动性风险，影响其短期偿债能力。

第七，扩张过速风险。扩张太快未必是好事，其弊端表现在以下三个方面：一是可能带来管理的难度和风险，规模增加自然带来管理难度的增加。二是并购使企业规模增大，可能导致规模不经济，体现为随着企业生产能力扩大而形成的单位成本提高、收益递减的现象。三是可能分散企业的资源，造成资金周转的困难甚至资金链条的断裂。美国安然公司和世界通信公司的倒闭与兼并扩张太快不无关系。中国德隆系的崩溃也可说是扩张太快的结果。

第八，多元化经营风险。混合兼并导致企业多元化经营。多元化经营虽不总是坏事，但有足够的事例表明，多元经营的企业要比专一经营的企业难以管理。换句话说，许多时候业务专精的企业比业务分散的企业更容易创造价值。

第九，流动性风险。流动性风险是指企业并购后由于债务负担过重，缺乏短期融资，导致支付困难的可能性。流动性风险在现金收购与杠杆收购中表现得尤为突出。目标企业的高负债（特别是短期负债）比率也可能给承担债务的收购方带来流动性风险，影响其短期偿债能力。

第十，反收购风险。兼并操作有时会遭到目标企业董事会和股东的抵抗，他们采取的反收购手段，设置的各种抵御收购的障碍，既增加了收购难度，也增加了收购成本。

并购基金操作实务

作者：邓建虎

【引言】

近几年的资本寒冬，越来越多的企业不再孤军奋战，选择抱团取暖，无阻并购交易大幅飙升。随着传统产业的“去产能”和供给侧改革政策的影响，产业协同和转型升级领域还将产生更多交易机会，客观上会带来大规模并购交易的比重上升，并购热潮呈现有增无减的趋势。如何设计交易结构？如何保证并购合法合规、低成本？……

本文分享的是并购的基本知识以及并购基金的操作实务，帮助企业积极赶上并购热潮，推动企业发展，以及推动全球化、区域化的产业整合。

一、并购的基本知识

（一）并购的含义

通过把不同企业之间的资产负债业务机构以及人员的重新安排，使得一些企业对资产业务等控制范围扩大，这类行为可以称为并购重组或者简单的企业并购。并购一般包括兼并和收购，兼并也叫吸收合并。

并购是一种资本运作的方式，涉及战略管理公司、财务、经济法、产业经济学、制度经济学、投资银行学等许多方面。需要结合企业战略的发展和产业发展来采取不同的模式进行。

（二）并购的类型

（1）按资本市场不同，并购可以分为故意并购、善意并购、敌意并购等，比如宝能收购万科，就是敌意并购。

（2）按行业划分，并购分为横向并购、纵向并购、混合并购等。

（3）按支付方式，并购分为现金收入、股票收入、杠杆式收购、买方融资收购、综合证券收购。

此外，还有吸收合并和新设合并。

（三）并购市场的状况

1. 国际并购市场

在2015年，国际并购市场的规模是4.3万亿美金，其中大规模并购项目的数量较多，金额超过百亿美元的项目达 57 起。其中，北美地区的并购标的的资产达到了2.3万亿美金，相比2014年提高了27%多，占全球并购交易规模比例达到53.5%，所以北美市场是最主要的市场。

全球并购市场的特点和发展趋势主要是海外并购的交易总额和单个交易的金额，都呈现出螺旋式不断上升的趋势。

2. 中国并购市场

中国企业在2014年开始大量产生并购，并在2015年大量开展并购。并购交易达到13 700起，总规模达到1.4万亿，交易金额达到6 467亿美金，成为全球第二大并购市场。从 2016 年国企全面深化改革以后，监管层出台了相关的政策，对中国企业并购以及海外上市进行鼓励。预计 2016 年并购交易金额大概有1万多亿美金。

中国是亚太地区的最主要的并购市场，在 2015 年，只是科技领域交易量就达到了188亿美金。中国企业海外并购的高速度由两方面决定：

第一，由低成本战略形成的高成长模式决定。

第二，通过并购容易参加国际竞争。实行国际并购是中国企业进入国际资本市场，走向全球化的过程。

3. 中国企业海外并购现状及其特点

1）并购现状

2016 年上半年，由中国企业发起的海外并购交易总金额达 1 210 亿美元，超过 2015 年全年对外并购交易纪录（1 115 亿美元），仅 6 月份，中资海外并购就有 74 起，总金额约 288 亿美元。

中企海外并购激增，“中国买断全球”论盛行。

2）并购特点

从已披露的上半年并购案例来看，新一轮热潮主要呈现出以下特点：

第一，股权收购占据中企海外并购的较大比例。

第二，以互联网、新能源、高端制造等新兴领域的行业为主。

第三，以现金支付为主要支付方式，以加快跨境并购的审批程序。

第四，遍及世界主要经济体，比如美国、英国、俄罗斯等等。

3）存在的问题及建议

中企海外并购的问题有如下几个方面：

第一，对标的企业缺少全面的尽职调查，没有切实研究，导致信息不对称，给予标的企业的估值不合理，导致不必要的浪费和资产流失。

第二，缺少对标的国法律、税务等政策与法律的研究，导致竞标情况下的被动状态，埋藏并购失败的隐患。

第三，未能认真研究标的企业文化，无法顺利并购整合，尤其是企业文化方面的整合，导致并购最终成功结果的决定因素。

相关的建议如下：

第一，加强与标的企业管理团队、股东的正面接触和沟通，聘请标的国会计事务所、律师事务所等专业机构对标的企业的股东结构、资产负债状况等方面做深度调查和分析。

第二，组织高素质的并购团队，制定并购方案。

第三，最好在正式与标的企业签署并购意向书前，已经着手准备好并购融资相关事项，提前做好并购款项安排，比如与国内外银行、资本公司达成合作。

第四，在并购谈判阶段，提前了解标的企业的发展历史、经营环境、品牌荣誉等文化信息。

二、并购基金

并购基金是并购的一个很重要的手段，许多人对并购基金的理解比较简单，就是左手买右手卖。左手成立并购基金，然后买到好的资产，再装到右手的上市公司，这实际上是一个错误的理解。

1. 快速发展的原因

并购基金在所有的基金里面是最有难度的，特别是产业并购基金，产业并购基金一定要与产业相协同，不是一个简单的资本概念。产业并购基金是经济社会的模式，对产业发展、产业订单等起着非常直观的重要的作用。

目前，国内传统的产业并购基金模式就是"PE+上市公司"。近两年，多数 PE 私募管理人，都在积极推进或已经落地与上市公司、政府产业引导基金成立产业并购基金。与以往的私募基金单纯参与定增获取被动 Alpha，或者单方面募集资金发起并购基金辅助上市公司收购企业标的获取并购套利收益不同的是，私募通过参与发起设立产业并购基金，实现了定增基金的主动 Alpha、解决并购基金募集资金难问题而专注专心从事行业研究、标的筛选工作、投后管理。

对于私募基金管理人，有两个动机：一是锁定了上市公司，提高了股权投资退出的安全性；二是对于股权投资或并购投资降低了募资难度。

对于上市公司，有四方面意义：一是消除并购前期风险；二是杠杆提高资金使用效率；三是相比通常的定增再融资进行收购提高了并购效率；四是充分利用 PE 私募机构的资源、渠道、品牌优势。

综上，PE 私募机构与上市公司联合发起设立的产业并购基金，在数量和规模上实现了快速成长。

2. 多元化模式

（1）PE 机构一般出 1%～10%，上市公司或上市公司大股东出资 10%～30%，由其他的 LP 来共同发起设立并购基金，然后对一个项目进行投资或者并购。

这种方式的优点是上市公司投入的资金比例较大，对并购基金其余部分的资金募集提供背书资金的募资比较容易，可以充分发挥 PE 机构在募集资金及基金管理方面的优势，无需上市公司投入精力管理并购基金。主要是有产业优势，而且能给被并购企业或者上市公司带来大量的订单，或者是带来大量的协同。

这种方式的缺点是上市公司前期投入量比较大，占用上市公司的主营业务资金，特别是现金流比较大。

国内这种“PE+”结构从 2014 年到现在，已经是相对比较成熟的一种模式，但是容易出现一个问题，比如说在 2014 年整个证监会发布对外公告显示，1 200 多家上市公司宣布成立并购基金，当时设立的并购基金大概是 250 多家，然而真正成功的大概只有 40 多家。其中只有十几家在二级市场是盈利的，剩下十几家是持平的，还有大部分的并购基金是亏损的。主要亏损的原因有三方面。第一，就是被并购的项目以次充好资产。第二，就是被并购的项目的管理或者业绩没有实现对接。第三，就是被并购的项目和上市公司的主营业务表面上看是能够对接，实际上它并没有融合到上市公司里面去。

（2）PE 机构出资 1%～2%，上市公司或其大股东作为单一的 LP 出资其余的部分，这种模式的资金主要由上市公司提供，被并购对象主要是 GPR。目前这种模式的规模是非常小的，无法对大型的标的进行并购，并且绝大部分由上市公司出资，无法发挥资本的杠杆作用。虽然这种并购基金在国内很少用，但是在以色列、韩国却被广泛应用，因为以色列、韩国主要是属于技术和管理行为的公司。

（3）上市公司大股东出资 20%～30%，和 PE 机构共同成立基金管理公司，然后与基金管理公司发起设立并购基金。这种模式主要的 LP 是 PE 机构，即资金募集需要 PE 机构来提供，上市公司主要是作为 GP 出资，这种模式实际上是投资基金，由管理型投资基金管理公司和发起设立的管理基金来投资到这些项目里面来，目前在国内运用相对较多。

在这种模式中，上市公司不承担募集的责任，但上市公司在 GP 里面出资投资有限公司大概是在一个亿左右，上市公司大概出资 3 000 万，所以这个管理公司有投资的功能，对一些好的项目可以直接投资。

（4）PE 机构出资 1%～10%，上市公司或大股东出资 10%～20%，然后分为优先劣后成立的并购基金，这是目前普遍应用的模式，但是现在参与一些在一年期的定增型的并购基金，是不被证监会允许的。

（5）PE 机构出资 30%，上市公司大股东出资 1%～10%，其他来募集设立。这种模式的优点是上市公司的投资比较少，缺点是需要 PE 机构具备强有力的募资能力，并且标的比较明确。

3. 案例

（1）一个在美国纳斯达克上市的做电信增值业务的机构，当时它在海外上市的股价最高达到 5 美元，后来随着中国三大运营商的以及电信增值方面的政策规定，这个机构的股价迅速减少，每股只有 0.2 元人民币，这时可以在海外设立基金，通过要约收购让它在国内落地，把它私有化。在国内落地以后，在大数据云计算这方面给它技术转型，帮助它重造奇迹。

（2）一个机械技术型的渠道公司，我们采取的模式就是创投基金，通过股权投资的形式投到这个渠道公司。首先，拿产业投资基金投资到一个目标企业，然后，目标企业来投到渠道公司，最后上市。

（3）技术类、渠道类的公司和二级市场投资基金和产业并购基金结合的一种方式，是创新国内的并购模式。以一个与智慧城市相关的案例为例，我们跟工信部和住建部做智慧城市母基金，实际上就是做一个产业基金。基金主要投资项目分两部分，一个是项目的投资，一个是产业链的相关公司的投资。

总结来说，无论是国内还是国外的并购基金，都需要以企业为核心的产业并购和被并购标的的培训体系，他是要做一个体系的，不管是产业体系还是并购基金的体系，一定要做一个产业生态体系，即使并购体系一样的话也需要做并购的产业生态体系。那么，并购的产业生态体系要符合你的企业，产业的发展要整合上下游的企业，要整合各种产业结构怎么落地。

4. 海外并购基金的优势

第一，国内企业进行大规模并购，在财务上往往存在压力，通过能联合并购基金进行投资操作，将大大降低投资过程中的财务风险。

第二，国内企业在对被投资企业的跨国运营管理方面缺乏实践经验，通过海外并购基金这种专业机构，可以减少企业并购后的运营管理困难。

第三，国内政策与监管条件已经大大改善。国内企业在对外投资时引入人民币基金作为战略投资者，可以有效控制金融、法律与操作风险。

作者简介：

邓建虎，福布斯中国最佳创投机构赛伯乐投资集团高级合伙人，历任世纪国晖（北京）房地产开发有限公司副总经理，金正投资集团常务副总经理，更香茶叶集团常务副总经理，北京市中合律师事务所合伙人律师，在企业并购、企业融资私募有良好的法律实践经验和项目管理运营能力，多年跨国投资、并购领域工作经验，先后参与多家央企、上市公司的投资、并购及投后管理工作，比如信威通信、南丁格尔、猪八戒网、广东优迈等。

上市公司并购重组流程及方案要点浅析

作者：匿名

一、流程简介

在上市公司并购重组流程方面，主要包括典型的并购交易流程、跨境交易流程上市公司并购重组构成重大资产重组或者发行股份购买资产时需要履行的流程三种。

1. 典型境内交易流程

图 1 是一个典型的境内交易流程。主要分为八部分，第一个是确认交易目标，第二组建项目团队，第三签署保密协议，第四中介机构现场尽职调查，第五交易谈判及确定交易价格，第六双方履行内部决策程序并签署协议，第七双方履行外国的报批程序，在这些完成之后双方就可以开始进行交割了。

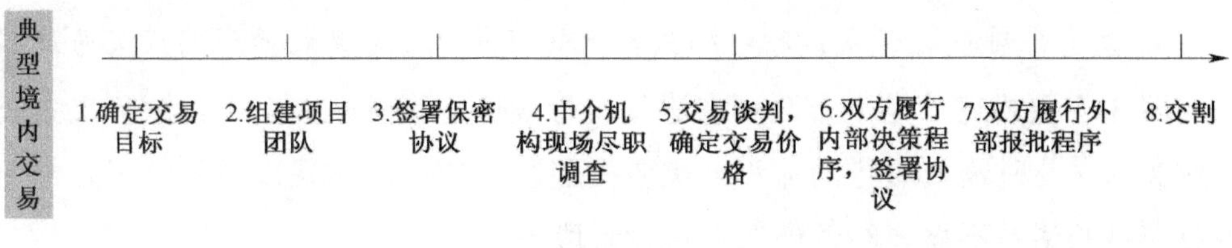

图 1

其中以第四点和第五点最为关键，即在交易双方开始价格谈判之前买方中介机构一般会对交易标的进行现场尽职调查，主要是业务、财务和法律三个部分。现场尽职调查完成之后交易双方会针对交易价格以及协议协议中的具体条款进行商业谈判，并在谈判结束之后签署交易协议。

2. 典型跨境交易

图 2 是一个典型的跨境交易的流程，它与境内交易最大的不同是，在入围之前。买方是不能进行现场的尽职调查的，甚至有些审计工作需要再交割之后进行。

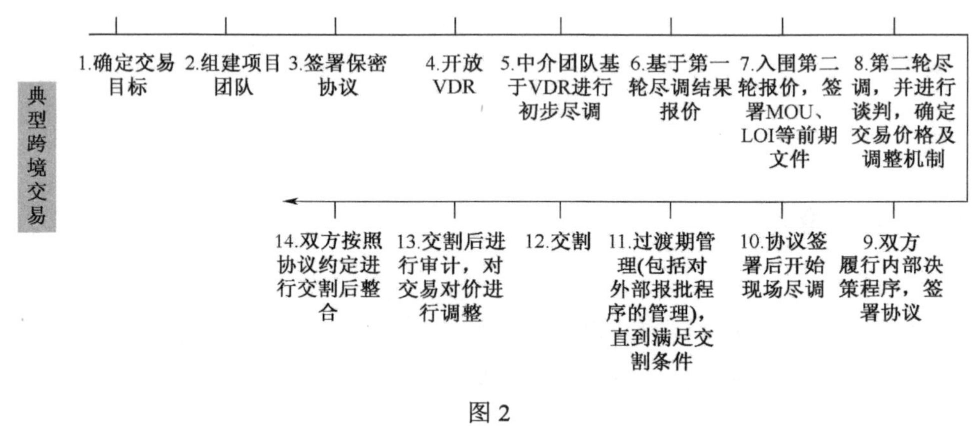

图 2

双方签署保密协议之后卖方会向买方开放网络数据库。然后买方的中介机构主要根据数据库里的资料进行初步的尽职调查，并且根据经济调查的结果进行报价。在入围之后，双方才会签订 MOU 或者 LOI。之后进入尽职调查，在这一轮尽职调查之后，双方会进行具体的价格谈判以及交易的具体条款的商定。

3. 上市公司在进行发行股份购买资产的交易，或者重大资产购买交易流程

图 3 主要描述的是上市公司在进行发行股份购买资产的交易，或者重大资产购买的交易时需要履行的流程。需要提醒注意的是，如果该项目仅仅是一个现金交易的话是不需要经过证监会审批阶段的。

与一般的并购交易不同。上市公司进行发行股份购买资产或者重大资产购买时上市公司需要在敏感信息即将泄露，一般是在中介机构进场前进行停牌。

一般情况下中介机构在停牌后进场对标的公司进行调查，并且确定最终的重组方案。

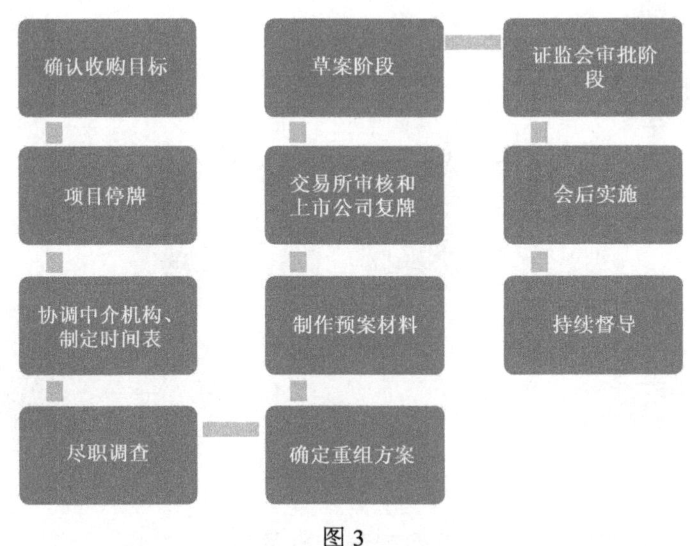

图 3

重组方案交易标的的预估值以及审计的预审数基本确定后，上市公司将公告预案材料提交交易所进行审核。交易所一般会在上市公司提交材料后的十个交易日内完成审核工作。

交易所完成审核且草案披露之后，上市公司即可召开股东大会履行内部的批准程序，然后在股东大会完成后的三日内。应该要向证监会去报送申请材料。

以上是上市公司并购的一个大体流程。下面主要来介绍一下，在并购的时候主要考虑的方案设计的要点。

二、并购重组方案设计注意要点

并购重组的方案设计的实际上是买卖双方及相关方之间的利益博弈。如图 4，在上市公司这边主要是上市公司的控股股东、管理层及核心员工中小股东；在标的公司这边主要是控股股东及创始股东、核心管理层以及财务投资人。

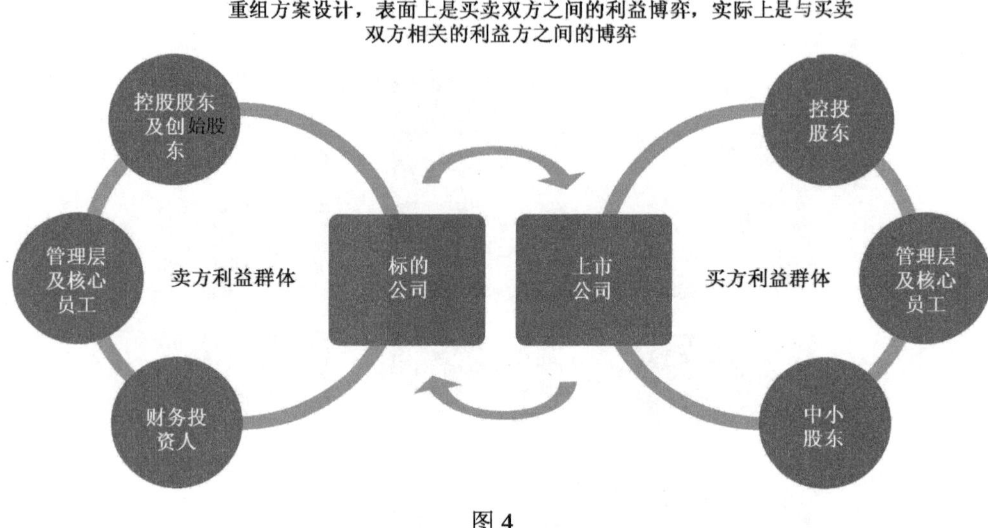

图 4

重组方案设计的六个相关方的利益诉求分解

（1）上市公司控股股东。上市公司控股股东的主要利益需求一般是在维持上市公司的控制权地位的前提下。同时借助上市公司并购重组获得一定的投资收益，做大做强上市公司，并且尽可能地避免每股收益被摊薄。

（2）上市公司管理层。上市公司的管理层，因为重组一般会增加上市公司管理层的工作量。因此在方案设计时也需要考虑到上市公司管理层的利益。

（3）上市公司中小股东。上市公司中小股东。保护中小股东的利益是中间是证监会审核的一个关注点，特别是高承诺高估值的情况。因此在这一块主要是考虑到这个交易标的是收购时价格的公允性。

（4）标的公司控股股东。标的公司的控股股东一般期望获得高对价，并实现套现承担较少的业绩对赌义务。

（5）标的公司财务投资人。标的公司的财务投资人。由于财务投资人，一般不参与公司的管理，因此一般不参与对赌。

（6）标的公司管理层。标的公司的管理层。该公司的管理层的主要的诉求是在并购完成之后，依然可以在标的公司里面维持其原来的工作跟利益。

三、交易方案核心要素

在了解双方的需求情况下，总结下来交易方案设计中主要的几个关注点，如图 5，包括估值定价、对价支付、业绩对赌、公司治理、融资及收购架构、陈诉与保证。

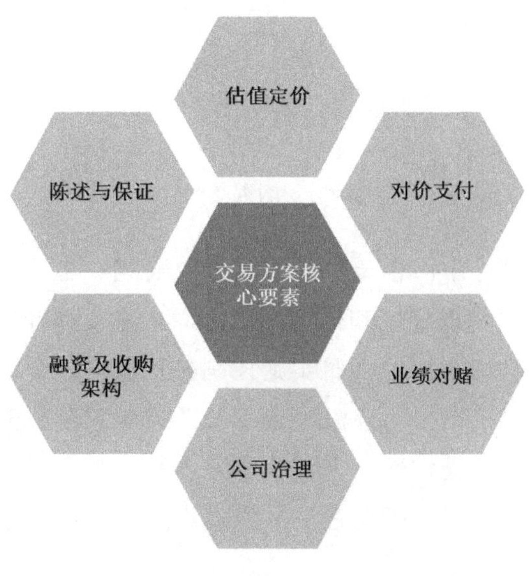

图 5

其中前三个点，即估值定价、对价支付以及业绩对赌有密切的内在联系（图 6）。一般情况下对方会希望通过业绩对赌来提高估值定价，同时在接受上市公司的对价支付时会考虑到上市公司采用的支付方式，如果是现金支付的话，是一次性支付还是分多笔支付。如果是股票加现金的话，需要考虑到上市公司的股票价格。另外，如果是上市公司发行股份购买资产的话，还需要考虑到证监会的相关监管要求。因为目前证监会对高估值、高对赌是比较关注的，特别是对于大股东的资产注入类的项目，如果采用收益法评估的话是强制要求对赌的。

在现在公告的案例当中，如果是要走发行股份购买资产的话，股份支付的比例一般不会低于 25%。

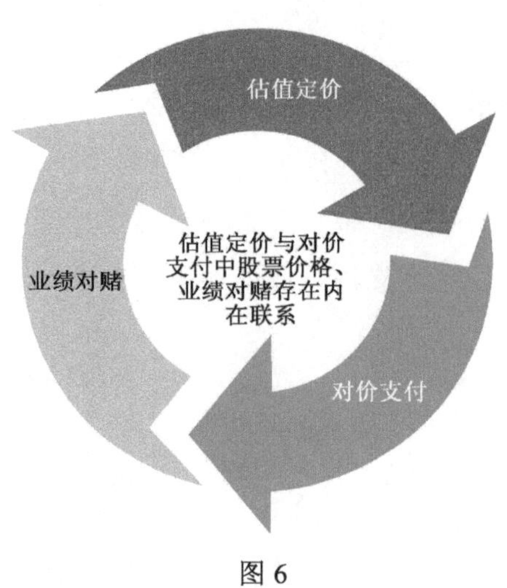

图 6

另外交易结构设计中，也要考虑到这个收购完成之后交易标的的一个公司治理结构。图 7 主要是以目标和措施两个方面来进行解释的。在目标方面，主要是需要上市公司对这个标的公司实施控制并且保持这个标的公司的经营稳定性。具体措施方面，上市公司会派出董事长及财务总监，但是为了保持这个标的公司原有经营班底的稳定性。大部分原董事基本都会留用。为了保证标的公司原管理人员的稳定性，一般会在交易方案中或者交易方案之后在利益方面给予一定的补偿。

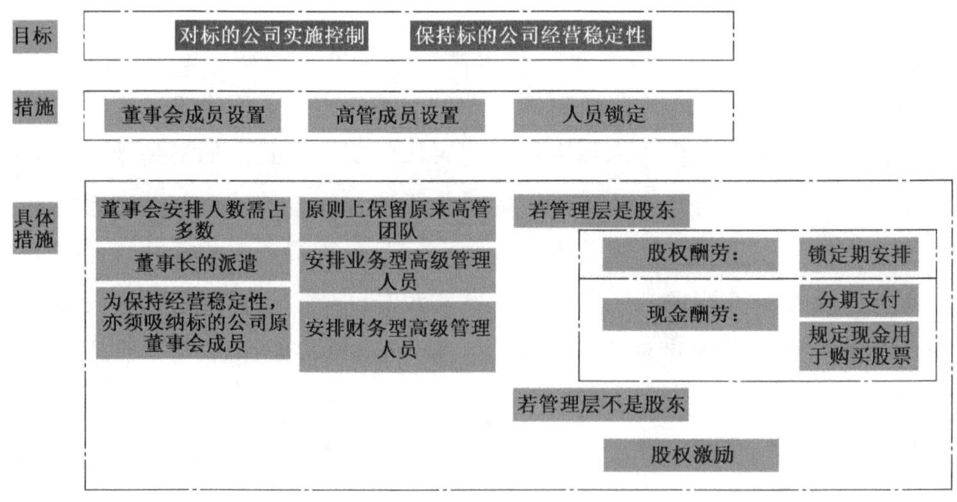

图 7

四、上市公司并购融资的渠道

上市公司并购融资的渠道主要分两个方面，一个是内源融资，一个是外源融资（图 8）。内源融资融资基本上都是用公司的滚动经营的资金，这里不做详细介绍了。外源融资可以分为债务融资方式和股权融资方式两个方面。债务融资主要是银行借款和债券融资，即从银行借并购贷款或者是发行并购类的债券产品。股权融资方式主要是普通股融资、优先股融资、换购并购融资、私募股权融资等方式。

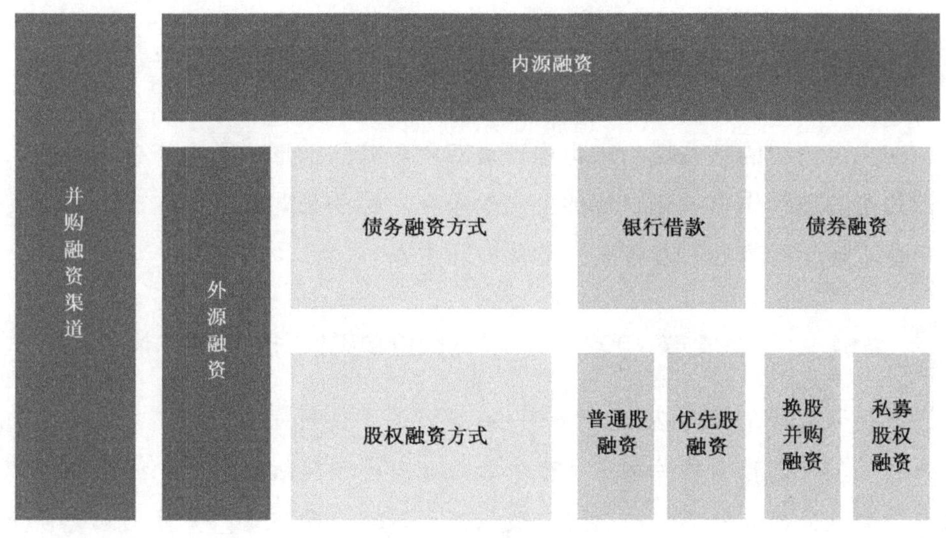

图 8

五、业绩补偿

境内的并购交易中，标的公司大股东一般会采取业绩对赌的方式来获取一个更高的对价。在一般的境外交易中是很少签订业绩补偿承诺的，主要是依赖一系列的协议来稳定交易标的交易完成之后的生产经营的稳定性。跨境交易所涉及的协议较多的，主要是包括股权收购协议、IP 许可协议，商标许可协议、IT 系统过渡协议，还有员工安置协议等（图 9）。

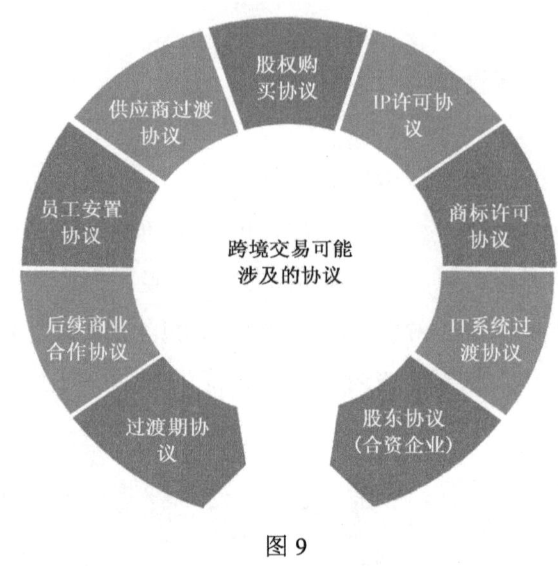

图 9

在上市公司的某些交易中也出现过双向对赌的情形，即上市公司的股东对上市公司的业绩作出承诺，标的公司的股东对标的公司的业绩作出承诺，案例如三特索道（002159）发行股份购买枫彩生态。

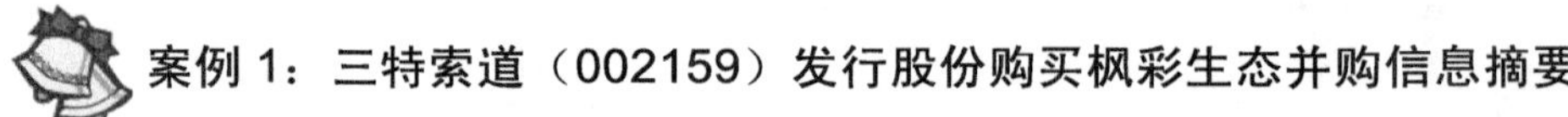

案例 1：三特索道（002159）发行股份购买枫彩生态并购信息摘要

注：以下信息摘自 2015 年 6 月 30 日《关于公司发行股份及支付现金购买资产并募集配套资金暨关联交易预案之独立财务顾问核查意见中披露》以及《武汉三特索道集团股份有限公司发行股份及支付现金购买资产并募集配套资金暨关联交易预案》。

本次交易方案为三特索道拟以发行股份及支付现金的方式向蓝森环保等 8 家企业以及其他 19 名自然人购买其合计持有的枫彩生态 100%股权。枫彩生态主营业务属绿色产业，尤其符合《关于加快推进生态文明建设的意见》有关“发展有机农业、生态农业，以及特色经济林、林下经济、森林旅游等林产业”的产业发展要求，本次交易符合国家产业政策。

2015 年 6 月 26 日上市公司与蓝森环保、王群力先生及当代集团签订了附条件生效的《盈利预测补偿协议》，协议载明了蓝森环保关于枫彩生态业绩情况的承诺、当代集团关于三特索道业绩情况的承诺以及违约责任等条款，就各自相应的业绩承诺额、业绩金额确定方法、盈利预测的补偿方式做了明确约定，并载明了协议生效条件。

枫彩生态控股股东蓝森环保及实际控制人王群力先生承诺，枫彩生态 2015 年、2016 年及 2017 三个会计年度经审计合并报表扣除各方所约定的非经常性损益后归属于母公司所有者的净利润分别不低于人民币 12 000 万元、18 000 万元及 24 000 万元。当代集团为三特索道控股股，当代集团承诺上市公司 2015—2017 年三个会计年度经审计后的净利润为正数，且三年合计实现净利润不低于人民币 9 000 万元（该净利润金额不含枫彩生态及其子公司实现的净利润）。

上市公司在收购中对标的公司的后续经营设置业绩奖励的情形，这个案例是道博股份（600136）发行股份购买强势传媒。在这个案例中标的公司的实际控制人作出业绩承诺。同时上市公司给出这个标的公司的核心管理人员超出业绩承诺 40%的部分作为补偿。

案例 2：道博股份（600136）发行股份购买强势传媒案例说明

注：以下信息摘自 2014 年 6 月 12 日《道博股份发行股份及支付现金购买资产并募集配套资金暨关联交易报告书（草案）摘要》。

道博股份拟发行 53 617 016 股股份购买游建鸣、徐卫锋、徐志明、王学伟、胡一朦、朴时演、杜淳、刘朝晨、靳东等 9 名自然人及乐视网、同禧投资、永宣投资、博大投资、信中利、金华东影等 6 家机构合计持有强视传媒 80.77%的股权；支付 15 000 万元现金购买游建鸣、徐卫锋、李波、叶璇、王学伟、胡一朦、王鹏、朴时演、杜淳、刘朝晨、靳东等 11 名自然人及乐视网、同禧投资、永宣投资、信中利、金华东影等 5 家机构合计持有强视传媒 19.23%的股权。为保护上市公司利益，游建鸣承担业绩补偿责任，其对 2014 年、2015 年和 2016 年业绩进行承诺。若本次交易实施完成日迟于 2014 年 12 月 31 日，则补偿测算期间将相应顺延至次一年度。

游建鸣承诺强视传媒2014年、2015年、2016年合并报表扣除非经常性损益后归属于母公司股东的净利润不低于人民币6 050.68万元、8 043.20万元、10 568.08万元。如上述考核年度强视传媒实际实现净利润金额超过承诺金额，则超过部分的40%作为对强视传媒核心管理层人员的超额业绩奖励。在上述每一个考核会计年度结束三十日内由游建鸣就强视传媒核心管理层成员的具体范围、分配金额、支付方式、计提方式等业绩奖励相关事项制定具体方案，并经包括游建鸣在内的强视传媒董事会审议确定（道博股份确保其委派的董事投赞成票），在强视传媒该年度实际盈利情况的《专项审核报告》出具后三十日内予以实施。）

也需要注意到，对于某些估值较高的案例，上市公司监管机构也有要求延长业绩承诺期的要求，如星辉车模发行股份购买天拓科技的案例。在这个案例中，标的公司股东的业绩承诺期时间延长到了五年。对其持有的上市公司的股份，设置的逐步解锁的一个条款。

案例3：星辉车模发行股份购买天拓科技案例简要

注：以下信息摘自2013年10月27日《广东星辉车模股份有限公司发行股份及支付现金购买资产并募集配套资金报告书（草案）摘要》。

星辉车模（300043）公司本次交易拟向天拓科技的全体股东发行股份及支付现金购买其持有的天拓科技100%的股权，并向特定对象发行股份募集配套资金用于支付部分现金对价。

标的公司天拓科技主营业务为网络游戏的研发与运营及互联网广告的推广与服务。该公司成立于2000年，在设立之初主要从事在线搜索广告投放业务，从2010年开始利用其丰富的互联网行业经验和敏感的市场“嗅觉”，抓住了市场发展的机遇进入游戏研发领域，着重推行互动娱乐精品游戏。

星辉车模公司购买天拓科技全体股东持有的天拓科技100%股权。标的股权的评估值为81 272.89万元，交易双方协商确定股权的交易价格为81 200.00万元。

本次重组业绩承诺的承诺期为2013年度、2014年度、2015年度、2016年度和 2017 年度。黄挺、郑泽峰、珠海厚朴承诺天拓科技 2013 年度、2014 年度、2015 年度、2016 年度和 2017 年度实现的净利润分别不低于 6 000 万元、8 000 万元、9 700 万元、11 500 万元、12 000 万元。如在承诺期内，天拓科技截至当期期末累积实现净利润数低于截至当期期末累计承诺净利润数，则黄挺、郑泽峰、珠海厚朴应在当年度《专项审核报告》在指定媒体披露后的十个工作日内，向上市公司支付补偿。在承诺期届满后三个月内，上市公司应聘请具有证券、期货业务资格的会计师事务所对标的股权出具《减值测试报告》，如标的股权期末减值额>已补偿股份总数×发行股份价格+已补偿现金，则黄挺、郑泽峰、珠海厚朴还须对上市公司就减值测试结果另行补偿。根据协议约定，黄挺、郑泽峰、珠海厚朴向上市公司支付的股份补偿与现金补偿总计不超过标的股权的交易总对价 81 200.00 万元。

综上，黄挺、郑泽峰、珠海厚朴向上市公司支付的补偿上限为 81 200.00 万元，大于其本次交易获取的股票和现金对价 50 113.48 万元，如果未来发生业绩承诺补偿或减值测试补偿，而黄挺、郑泽峰、珠海厚朴以其尚未转让的股份或自有资金不足以履行相关补偿时，则存在业绩补偿承诺可能无法执行和实施的违约风险。针对上述风险，《发行股份及支付现金购买资产协议》已约定：如果黄挺、郑泽峰、珠海厚朴未能按照约定的期限向上市公司支付补偿款的，每逾期一日，应当以应补偿金额为基数按照中国人民银行公布的同期日贷款利率上浮 10%计算违约金支付给上市公司。

由于财务投资人一般不参与标的公司的经营也不参与标的公司的对赌。因此在他获取的对价上与标的公司经管理层及员工股东应该是有一个差异化的定价。案例如浙江金科发行股份购买杭州哲信。其中标的公司的原控股股东所持有的 59%的股权获得的交易对价约 17.4 亿元。财务投资人所持有的约 41%的股权对应的交易对价是 11.6 亿元。两者的估值差异约 3.8%左右。

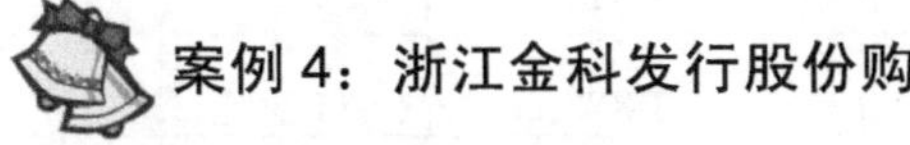

案例 4：浙江金科发行股份购买杭州哲信案例

注：以下信息摘自 2016 年 1 月 8 日浙江金科：发行股份及支付现金购买资产并募集配套资金暨关联交易预案（修订稿）以及 2015 年 12 月 28 日公告的

《浙江金科：东方花旗证券有限公司关于公司发行股份及支付现金购买资产并募集配套资金暨关联交易预案之独立财务顾问核查意见》。

本公司与王健等 9 名杭州哲信股东已签署了《发行股份及支付现金购买资产协议》。根据该协议，本公司拟向上述股东发行股份并支付现金，购买其持有的杭州哲信 100%股权。本次交易，杭州哲信 100%股权的预估值为 261 020 万元，经交易各方友好协商，确定杭州哲信 100%股权交易对价为 290 000 万元，其中，以发行上市公司股份的方式支付 203 000 万元，剩余 87 000 万元以现金方式支付。

本次交易标的资产的作价以公司聘请的评估机构出具的资产评估报告确定的标的资产评估值为参考，由交易各方协商确定。标的资产，即王健等 9 名杭州哲信股东持有的杭州哲信 100%股份价值的预估值为 261 020 万元，参考预估值，交易各方初步商定的交易价格为 290 000 万元。

支付对价的金额及具体方式表

序号	发行股份及支付现金购买资产交易对方姓名或名称	持有杭州哲信的股权比例（%）	对价合计（万元）	现金对价		股票对价		
				金额（万元）	占总对价比例（%）	金额（万元）	数量（股）	占总对价比例（%）
1	王健	46.95	138 756.45	40 846.50	14.09	97 909.95	61 733 887	33.76
2	源开鼎盛	15.43	44 747.00	13 424.10	4.63	31 322.90	19 749 621	10.8
3	方明	11.99	34 771.00	10 431.30	3.6	24 339.70	15 346 595	8.39
4	凯泰投资	9.1	25 466.35	7 917.00	2.73	17 549.35	11 065 163	6.05
5	银江股份	8	22 388.00	6 960.00	2.4	15 428.00	9 727 616	5.32
6	滨江众创	2.5	6 996.25	2 175.00	0.75	4 821.25	3 039 880	1.66
7	钱江创投	2.03	5 680.96	1 766.10	0.61	3 914.86	2 468 382	1.35
8	朗闻谷珪	2	5 597.00	1 740.00	0.6	3 857.00	2 431 904	1.33
9	吴剑鸣	2	5 597.00	1 740.00	0.6	3 857.00	2 431 904	1.33
	合计	100	290 000.00	87 000.00	30	203 000.00	127 994 952	70

上市公司通过结构化的基金对标的公司进行收购。之前在市场上影响比较大的是旋极信息发行股份购买泰豪智能的这个案例。案例中上市公司的原控股股东通过并购资金事先埋伏在标的公司中，之后也获得了一个比较大的超额收益。

案例 5：旋极信息发行股份购买泰豪智能案例信息

注：以下信息来自：2016 年 2 月 26 日《旋极信息：发行股份购买资产并募集配套资金暨关联交易报告书（草案）摘要》以及《旋极信息:中信建投证券股份有限公司关于公司发行股份购买资产并募集配套资金暨关联交易之独立财务顾问报告》。

上市公司旋极信息拟向西藏泰豪、恒通达泰、汇达基金和新余京达发行股份购买其持有的北京泰豪智能工程有限公司 100%的股权。公司控股股东和实际控制人为陈江涛先生。陈江涛先生直接持有公司 39.03%的股权，通过中天涌慧间接持有 3.13%的股权，通过南华期货股份有限公司华富 15 号资产管理计划间接持有 0.19%的股权，合计持有上市公司 42.35%股份。本次交易完成后，陈江涛先生合计持有上市公司 38.80%股份，仍为上市公司控股股东和实际控制人。

陈江涛为交易对方汇达基金的 LP——汇达资本和新余京达的 LP——汇达私募的投资者之一，且为汇达基金优先级 LP——安信计划、中间级 LP——汇达资本以及新余京达优先级 LP——银河计划的回购及差额补偿责人。具体信息如下：

汇达基金由达麟投资、安信计划、金色壹号、汇达资本四方共同出资（四方合称“合伙人”），其中安信计划出资 5 亿元作为优先级有限合伙人（优先级 LP），金色壹号出资 1 亿元作为劣后级有限合伙人（劣后级 LP），汇达资本出资 0.98 亿元作为劣后级有限合伙人（劣后级 LP），达麟投资出资 0.02 亿元作为普通合伙人（GP）。陈江涛作为劣后级 LP 的投资人之一，出资 1 000 万元。

新余京达由达麟投资、浙银汇智、银河计划、汇达私募、京达贰号四方共同出资（四方合成“合伙人”），其中达麟投资出资200万元作为普通合伙人（GP），浙银汇智出资0.01万元作为普通合伙人（GP），银河计划出资37 800万元作为优先级有限合伙人（优先级LP），汇达私募出资6 300万元作为劣后级有限合伙人（劣后级LP），京达贰号出资6 300万作为劣后级有限合伙人（劣后级LP）。陈江涛作为劣后级LP的出资方之一，出资4 300万元。

在一些政府支持的案例中，也有通过两层或者三层结构的放大杠杆的情形，如长电科技以及通富微电小公司在产业基金的支持下，基本上是以标的公司四分之一的这个价格就获取到标的公司的控制权，并且对其进行并表。

案例6：长电科技案例信息

注：以下信息摘自2017年6月20日《长电科技发行股份购买资产并募集配套资金暨关联交易之发行结果暨股份变动公告》。

发行对象情况：国家集成电路产业投资基金股份有限公司。

发行股份购买资产基本情况。

（1）发行证券的种类：本次发行的证券种类为人民币普通股（A股）。

（2）发行数量：本次发行股票数量为173 076 921股。

（3）发行证券面值：本次发行的股票每股面值为人民币1.00元。

（4）发行价格：本次发行价格为15.34元/股。

（5）标的资产：产业基金持有的长电新科29.41%股权、长电新朋22.73%股权以及芯电半导体持有的长电新科19.61%股权。

（6）发行对象：产业基金、芯电半导。

本次向交易对方产业基金作为购买资产支付对价发行的129 791 394股，向交易对方芯电半导体作为购买资产支付对价发行的43 285 527股，及募集配套资金向认购对象芯电半导体发行的150 852 271股人民币普通股（A股）。

第四章　融资篇

- 新三板定向增发解读
- 路演，给你一个看得见的未来
- 新三板企业路演常见问题剖析
- 如何防范股权融资中的控制权危机
- 如何建构企业控制权
- 挂牌公司股票发行常见问题解答
- 债权融资——新三板企业不可忽略的融资之道
- 公司债券及企业债券实务

新三板定向增发解读

作者：刘岑

【引言】

在资本市场上，新三板企业家还是刚刚入门的新手。对于新三板企业而言，企业家和资本市场的第一次接触基本上都是透过定向增发实现的，定向增发是新三板企业对资本市场认识的开端。如何对资本市场有个全面、正确的认识，打响进入资本市场的第一枪，定向增发无疑是一个认识资本市场的突破口。基于此，本文通过定向增发中制定定增方案、项目路演与谈判、定向发行股票、募集资金四个阶段的系统解读，为新三板企业家以及从业人员系统地介绍定向增发的全貌，协助新三板的企业家以及从业人员对定向增发全流程有清晰的全局认识和把握，奠定企业家进入资本市场的基础。

新三板定向增发，又称新三板定向发行，是指申请挂牌公司、挂牌公司向符合条件的特定对象非公开发行股票的行为。新三板定向发行具有以下特点：

（1）企业可以在挂牌前、挂牌时、挂牌后定向发行融资，发行后再备案。

（2）企业符合豁免条件则可进行定向发行，无须审核。

（3）新三板定增属于非公开发行，针对特定投资者，不超过 35 人。

（4）投资者可以与企业协商谈判确定发行价格。

（5）定向发行新增的股份不设立锁定期。

新三板定向增发是系统性工作，需要企业对定向增发做整体的规划。新三板的定向增发的四个主要阶段包括：

第一阶段：定向增发发行方案的设计。

第二阶段：新三板企业和投资机构的对接，即路演的过程。

第三阶段：股票发行。

第四阶段：募集资金运用。

如图 1 所示。

图 1 定向增发方案流程图

在本文中，笔者对定向增发的四个环节，从投资机构的视角对各环节注意事项和风险点进行分解。

一、定向增发发行方案的设计

定向增发发行方案的设计是企业决定进行定向增发时必经的过程。定增方案的设计是定向增发顺利推行的基础和指导方向。在定向增发方案设计阶段，以下五个方面是新三板企业家以及从业人员需要重点关注的：

（1）募集资金用途和融资规模。

（2）业绩预估和投资回报测算。

（3）投资人的选择。

（4）限售和对赌条款的设计。

（5）定向增发方式的选择。

（一）募集资金用途和融资规模

募集资金投向的投资项目的设计，包括融资资金的用途以及规模的确定。

1. 募集资金的用途

募集资金的用途是投资机构的投资决策关注重点之一。募集资金的用途得到投资机构的认可，能够有效推动投资机构投资决策。笔者在本文中按照企业融资的难度从低到高梳理了七类募集资金的用途，以及募集资金用途获得投资机构认同的前提条件，以供新三板企业定向增发募资用途设计之用。

常见的募集资金用途：

（1）复制成熟商业模式，向其他区域/细分市场扩张。

（2）收购优质资产。

（3）横向/纵向一体化。

（4）扩大产能。

（5）新产品、新工艺。

（6）技术开发、市场开拓。

（7）补充流动资金，偿还贷款。

1）复制成熟的商业模式

新三板企业募集资金用途为复制成熟的商业模式，是最容易得到投资机构认同的一类资金用途。募集资金用于复制成熟的商业模式，是指企业已经在一个局部区域拥有了一套运作成熟的商业模式，依赖于此套商业模式，企业的盈利等财务指标达到了比较理想的状态，现在需要资金把同样的商业模式向其他地区的细分市场进行推广和扩张。

复制成熟的商业模式这一类资金用途虽然容易得到投资机构的认可，但是这并非是无条件的。其前提是此类商业模式的扩张属于资本驱动型，即通过资本的注入，此种商业模式能够迅速地扩张和复制，而不受制于非标准化的、难于获取的资源。比如商业模式的复制依赖于企业员工的个人能力，复制是否成功以及复制能够执行都受限于此种非标准化、不易获取的资源，资本无法驱动此类成熟商业模式的复制。资本就不能成为商业模式的复制的关键因素，此类商业模式不归属于资本驱动型，它的复制不容易得到投资机构的认可。

2）收购优质资产

收购优质的资产，实现企业扩大规模，提升企业竞争力，这一类的募资用途是投资机构比较青睐的方式。但是收购优质资产这一点得到投资人认可的关键因素是收购的标的资产本身质地的优劣。如果资产的质地得不到投资机构的认可，投资机构参与企业定向增发也就无从谈起。

3）产业链的扩张和延伸

产业链扩张和延伸，从理论上而言，能够实现产业的聚集，提升企业竞争力，形成和放大企业的竞争能力，发挥资源优质，提升企业业绩。企业意愿是通过定向增发募集资金实现产业链的整合，这一预期效果的达成很大程度上依赖于企业自身是否具备整合产业链的条件。企业本身应该是在该产业链环节中运营较为成熟的公司，方可有效地推动和实现产业链的扩张和延伸。当然，企业自身必须是盈利的。如果企业在产业链中上没有话语权，运营尚待完善，通过资金进行产业链整合的效应可想而知。投资机构的投资意愿也可想而知。

对于产业链扩张和延伸，也有一些例外的情况。比如，对于一些新兴产业，行业正处于快速的抢占份额阶段，未盈利的公司也有可能获得投资机构的投资资金。现在比较典型的案例是互联网领域的企业，很多项目都在尚未盈利的情况下，获得投资机构的投资。值得关注的是，这一类互联网企业通常都拥有强大的团队，而且团队的要求有时甚至高于对项目盈利的要求。

4）产能的扩张

通过定向增发募集资金实现产能扩张，是投资机构普遍认可的资金用途之一。但是产能的扩张能够实现企业价值增长，同样是有条件的。企业产能扩张能够快速提升企业的价值，仅在企业处于快速成长状态下产生，否则产能的扩张只会为企业带来负担。比如产能过剩的行业，如果企业通过资金支持实现产能扩张，给企业带来的负面效应大过正面的价值提升。

5）新产品、新工艺的开发

募集资金用于新产品、新工艺的开发，是新三板企业定向增发募资资金的常见用途，很多企业也已经募资成功。但是在实践中，投资机构对此类募集资金用途的认可度风险还是比较高的。主要原因在于新产品、新工艺的开发周期长，且在没有经过市场验证之前，此类项目是否能为市场所接受，实现快速盈利，回收投资，投资机构是很难判断的。在这种情况下，如果企业有类似项目的成功案例，对取得投资机构的认可有一定的帮助。

6）技术开发和市场开拓

关于募集资金作为项目技术开发和市场开拓所用时，投资机构对企业的技术团队和市场开拓团队都有较高的要求。对于团队的判断，具有强主观性，没有统一的标准。所以如果募集资金用于技术开发和市场开拓，更不容易得到投资人认可。

7）补充流动资金和偿还贷款

将补充流动资金和偿还贷款作为募集资金的用途，侧面反映企业的流动资金紧张，企业面临还款压力大，企业资金面存在一定问题。所以用补充流动资金和偿还贷款作为募资用途的，投资机构公司本身现有的业务的质地，包括各方面的财务指标的要求更高。

2. 融资规模

确定企业的融资用途，还需要确定企业的融资规模。融资规模必须要与募集资金的用途相匹配，过低和过高都是不适宜的。如果募集资金规模过高，增大企业的融资成本，加重企业负债以及偿还负担，同时也增加了企业的经营风险与信用风险。如果企业募集资金规模过低，企业业务发展受到影响。企业融资规模应该综合考量，并与公司当前的估值水平相匹配。通常情况下，募集资金的规模以不超过公司投前估值的50%为宜。

同时，融资规模的设计，还需要考虑本次融资规模的比例，防止企业公司原有股东股权过分稀释，改变公司现有股东、实际控制人、管理层的价值取向的变更，导致企业所有权和控制权的丧失。

（二）业绩预估和回报分析

定向增发发行方案的设计第二个关注要点是合理地进行业绩预估和回报分析。关于业绩的预估和回报的分析中，重点在于“合理”二字。企业在做业绩预估的时候，公司必须要理出一个清晰的逻辑链和明确的价值假设。业绩预估切忌过分夸大。新三板的投资机构以专业的投资机构为主，对目标企业所处的行业都有深刻的了解和研究，盲目地夸大企业的业绩以及回报，会直接导致投资机构对公司的信任度严重下降，结果会适得其反。企业的业绩预估应该具有坚实的逻辑基础，也需要经得起投资机构的一些疑问甚至挑战，才能得到投资机构的认可。

企业在做业绩的预估时，切忌将对赌作为业绩预估的一种替代。对于对赌，企业方应该对己方有正确的认识。对赌协议的签订，并不代表投资机构不在关注企业业绩，或者说业绩不达标，可以通过对赌来弥补投资方的风险。

首先，对于一个成熟的投资方来说，不会因为对赌协议就一味地去认可过分夸大的业绩预估，因为一旦对赌条款触发的话其实是一个双输的局面，投资机构本身也并不会因此而得到好处；其次，对于融资方而言，如果处罚力度不够往往会造成更大的损伤。所以说如果融资的公司，对于对赌感觉非常随意，轻易和投资方签的条款往往是一种负面的信息。

（三）投资人的选择

企业在完成定增方案的融资规模和融资用途的设计后，就需要选择融资对象。新三板定向增发的融资对象主要有六类：

（1）原股东。

（2）公司现有的员工。

（3）公司的利益相关方。

（4）外部战略投资人。

（5）外部的财务投资人。

（6）做市商。

选择哪一类融资对象作为定增的对象，每一类定增对象对于企业的影响以及注意事项，是投资人选择这部分的主要内容。

1. 以原股东作为定向增发对象

以原股东作为定向增发的对象，可以有效的方式防止原股东股权的过度稀释。向原股东定向增发，在新三板挂牌早期比较常见，也比较适合此阶段的新三板企业。因为随着时间的推移，正常来说公司股价不断地上升，那么到后期要通过原股东同比例定增的方式防止股权的稀释，一般对原股东来说它需要花的代价过高。

2. 以员工作为定向增发对象

以员工作为定向增发对象，一般就是股权激励。以员工作为定向增发的对象，可以有效地发挥吸引和留住人才，是企业巩固人才发展基础非常有效的方式。

在以员工作为定向增发对象时，需要新三板企业在实施定增方案之前，着重注意是否会触发股份支付的问题。因为对员工的定价通常会偏低，如果说对员工定增的定价低于前一次定增的价格或者低于公司每股净资产的价格，通常被要求确认股份支付。股份支付的确立，将会影响到公司的财务、利润状况。

3. 公司的利益相关方

公司的利益相关方主要是指公司的供应商、客户，以及对公司的经营业绩造成比较直接影响的利益关联方。除供应商等显性的利益相关方，还有一些隐性的比如说监管部门、行业协会等利益相关方。

以公司的利益相关方作为定增对象时，主要注意法律风险的防范和关联交易的问题。如果新三板企业对其供应商或者客户及其实际控制人进行定向增发，尽量避免此类股东持股比例超过 5%。通常来讲，关联交易是以 5%的股权比例作为判断标准的。但是在实际操作中，不能固化对 5%股权比例的理解。因为证券市场的审核原则是“实质重于形式”。如果为了规避 5%股权比例的红线，然后对若干客户定增的股权比例控制在 4.9%时，监管部门多会以实质重于形式为由，将这一类股东认定为关联方。其结果是新三板企业的关联交易会大比例增加，对于关联交易的定价以及关联交易的必要性的审核较普通交易严格，关联交易还需要股东大会的同意，无形中会给企业增加不必要的麻烦。

4. 战略投资人

所谓战略投资人主要是指能够给公司带来行业资源，能够给公司未来的发展带来推动作用的投资机构。战略投资人不仅提供资金，同时还为企业带来资源。战略投资人是初创期、发展期的企业的融资的首选对象。如果确定以战略投资人作为定向增发的融资对象，主要的关注点在于这一类机构能够给企业带来什么样的行业资源。如果说这一类的投资者确实能够给企业的发展带来比较强大的助力，应该留给这一类机构定增价格空间。

5. 财务投资人

财务投资人主要是指仅给企业进行资金投入的投资人。财务投资人通常对对赌的条款以及定价比较看重。

新三板公司如果在早期融资的时候过度注重价格，通过对赌协议来引入一些只能给公司提供资金，不能给公司带来资源的财务投资人，往往会透支公司的这种股价的未来。因为财务投资人投入资金之后，会追求公司短期的业绩。

为了收到短期业绩回报，可能会使公司放弃或者搁置一些长期的投资和安排。所以在企业希望通过定向增发引入财务投资人时，需要对企业当前的发展阶段以及财务投资人的这一特点给予特别关注。

6. 做市商

做市商是比较特殊的一类定增对象，它同时还伴随着公司交易方式的一个转变。目前，大多数的做市商对做市企业的选择标准与创新层的标准基本上一致。券商在确认新三板企业能够进入创新层或者说未来在短期内进入创新层上的把握比较大，它才会为公司启动做市。

新三板公司不应该盲目地去启动做市。对于是否由协议转让方式转成做市转让方式，新三板企业要提前进行非常全面的考量。同时，新三板企业家应该避免对做市的认识误区：企业用很低的价格把股票提供给券商来启动做市，认为做市之后公司的股价立刻会有一个质的变化。

比如：刚挂牌的新三板公司，原本的股份都属于非流通股，如果在这种情况下，通过以相对低的定向增发引入两家做市商，此时除了做市商手里的股票之外都是不能流通的，公司本身也没有任何方式与资本市场对接、向资本市场推荐自己、让资本市场了解自己。在这种情况下，没有投资人和投资机构愿意去出高价从做市商手里买股票。所以，市场上才会存在新三板公司启动做市之后仍然是零交易的状态。

反之，较为成熟的企业应该把做市和定增结合起来。新三板公司启动做市之后，一定要经常和资本市场保持一种联络，通过发行研究报告，通过路演、定增，引入更多的投资人，同时保证公司有较大比例的流通股，这样才有可能让公司的股票真的流动起来。而且，公司的本身的业绩和成长性各方面也都需要在一个比较好的状态下去启动做市，做市的价值才能真正体现出来。

比如：某新三板企业，目前属于具有一定技术优势的初创期企业，财务数据状况一般。对于这样一家公司，对该细分领域、细分市场比较关注的投资机构企业直接采用路演，成功融资的概率会大大增加。但是如果该企业盲目地去启动做市，在目前的财务数据状态下，会直接导致其二级市场的价格平平，反而限制了企业定增。因为企业一旦做市，企业股票交易价格是透明和公开的，如果想用高于市场的定向增发价格跟投资机构进行谈判，成功的可能性几乎为零。

（四）限售和对赌条款的设计

确定融资对象之后，下一步骤是通过跟融资对象的谈判，确定限售和对赌的条款。关于限售和对赌条款，需要企业注意以下内容：

（1）在与投资人进行限售和对赌的谈判之前，公司首先要设定谈判底线。即对于限售和对赌这些条款，哪些是公司可以接受的，哪些是公司不能接受的，这样在谈判的时候才能够占据主导权。

从法律法规层面而言，新三板定增对于限售期没有强制要求的，基本上就是公司股东的自行约定。一般而言，对于以员工、利益相关方、战略投资人这三类为融资对象的，企业通常会对定增的股份设置一个限售的条款，而对于其他的几类融资对象来说一般是不设置限售期的。

（2）限制挂牌公司未来股票发行价格是不允许的。投资人利益驱动的因素往往会导致它可能要求公司限制企业未来股票发行的价格，不能低于当前融资的价格，实际上就是要求股价发行价格只能往上走，不能往下走。这样的条款是不允许出现在对赌条款中的。

（3）不得强制要求挂牌公司进行权益分派或者不进行权益分派。

（4）不能约定公司原有股东未来必须跟随投资者一起出售挂牌公司的股份，相反也不得约定公司新的投资者有权在原股东出售股份的时候有随售权。即，一般而言，领售权和随售权都是不允许在对赌条款里面出现的。

（5）挂牌公司不得违反非上市公众公司监督管理办法的要求。公司在对公众披露定期报表之前（主要是指半年报和年报）不得要求公司提前向投资机构披露。比如监管办法的要求，年报是要在 4 月 30 号之前披露，投资者就不能与公司约定必须要在 3 月 30 号之前向投资人提供公司年报。因为公告之前的公司年报信息属于内幕信息，提前向投资人披露年报信息属于违规行为。

（6）投资人不能限制原股东的股权转让。原股东可以自愿去中登公司做股票自愿限售，但是不能通过对赌协议附加条款的形式来限制股份转让。

（7）投资者不可以要求向公司派驻董事。因为对股份公司来讲，董事都必须是股东会选举任命的，不能要求投资机构派出的董事在公司的某些经营决策方面享有一票否决权。此种做法与公司法规定的股份公司治理结构是相违背的。

上述的七条是对赌条款里面的雷区，是企业家需要避免的。

（五）定向增发方式的选择

定向增发方式主要有两种：向确定对象发行股份募集资金和向非确定对象发行股份募集资金。这两类都是针对现金定向增发。除此之外，还包括有发行股份收购资产、发行股份收购资产同时募集配套资金。后两种实质上是一种收购行为，只不过它不是以现金为对价，而是以股份为对价。发行股份收购资产同时募集配套资金，相当于是把现金融资定增的这种行为和收购的行为结合起来。这里主要围绕着融资为目的的现金定增的优势以及注意事项展开。

1. 对确定对象发行股份募集资金的定向增发方式

此类定向增发方式的优势是，能够事先锁定发行价格，降低发行失败的可能性。对于此类发行方式，事先一般都会签订附生效条件的投资协议，大大降低了发行失败的可能性。

向确定对象的定增适用于对原股东、利益相关方、公司的员工、做市商以及外部机构投资人较少时。因为同一次定增必须要锁定同一个价格，企业要事先跟所有的投资方以同样的价格来签订附生效条件的定增协议，如果外部方过多，随着外部投资人数量的增加会导致谈判阶段的工作量急剧的增加，谈判的成功率和谈判的难度可想而知。而且，企业也很难获得一个最优的一个发行价格。如果把自己的价格底线设得很高的话，很可能会导致整个发行做不成。如果设得低的话，那么等于说企业的价值就没有得到最大化。一般而言，向确定对象进行定向发行的方式适合于基础层协议转让的企业。因为一般来说这一类企业的定向增发，一般机构投资人参与数量可控，企业对价格的敏感性不强，通过此种定向增发方式能够有效地募足金额，满足企业的融资需求。

这一点其实只要想一下或者说有相关的经验的话是不难理解的，因为企业在跟投资人谈判的时候，往往很难轻易地拍板说愿意多少价格来投。因为同一次定增必须要锁定同一个价格，如果说全靠谈判来确定投资价格，而投资者数量又众多的时候，对于企业来讲很难。

2. 对非特定对象进行定向发行募集资金的定向增发方式

对非特定对象进行定向发行募集资金的定向增发方式，其特点是发行的不确定性会增加。因为在发行之前，企业与投资机构并不提前签订投资协议，即存在募集资金缴款的周期，在这个周期结束后才能确定定增的价格和对象。在这一期间，投资机构可在给定区间内给出报价并且缴款，最后公司的董事会是会根据价格优先的原则从上到下排列。比如企业的定增金额为不超过 1 亿元，定增金额成功的对象是根据定增价格优先的原则排序，投资金额加起来额度到达一个亿时，募资周期结束。就是以符合条件的几家中间最低的报价为准。达到报价的投资机构去签约，下面的投资机构作为认购资金无效来退回。报价高于这个价格差价部分也会退回，这与 A 股的发行更加接近。

此种发行方法的特点可以极大地增加谈判效率。因为它只需要跟投资机构去约定定增价格区间，而不需要去确定定增的具体的价格。这样做有益于公司的价值发现，公司也能够得到最优估值。此种发行方式的缺点是在于它本身的不确定性。可能公司在股票发行之前颇有一些有意向的投资机构，但真正的发行缴款的阶段却没有实际打款。这样的风险对于新三板的企业来讲还是客观存在的，所以说公司还是要客观地去评估对非特定对象进行定向发行是否适用能满足企业的需求。这种非确定对象定向增发一般适用于符合创新层标准和已经进行做市交易的企业。

二、新三板企业和投资机构的对接

完成了第一阶段定向增发方案的设计，下一阶段就是到了项目路演和谈判的阶段。企业应该认真对待项目路演，项目路演水平的高低对定增的结果有着很大的影响。而且，这个阶段与第一阶段定增方案设计阶段是一个交互的过程。但是并不是指企业把定增方案设计完美之后才去找投资人，这是一个交互的过程。但是切记不要在企业脑中一片空白的情况下，对定增方案设计的要点完全没有考虑过的情况下贸然跟投资机构接触。

新三板企业与投资机构对接需要注意以下几点：

（1）有效接触投资机构。

（2）提高与投资机构沟通的效率。

（3）搞定商业计划书。

（4）做好投后管理。

（一）有效接触投资机构

在跟投资机构接触过程中，首先需要明确的是，怎样和投资机构对接最有效？最有效的方法一定是企业的老板、企业的董事长以自己的人脉圈为基础进行拓展。

很多企业在各方面条件不成熟的情况下，就用商业计划书进行路演，希望用此种方式来对接投资人。但是如果企业家的人脉圈中有良好的资源优势、通过人脉圈来拓展，往往会起到事半功倍的效果。

例如：新三板企业维珍创意（430305）董事长高利军凭借人脉圈成功地获得其创业导师柳传志、俞敏洪推荐的第一波投资机构。如果企业家周围没有这种资源型的人物，也可考虑人脉圈中是否存在有过成功融资经验的或者在投融资方面比较成功的企业家。通过他们来拓展投资圈的人脉，也可形成较好的效果。因为对于初创发展期的企业来说，投资本身很大程度上就是投人。这是一种信任关系的媒介，利用好信任媒介即可大大提升效率。

反之，未建立起强大人脉，也可通过读商学院、EMBA 等渠道开拓。实践中也有很多新三板企业的第一轮融资是跟自己产业相关的个人融资。在中国，财富积累到一定程度的个人投资者颇多，其对投资的理念是尽量希望自己去管理财富、发挥效应。个人投资者不愿把钱托管给机构管理。就算投 A 股很多散户亏损、也希望自己亲力亲为。尽管投资风险高，很多高净值的个人还是青睐于自己看项目、自己判断。只有找不到项目的情况下才愿意把钱交给机构管理。

企业家可对周围产业链相关并且能够看懂自己企业的个人投资者进行发掘。很多新三板企业的第一轮融资往往是通过这种方式来完成的，这也是比较高效的方式。这是首选的第一种渠道。

第二种渠道就是需要跟所在区域的金融办、工信委、开发区的管委会、行业协会进行接触。因为投资机构找项目时很多时候会从地区的区块条线跟政府获得企业信息，需增加自己在这些渠道的曝光度。所以企业在选择投资机构时切忌妄图用一张商业计划书网罗所有投资机构。对于一些真正比较大的投资机构，它自己的项目开发能力足够，不会有精力来筛选。用一张商业计划书来到处寻找投资机构，资本中介、机构方面也会对未来的竞争性有所考量。所以，对于用商业计划书光撒网形式融资方式，企业家要慎用。

（二）提高跟投资机构沟通的效率

确定了有效接触投资机构的方法、下一步骤就是与投资机构沟通交流。效率就显得尤为重要。

基本上大多数 PE 投资机构的公司结构都是扁平化的。可理解为以下三层：最底层为项目经理，从业年限较短，基本上是在一线做项目的尽调；中层为投资总监，投资总监一般不会进入投委会，即便有投委会成员资格，也不会是投委会里的核心人员；最高层即为决策层。

对于重量级项目，直接找到决策层才是最有效的。老板对老板的沟通永远是效率最高的。退一步来说，也要尽量接触到项目总监层面才会提高效率。项目总监会要求项目经理进行前期的项目筛选工作。虽然这种方法难免会错杀好的项目，但为了防止信息量过载依然要求保留这道工序。因为只要提供的项目里面出现好企业的概率提升，筛选项目这个工序即为有效。所以企业家要通过人脉圈接触更高层次的机构决策人员，对于提高沟通效率是非常有效的。

需注意的是层级越高接触的模式越不同。与项目总监、投资经理接触时、往往要求查看商业计划书、甚至需要更详细的材料。这样会减少无效沟通的比率。但是接触决策层时，决策层不会亲自看商业计划书。决策层会将材料转交给项目总监甚至是项目经理。因为决策层只需要得到项目总监或项目经理高度精练的语言信息，包括项目亮点和项目投资价值，所以需要企业更加注重和决策层的沟通，最好是企业家亲自与投资机构决策层沟通。因为越是决策层，越会对从业经历有比较完善的价值分析架构，但也往往是比较固化的架构。当你去接触的时候，可能会在十几分钟的时间里打动决策层，也可能在十几分钟里被决策层直接回绝。

在完成投资环节，一方面要向投资机构展示自己，另外一方面也要对投资机构本身的属性进行判断。一般来说，市场上的投资机构大体来讲划分成三类：

（1）财务性投资机构。比较专业知名的投资机构的代表包括九鼎、红杉、鼎辉。它们的特点是注重行业细分。有行业专业化目标，追求财务高回报。

（2）产业基金。产业基金更多的是托管地方政府的产业基金，有非常明显的区域限制，但是对行业没有明显限制。

（3）税收财务收益的投资机构。因此类机构进入行业的年限较短。行业地位比较低，不会专注于投资哪些行业。对于此种投资机构，可能会有行业偏好，这就要通过沟通了解以往的投资项目来判断它的行业偏好。因为有很多企业没有融资经验，会认为各种行业都投资的机构得到融资的概率会高，实际上成功概率很小。反之，投资机构如果有较强的目标感专门投某个领域、某个区域，反而成功概率比较大。

如果投资机构给的信息没有聚焦，就要根据它以往的投资的项目或者根据沟通来判断是不是专注于某领域，或者说投资某领域的概率有多大。然后以此来判断自己的企业是否符合对方标准，或者说判断投资机构是否有行业偏好，是否处于行业后 50%水平，这种机构会形成较强的羊群效应，不是再融资的首选。首先此类机构对于企业的判断有很强的反复性；其次有很强的跟风效应。在沟通的时候尽量选择对某个行业某个领域专注的机构，因为它们是真正敢于自己做领头羊的机构。跟它们沟通才是最有效的，而跟跟风的羊群机构的话可以技巧性地去制造争抢的氛围，可能就会促成投资。

（三）搞定商业计划书

投资人偏好的商业计划书篇幅一般为 10～15 页。如果以 PPT 的形式，核心的干货基本上要压缩在 10 页以内为宜。因为任何一个发展期的企业一定可以在有限的篇幅里展现企业亮点。也因为对于投资人来说，不会仅通过 PPT 来全面了解企业所处行业和企业情况甚至做出是否要投资的决定。

商业计划书的意义就是一个简单的自我介绍、投资人以此判断是否有兴趣继续了解你。企业一定要把握好商业计划书的目的是什么，想让对方有兴趣来了解什么，而非全面地介绍企业情况。如果商业计划书的篇幅在 50～60 页投资人会以五倍或者六倍的速度阅读、停留在每个页面的时间就只有正常情况下的 1/5。这样可能会错过投资亮点，一定要注意在商业计划书中展现自己最精华的部分，而非全面介绍自己。

关于商业计划书的内容、一般分为三部分：已经做的事情、现在明确要做的事情和未来可以做的事情。多数商业计划书的内容比例可能是 1:3:6，已经做的事情为 1，将要做的事情为 3、未来做的事情为 6。其实真正能够打动投资人的比例恰恰相反。对新三板的企业或者即将准备进入资本市场的企业来说，配置应该是 6:3:1 的比例可能才是比较合理的。这样会给投资人的感觉是比较务实的。因为展示的是已经做到的东西，关于未来的展望部分不会作为重点。

（四）做好投后管理

最后一点，在跟投资机构对接时需要注意的是：投资机构在投资之前往往会跟企业沟通，和企业说明不仅提供资金同时提供行业资源。但是实践中往往发现投后管理阶段，资金投进来之后并没有带进任何行业资源。其实大家要注意，对于投资机构来说，做投后管理的一定是相对来说资历比较浅的人。投后管理的负责人不一定明白企业需要什么，也不一定有动力去给企业的发展做推动，所以拿不到机构的资源是很正常的，但是这不意味着机构没有资源。企业要注意投后管理的效果其实取决于企业自身。企业需要主动要求机构带来资源，然后通过投后人员推动来取得资源。但是如果指望投后人员自己去发掘资源是非常难的，还是需要企业自身积极配合、积极说明需求。

三、股票发行

关于新三板定向增发的发行的流程，可以定义为狭义的新三板股票发行流程。新三板定增的流程：

1. 确定发行对象，签订认购协议

新三板的定向增发分为特定对象和非特定对象两种，但是两者在程序和主体上基本一致，主要区别在于对确定对象的定向增发，在董事会公告之前，需要和确定的定增对象签署附生效条件的增资协议。对确定对象的定向增发，由于价格为事前约定价格，与非特定对象定增向比，不存在报价环节。

2. 董事会就定增方案作出决议，提交股东大会通过

挂牌公司就股票发行的事项召开董事会，并应于董事会召开前 10 日发出董事会通知。董事会召开后两个交易日内公告董事会决议以及股票发行方案，同时通知召开临时股东大会，在 15 天通知等待期之后公司召开临时股东大会，在经过 2/3 以上股东同意的情况下，通过股票发行议案。在两个交易日内，公告股东大会的决议以及股票发行认购公告。

股票发行认购公告里面主要包括投资者认购及配售的原则、外部投资者认购的程序、认购的时间和资金到账的要求，以及投资人缴款要求。如果投资人缴款不符合认购公告里面的要求，该笔投资将被认定为无效。在缴款的截止日届满的时候，主办券商会对认购的有效性进行审核，核查的要点主要包括投资者的适格性，交款的时点是否符合要求，资金来源是否符合合规性的要求，以及报价是否有效。在主办券商审核完之后，判断不符合条件的认购资金会退回，符合条件的资金去办理股份登记。在取得中国证券结算登记公司的股份登记确认函之后就要再次发行公告。

3. 证监会审核并核准

股票发行后股东不超过 200 人或者一年内股票融资总额低于净资产 20%的企业可豁免向中国证监会申请核准。

4. 储架发行及备案

储架发行，发行后向证监会备案。

5. 披露发行情况报告书

定增完成后，企业披露《股票发行法律意见书》《主办券商关于股票发行合法合规性意见》《股票发行情况报告书》《股票发行新增股份挂牌并公开转让的公告》。

四、募集资金的运用

完成资金募集之后，进入下一个环节，即募集资金运用的阶段。

公司开展定向募集资金，挂牌公司自然而然地成为股转系统、证监会、各地的质监局监管的重点对象。新三板挂牌公司募集资金应当用于公司主营业务及相关业务领域，对募集资金运用的监管也是目前新三板监管的一个重点。新三板企业上一次募集资金没有使用完毕或者使用过程中有违规的情况，公司是不允许再次进行股权融资的。

在资金运用方面，新三板企业需要注意以下几个方面。

（1）公司任何改变募集资金用途的行为都必须要经过股东大会的批准，并且公告。挂牌公司应当按照发行方案中披露的募集资金用途使用募集资金，改变募集资金用途的，应当在董事会审议后及时披露，并提交股东大会审议。

（2）重点关注的监管红线。

① 关联方不得占用资金。此要求不限于募集资金的用途，对挂牌公司所有的资金都是这样的一个要求。而对于募集资金监管更为严格。

② 募集资金不能用于对外借款，不能用于购买有价证券。

作者简介：

刘岑，北京大学物理学学士，中国社会科学院金融管理硕士，注册会计师，7 年私募股权基金从业经验，6 年证券公司投资银行业务经验。具有丰富的股权投资、IPO、上市公司再融资和重大资产重组、新三板挂牌工作经验，精通会计、审计等相关知识技能。曾先后就职于北润投资、摩根士丹利华鑫证券、东兴证券、中泰证券等，现任中兵投资管理有限责任公司股权投资部高级业务总监，2004 年起从事股权投资业务，先后投资了博彦科技（软件行业，中小板上市 002649）、赞宇科技（精细化工，中小板上市 002637）、吉芬服饰（高端女装，新三板挂牌 831000）、杭州百合花（精细化工，上市公司并购退出）、杭州山立净化（气体净化设备，上市公司并购退出）等一大批优质项目；2011 年起从事投资银行业务，主导了联创电子（002036）上市，国中水务（600187）、石基信息（002153）重大资产重组，加加食品（002650）再融资等项目，以及军懋科技（838710）、肯特催化（837696）等近 20 个项目的新三板挂牌工作。

路演，给你一个看得见的未来

作者：张永刚

【引言】

路演，是一种表现形式，但是路演又不仅仅是一种形式。一个企业通过路演进入大家视野的时间并不是很长，却让人难以忘怀。甚至十几分钟的路演成为企业能否插上资本翅膀的关键，到底是为什么呢？

路演分 3 个主题：第一部分，什么是路演；第二部分，路演什么；第三部分，如何路演。本文中将开启路演的大门，探寻路演的奥秘；踏上路演的征途，实现路演的初衷。

路演来源于英文 roadshow，顾名思义是路边秀、路边演示。路演来源于美国，是国际上一种通行的证券发行推广方式。经纪人们在马路上向投资人推荐股票的一种推介活动。路演，包括融资路演、招商路演和营销路演。其中融资路演是与企业最密切相关的路演形式。本文中笔者主要围绕融资路演来进行阐释。

一、什么是融资路演，路演的功能有哪些

融资路演是指项目的融资者，向投资者进行项目推介的一种活动。路演

时，融资人需向投资人说明，融资的项目具有哪些现实价值以及未来能够创造的客户价值，以及能够实现怎样的企业价值和财富效应。

1. 路演是一种链接关系

众所周知，路演就是为了引起投资人的兴趣和关注，进而投资人会对项目进行一个实质性的尽职调查和投资的分析判断，最终来决定是否投资。那么，路演，归根结底是什么呢？其实是一种链接关系，是一种关系的链接。它链接的是什么呢？链接的是投资者和融资者之间的关系；链接的是企业价值和用户价值之间的关系；链接的是资金与项目之间的关系。

2. 路演是一种询价关系

从另外一个角度，路演也可以说是一种询价关系。很多人都认为路演只是为了融资，只是为了招商，或者只是为了营销，却忽略了路演的另一个功能——询价。通过路演，融资人向投资人进行项目展示和说明，会了解到投资人对项目是否关注，是否偏好，是否有意向，是否有兴趣进行投资。那么，通过路演，融资方可以对资金与项目之间的这种供求关系有一个深刻的了解和洞察。之后，融资人就会关心项目发行股票相关事项，比如融资定价、发行时机、发行数量等。并且，根据本企业所处行业以及公司的成长性，结合市净率、市盈率等综合因素，和投资者进行最终协商。

由于股票在新三板往往是没有相应的科学的估价方法的，许多企业的市值等往往是拍脑门拍出来的，那么，企业通过路演进行询价，来了解投资人对企业的看法和想法，最终来决定到底以一个什么样的价格来发行股票，不失为是一个解决此问题的好方法。

3. 路演是一种竞争关系

路演的第三个功能，就是能形成一种竞争关系。企业通过一定的股票发行方案，以及形成一定的路演策略，引起多个投资人对项目和股票的关注，从而形成一种竞争的局面。一旦形成竞争的局面，也就意味着资金的供给大于需求的局面形成了，此时，融资项目就能以一个很好的价格进行出售。

路演是一种询价关系，路演是一种链接关系，路演是一种供需竞争关系。归根结底，路演实质上是为了某种目的而发生的一种关系，是一种沟通，是一种互动。所有的路演，都是处理人与人之间的关系，处理投资人与融资人之间的关系，处理用户与团队之间的关系。

所以，归根结底，路演即关系。

二、路演什么

1. 路演逻辑

企业路演什么，要以路演的逻辑为依据。而路演的逻辑就是路演企业首先搞清楚，作为融资路演的融资人，自己到底想要得到什么，同时，企业也要知道投资人想要什么。这样，双方才能够同频共振，才能够形成投资与被投资的关系。

路演逻辑有两个理论，一个是弓论，一个是猫论。

（1）弓论：指的是融资人、投资人和项目之间的关系，想象你有把弓箭，你要射中靶心。靶是谁呢？就是投资人；而箭是谁呢？那个箭指的就是项目；弓又是谁呢？弓则是融资人。

融资人是通过项目向投资人亮箭，那么，融资人只有通过自己的项目，创造出相应的用户价值，并能实现股东财富效应，才能打动投资人的心。从这个角度来看，投资人、融资人和项目之间就是一种弓箭的关系。

（2）猫论：指的是产品或者服务与用户与团队之间的关系。这是一种矛盾关系，猫是否走直路，取决于老鼠。同样，团队到底生产什么样的产品，提供什么样的服务，取决于用户的需求。

从这个角度，企业要通过项目去打动投资人，就要突出项目通过产品或者服务打动用户的优势。

无论是弓论还是猫论，其实质都是一种买卖关系。

投资人向融资人买的什么呢？买项目，买股权，买企业；而用户向操盘团队买的什么呢？买的是产品、服务。所以说无论是猫论还是弓论，无论是融资人、投资人和项目之间的关系，还是产品服务、用户和团队之间的关系，这两类关系归根结底都是一种买卖关系，都希望低进高出，从而实现财富的增值，从而实现价值的增长。

2. 十大要点，告诉你路演什么

针对这两个逻辑关系，延伸出路演的十大要点：挖出痛点、喊出爽点、秀出优点、筑出防点、托出盘点、给出盈利点、告知风险点、展示支撑点、叫出卖点、退出高点。需要注意的是后五点是投资人最为关注的。这十大要点，就构成了路演内容——商业计划书。

路演是关系，而关系的本质是什么呢？而关系的本质，实质是人性。因此，这十大要点都是围绕情感展开的，都是围绕触点展开的。无论企业是卖服务还是卖产品，解决的都是人性的问题，经营的都是人的欲望问题，要挖人性就要聚焦于情感。

在挖人性、聚焦于情感的同时，企业如何能够满足投资人欲望，实现商业计划书呢？企业要想实现商业计划书，就要实现企业价值和用户价值，就要讲故事，落地于触点。所以，企业路演什么，实际是围绕这两点展开的：第一点，挖人性，聚焦于情感；第二点，讲故事，落地于触点。无论是商业计划书还是融资计划书，都是在讲一个故事，从而使投资人产生预期，对企业的未来、对项目团队的未来有个好的预期，才会投资购买企业项目，从这个角度上来说，企业卖的是什么？企业卖的不是过去，卖的是未来，那么，路演是什么，就是给你一个看得见的未来！

1）挖出痛点：指的是路演项目到底解决什么问题

企业存在的目的到底是什么？就是满足人们的快感，消除或者是减轻人们的痛苦。从这个角度上来说，人们更为关注的是企业能解决什么问题，消除或减轻什么样的痛苦。所以，在做商业计划书的时候，首先要开宗明义，阐明项目到底解决的是什么问题，能够消除的客户痛点是什么呢？也就是要指明刚需。

- 痛点必须是刚需。所谓刚需，就是指有了痛就必须要消除，必须要改变，只有消除，只有改变才能产生真正的需求，只有真正的需求才能产生购买。比如在前段时间炒得沸沸扬扬的魏则西事件，他患的是什么呢？是滑膜肉瘤，对于他，这种痛就是必须要消除，必须要改变。如果不消除，那么它就会夺去他年轻的生命和美好的时光，所以说在这种情况下，也就是说首先要有痛，然后必须要引起改变。而引起改变，才能产生购买。

从这个角度上来讲，痛苦必须是刚需的，你所解决的问题也必须是用户刚需的，比如魏则西为了解决自己的痛苦，他经历了 4 次的化疗，25 次的放疗，同时通过百度检索到北京武警总队第二医院，有个生物免疫疗法，又进行了 4 次生物免疫疗法的治疗，最终没有得到一个好的结果。在这个事件中，对于魏则西来讲，病痛是他的一个必须要改变，必须要消除的痛点，如此便产生了购买。

又比如，有的人长得很丑，虽然有些人就要改变这个痛苦，去整形。但是，有些人认为这使得自己区别于地球人，这是他和普通人不一样的标志，而反而作为自己的一种骄傲，他就不会做出改变，他就不会去整形，那也就不会产生购买，就不会产生需求。所以，从这个角度上，项目所能解决客户的痛点，并不是刚需的，而是柔性的。

- 具备这个痛点的人群是海量的。在挖出痛点的时候，阐明有多少人具有这样的痛点，也就是说融资项目的市场需求有多大。只有市场需求巨大的项目，才是朝阳的产业，企业才有一个美好的未来。曾经有人问华为为什么这么成功？华为的两位高管曾经这样形象地比喻，其中一位说签到了一块肥田，另一位高管则说，电子通信是一片深水，才能养大鱼。肥田指的是利润高，那么，深水指的是什么呢？水深指的是有海量的用户，有海量的用户需求，有广阔的市场前景。

所以要挖出痛点，有两个重点：第一，痛点是刚需，必须要改变，才能产生购买。第二，具备这个痛点的人群是海量的。

2）喊出爽点

喊着爽点，指的是怎么解决这个问题的，比如说喝豆浆，永和大王给的是豆浆汁儿而九阳给了你豆浆机。所以说喊出爽点，指的是你的产品和你的服务是如何解决客户的痛点？是如何满足客户的需求的。所以，喊出爽点，第一方面，你的产品和服务是什么？第二方面，是不是一个好产品，而是不是好产品是如何界定的呢？不是工程师决定的，也不是研究人员决定的，也不是销售决定的，而是取决于用户的体验，取决于用户的感知。

比如海底捞火锅，为什么有很多人排队也要去？就是因为它用好的产品服务赢得了好口碑。饭店内专门设有供孩子玩耍的区域，有专门的阿姨对孩子进行照看。同时，对于女士专门有美甲，针对男士专门有擦鞋。这种情况下，用户的体验非常好。

3）秀出优点

秀出优点，就是阐述为什么你能解决这个问题，而别人不能，为什么别人都没做好，就你做好了。优点是指企业的核心竞争力，可以是营销技术、商业模式出色，也可以是企业具备的市场先发优势、海量客户基础等等，比如华为的核心竞争力是什么？华为的核心竞争力就是把一种古老的商业模式做到了极致，即低成本战略。低成本战略来源于什么呢？2004年，华为的竞争对手——西门子，曾经针对华为的低成本战略做了专门的研究。

案例分析：

根据汇报资料，华为研发人员的人均费用为每年 2.5 万美元，而欧洲企业研发人员的人均费用为每年 12 万 ~ 15 万美元，是华为的 6 倍；华为研发人员的年均工作时间大约为 2 750 小时，而欧洲研发人员的年均工作时间是 1 300 ~ 1 400 小时（周均 35 小时，但假日很多），两者的人均工作投入时间比为 2∶1。依据 2004 年的数据，华为有 13 000 名软、硬件开发人员。如果把雇佣 13 000 名欧洲研发人员的费用投在华为公司，华为则可以雇 78 000 人。

若华为公司研发人员的效率只有欧洲研发人员的 80%，再考虑到华为员工的工作投入时间，可以算出，在同样的开销之下，2004 年的华为相当于具备 12.5 万名（即 78 000×0.8×2）西方同类公司研发人员的研发能力，研发投入产出比接近大多数西方公司的 10 倍！

或者说，华为投入1元钱研发出来的东西，欧洲公司需要投入10元钱才做得出来。

这就是华为一开始就具备，并具延续至今的以小搏大的核心优势。

4）筑出防点

筑出防点，指的是如何不让别的企业超越你、比你更好地解决这个问题，也就是指企业的商业壁垒是什么？企业的防点可以说成是企业的护城河，护城河要够宽、要够深，商业壁垒才够让人信服。比如，华为的商业壁垒就是不断的创新与研发，“5G 时代，我们有信心成为领导者”，华为不但会兜售情怀，更在前沿技术研发上舍得巨资投入，并不是一家不食人间烟火的心灵鸡汤大师。在中国科技公司当中，研发上投入最大就是华为，2016年研发投入83.5亿欧元，约合人民币606亿元，排名全球第八。

5）托出盘点

托出盘点，即说明你为了解决这个问题做了什么，以及取得了哪些成果。所谓“事实胜于雄辩”，在路演的时候一定不要画大饼，而要适时用事实说话，要用数据说话，比如说营业收入、净利润是多少？已经拥有多少用户？产品的成本是多少？最好用柱状图、饼状图等形象说明。挖出痛点、喊出爽点、秀出优点、筑出防点、托出盘点，恰好说明企业的项目是有价值的，并且项目通过创造用户价值，从而实现了企业的价值。

那么，企业如何证明能够通过企业价值来实现投资价值？就要看后面 5点：给出盈利点，告知风险点，展示支撑点，叫出卖点，退出高点。

6）给出盈利点

给出盈利点，是指你解决这个问题后有什么好处，比如，盈利模式是什么？收入来源有哪些？成本支出有哪些？交易费用有哪些？正如马云所说，一个企业如果不赚钱是没有道德的。所以，一个没有盈利模式的项目就不是好项目，也就不是投资人感兴趣的项目。

7）告知风险点

告知风险点，是指你解决这个问题有哪些风险，解决风险方案又有哪些？很多企业家往往对项目的风险性避而不谈，然而任何一个项目都会有这样或者那样的风险，有风险并不可怕，关键是要拿出解决方案应对风险，所以，在告知风险点的时候，企业家首先要陈述项目存在哪些方面的风险，比如技术、法律、行业、市场等方面，然后最为重要的是，提出自己针对这些风险的防范措施和解决方案，否则会影响企业融资。比如一个提供短距离出行解决方案的项目，它能够提供出租车及大巴服务，经过两个月的运营，就实现了盈亏平衡，但是很多投资人都提出了一个问题，由于项目涉及公共交通安全问题：企业将如何解决牌照运营问题？在这一点上，企业始终没有给出一个完美的答案，于是企业再融资变得很困难。

8）展示支撑点

展示支撑点是投资人最为关注的，投资人往往据此决定是否投资企业。支撑点就是指解决这个问题的团队及其构成。团队往往分成两个维度;

- 第一是企业的股东结构。股东结构是什么？股东结构当中有哪些股东是有资源的，哪些股东可以带来明星效应？而且，投资人特别关注企业的第一大股东的背景，因为企业的第一大股东是决定企业未来的发展方向，以及未来的战略制度文化的重要因素。
- 第二个是高管团队。高管团队当中在某个领域很卓越的人？这对投资人是非常有吸引力的。试想，如果万科没有了王石，那么这个万科还是原来的万科吗？你还愿意买万科的股票吗？在之前的万科控制权之争中，出现了资本与管理层的博弈，那么到底是资本更重要，还是管理层更重要呢？实际上笔者认为万科的第一资产应该是它的管理层，是它的管理层创造了价值，是它的管理层创造了文化，创造了一种精神资本。笔者认为管理层属于表外资产，也是第一优质资产，决定了企业的未来，决定了企业是否有价值。从这个角度上，投资人最为关注的一个点，就是谁在解决这个问题。**投资人投资的原则，就是投人投人再投人。**

9）叫出卖点

为了更好地解决问题，需要多少钱？即你的融资计划是什么，财务预算是多少？以及为了融到这么多钱，需要出让多少股份？企业的市值的估值的方法和依据是什么？以及为什么要融资，融资的用途在哪里？最关键的是花了钱之后，未来一年或者两年之后会有什么样的价值增长？这些都是叫出卖点要说明的内容。

> 参考模板：
>
> **➘ 融资：**
>
> 本轮融资总额 XXX 万，
>
> 价格：每股 XXX 元，
>
> 出让股份：XXX 万股 XX%
>
> ➘ 资金用途：
>
> 主要用于扩大再生产/研发产品/开拓市场/流动资金
>
> ➘ 业绩预测：
>
> 融资后月产量将由 XXX 多吨提高到 XXX 吨 年利润可达 XXX 万元

10）退出高点

退出高点，是指投资人的投资价值如何变现，如何退出。企业最高峰的时候往往也是投资人退出之时，所以，一定要告诉投资人企业资本在未来几年有多少种退出方式。以及表明企业是否有回购条款，是否有对赌条款等。

几种常见的退出方式：

（1）首次公开发行（IPO）。

① 优点：IPO 可以使投资人持有的不可流通股份转变为可交易的上市公司股票。由于发行溢价的存在能更好地实现投资的赢利性，并有助于企业在资本市场建立声誉和保持持续融资渠道，因而广受创业投资主体的欢迎。

② 缺点：在限制期内不能完全实现股权的流动性及收益，国家对企业在 IPO 时出售股票的比例和部分股份的锁定年限都有严格的限制性规定；对 IPO 的企业有一定的条件要求，多数企业只能望 IPO 兴叹；IPO 的费用昂贵，对规模较小的企业来说可能不堪重负；IPO 能否取得成功在很大程度上受股票市场活跃程度影响。

③ 退出时间：一般当企业步入扩张期经营业绩稳步上升并满足上市条件

之时，投资人都会首先采取 IPO 退出方式。

（2）并购。

① 优点：既有助于新兴企业充分利用大公司的雄厚资金增强研发能力、提升核心竞争力，又有利于收购方完成自身的战略目标。

② 退出时间：当投资人打算尽早撤离，企业经营业绩稳步上升且其尚不满足 IPO 条件、或者决定通过战略联盟扩充实力时，并购就成为最佳退出方式。

（3）出售。

以私募的方式出售所投资的企业是投资人比较偏好的一种退出方式。

① 优点：当投资人急于变现资本时，可以出售和二次出售，因交易复杂性较低、花费时间较少，并能使创业投资家的资本快速变现，其优势极为明显。

② 缺点：虽然出售不受 IPO 的条件限制，但其收益率较 IPO 低得多，并且由于企业的独立性丧失及进行二次出售对企业获取稳定的后续投资存疑，这一方式极有可能遭遇来自企业家的反对票。

（4）回购。

① 优点：一是回购只涉及企业或企业管理层与投资主体双方当事人，涉及面较窄，交易简便易行；二是回购受到的管制极少，资本撤离速度快；三是回购可以使企业的外部股权全部内部化，企业独立性不受影响，并有充足的资本保证企业的升值潜力。在某种程度上可以说，回购方式促成了创投企业和创投资本的双赢局面，因而近年来备受欢迎。

② 缺点：股权回购对创投企业的经营状况要求相当高，所能实现的投资收益率远不及 IPO 方式。

（5）注销。

在资本退出方式中，注销等同于破产清算。当投资不成功或者企业经营状况恶化且未来预期不看好时，投资人就会迅速通过公司破产清算方式尽可能多地回收本金，以将投资损失降低到最小。

三、如何路演

1. 路演的几个忌讳

第一大忌讳，是通篇念 PPT，且整个 PPT 全是文字，图片很少。在路演的时候是人要驾驭 PPT，而不能被 PPT 所驾驭。再者，投资人在路演的时候，最为关注的不是 PPT，而是融资人，投资人通过对演讲者的观察，最终判断其是否能胜任融资项目，是否能够建立起对演讲人的基本信任，所以，在路演的时候千万要记住投资人在观察的是你能否驾驭这个项目，是观察你是否和融资项目有未来，而不在于你 PPT 的展示。

第二大忌讳，路演超时。很多路演人在讲自己的企业的时候滔滔不绝，然而讲了一个小时甚至两个小时的内容，可能只是讲了投资人所关注的一个点，而投资人关注的点实际上是很多的。所以，PPT 通常最好不要超过 12 页，路演不要超过 10 分钟。

第三大忌讳，路演人气场不足。人一旦有求于别人的时候，一般就会仰视别人，心态就会发生转变，不够自信，底气不足。然而，当你去平视或者俯视别人的时候，受众群体的能量往往是向你流动的，而当你去仰视别人的时候，你的能量却是向你的受众群体流动的，也就是说你很难发挥你的气势，那么，你是很难征服你的投资人的。

所以，路演之前，路演人要给自己建构一个气场，胸中要升起一副框架。那么，气场是什么？框架又是什么？就是路演人要与投资人建立在一种平等的地位上。路演人要这样正视自己：我在给投资人一个赚钱的机会，我是和投资人共同来创造项目，共同来创造价值，以在未来共同分享价值。

第四大忌讳，路演时说的完全是本行业的专业术语，结果给投资人搞得云里雾里，最终大家没听明白路演项目是要怎么干，要干什么。

所以，路演时，要“见人说人话，见神说神话”，所谓的说人话，是指企业所路演的语言要能够和投资人同频共振，能够传情达意，能够两情相悦，就要用言简意赅、通俗易懂的语言，讲清楚项目。

2. 路演的方法论

路演有一个中心，两个视角，三个基本点，四个方法。

（1）一个中心就是以投资人为中心。

（2）两个视角：一个是从外向内看的视角，另外一个是从内向外看的视角。所谓从外向内看，是指企业从用户的需求来定义自己的产品或服务，从投资人的需求来定义自己的产品和服务；从内向外看，就是企业从自己的资源、自己的能力来更好地为客户服务，来更好地为投资人实现他的投资价值。

（3）三个基本点：以用户的价值为出发点；关键点在于团队的操盘运作；以投资人的投资价值为归宿点。

（4）四个方法论：

- 第一个方法是：坐别人的车，走自己的路。就是说企业要善于借用路演平台，来对接上下游的合作伙伴，进行一种市值管理。
- 第二个方法是：月亮的美好，总是善于借用太阳的光辉。就是说企业要善于在股东结构中引进著名投资人，引进明星投资人，用他们的光环来带动更多的投资人跟投。同时，要尽量和那些明星企业一起合作，比如说京东、中国移动等，通过它们的明星效应为你进行背书，更有利于你融到资金、融到资源。
- 第三个方法是：聚焦于挖人性，聚焦于情感。路演即关系，而关系的本质是人性。无论企业是做产品还是做服务，经营的都是人的欲望，卖的或者买的都是人性。人性的核心是情感，而情感的核心又是什么呢？就是趋利避害，这里的趋利避害，是指增加人的快感，减轻人的痛感。所以路演的时候要挖人性，聚焦于情感。
- 第四个方法是：讲故事，落地于触点。做融资计划或者商业计划书都是在讲故事，讲故事就要落地于触点。企业可以以一个故事开场，讲述用户痛点，引发共鸣。然后阐明项目解决痛点的可行性以及竞争优势，让人信服。

作者简介：

张永刚，三板刚哥，北京路演天下互联网信息服务股份有限公司（简称路演天下）董事长，北京大学法学院硕士，黑龙江元辰律师事务所创始合伙人，北京合和元辰股权投资基金管理有限公司首席架构师，曾作为首席架构师筹建龙江银行，拥有多年私募股权实战经验。

路演天下秉承新三板第一投行的理念和价值观，深耕新三板。自 2015 年成立以来的两年多时间，举办了近百场新三板路演活动，为上千家三板企业提供投融资对接服务，业界口碑良好。

三板刚哥在新三板路演及融资体系设计、企业顶层设计、新三板市值管理和新三板并购交易结构设计领域具有深厚的理论功底和丰富的实践经验。以市值管理理念为导向，深挖企业根本需求，以终为始，帮助企业建立市值目标和体系，清晰梳理发展路径和解决方案，奠定企业价值增值的资本基础。

新三板企业路演常见问题剖析

作者：张永刚

【引言】

融资路演中，谁应该承担主要的职责？很多企业家一心扑在企业的生产上，扑在技术革新上，扑在客户开发和业务拓展上。对初登新三板的企业而言，融资在企业重大事项列表上都是排到非重要不紧急那一列的。对于融资路演在企业家的位置，笔者认为应该从非重要不紧急那一列挪到重要不紧急这一栏方才合理。重要就意味着企业家应该在这个事情上花更多精力，不紧急就意味着融资是一件长期规划的事情，而不是一件临时应付的事件。融资路演是企业发展规划的微缩图展示，对于融资和融资路演，企业家有着不可推卸的责任和担当。融资，是企业之所以成为新三板企业的重要原因，也是企业长远发展过程中不能绕过的必经之路。

一、融资路演是一把手工程

刚登陆新三板的企业在融资路演的时候，作为一把手，也就是说作为董事长应该亲力亲为，应该参与全程的策划以及落地融资路演。为什么？众所周知，一把手领头羊有三个基本的功能，第一个定战略，第二找钱，第三找人。那么融资路演，它不仅仅是一次路演的呈现，更为重要的是延伸其背后，在路演的背后是什么呢？路演是一种与投资人的关系管理，路演是一次商业模式的梳理升级。

路演是产融双驱体系建构的一个种子。从董事长的功能以及路演的功能来分析，作为一把手，应不应该全程参与。我们知道路演有三个功能，新三板也有三个功能，第一个是与资本的链接或者说关系的链接，第二个是价值的发现，第三个是资源的配置。

二、从链接角度看融资路演

首先从链接的角度来去分析，我们说融资路演是一种投资人关系管理，那么投资人背后是什么呢？投资人背后是资本，而资本的背后是什么呢？资本的背后是资源。当你和投资人进行互动的时候，投资人会把他对你这个项目所关注的要点，比如投入产出的分析，比如说投资周期的一个定位，比如说投资风险的一个建议。也就是说，从投资人的角度会对你这个项目提出他的观点，提出他的看法，从而使你能够了解到，如果要想把这个项目做大做强，如何才能能够更好地插上资本的翅膀。从这个角度来讲，和更多的投资人沟通互动，会让你产生建构产融双驱的体系，会让你对自己项目的资本模式迅速地有更清晰的建构。所以建议群里的新三板的企业一定要注意多和投资人沟通，多和投资人互动。另外路演天下推出了约见明星投资人服务。你想约见投资基金的任何大牛的投资人，就可以联系路演天下给你对接明星投资人，进行互动进行沟通，由投资人对你的项目提出投资建议，如果该项目确实是好的，那么投资人也会对其进行投资。

融资路演是商业模式的一次梳理和升级。我们都知道商业模式是在介绍这个企业，这个项目是能够创造用户价值的，是能够产生企业价值的，并能够延伸出投资价值的。所以说和投资人之间的一个互动，能够使你在路演的过程当中，能够呈现出企业的灵魂——商业模式。在进行路演的时候，呈现出路演投资人关注的 10 个要点的时候，那么融资路演本身也是一种商业模式的梳理和升级，有助于领头羊带领你的团队以更加落地、更加充分地实现商业模式，从而把你的企业做大做强。

从链接的角度，融资路演还是新三板产融双驱体系建构的一个种子。那么融资路演中，很多企业只是关注产品运营，关注产品利润，而忘了资本运营和资本利润。融资路演本身就是一种资本运作的手法手段，所以说，你在融资路演，领导人或者领头羊在参加融资路演的时候，是在给自己的运营思维当中种下了产融双驱体系的一个种子。

以上从路演的功能链接的角度分享了融资路演，作为一把手，应该参与融资路演，因为他是在找钱，同时他也是在定战略。

三、从定价角度看融资路演

这里从定价的角度进行分析，定价的角度实际上就是对股票进行定价，对企业的价值进行定价，对企业的市值或者市场认可的价值及市值进行定价，很显然，定价离不开供需关系。那么一个投资人对你这个项目看好和十个投资人对这个项目看好，那绝对是不一样的。当供大于求的时候，价格是下降的，但当供不应求的时候，价格自然水涨船高，是上升的。通俗地讲，就是企业能卖个好价钱。那么所谓董事长，那也意味着懂的是要多，不仅要懂产品运作的事儿，还要懂资本运作的事，不仅要懂如何卖产品，还要懂如何卖企业，懂得如何界定并管理企业的这个供需关系。一把手作为领头羊，不仅要懂让企业赚钱，更要懂让企业值钱。不仅通过供需关系能够管理企业，还要懂如何让企业有一个好的估值，然后有一个好的价值，从而有一个好的市值。所以说在参与融资路演和投资人进行互动时，判断投资人对这个项目的偏好需求以及这种关注度，那么可以对融资，对股票的价格，对企业的市值进行一次调整。当大家都想投或者是抢着想投资的时候，你完全可以上调股票价格。在大家都对你的项目不闻不问的时候，那么可能要下调股票价格。股票价格应该符合当前的企业发展的情况，比如企业成长状况，行业的发展，盈利，市盈率等。这些情况是不是它的功能延伸一点，是不是作为一次定增，企业股票的价格越高越好？或者说在这个阶段，企业融资额度越大，释放的股权或者股票越多越好呢？实际上不是的，股票价格以及股份的一个定增释放是与企业的发展、规模和阶段息息相关的。比如股票价格是三元的时候，应该融资 1 000 万，结果融了 2 000

万，这个情况意味着什么呢？意味着砍腿换车，因为企业不需要那么多钱，而你用一个很低的价格释放了很多股本，这时候就会为了快而会留下残疾，这就是通常所说的砍腿换车。股票价格是不是越高越好呢？如果说本次定增的价格很高，而且也成功融到了投资，但这时候可能是一种自掘坟墓，或者说自寻死路，为什么呢？由于这次定增的价格远高于本身的估值和市值，那么当再进行下一次融资时，融资的价格不应该低于本次定增的价格，那么这就会让很多投资人望而却步。结果是企业在未来是融不到资的，而融不到资，企业的壮大发展甚至生存都出现了问题，所以说价格不是越高越好。一味追求高价，很有可能是一种自寻死路的行为。

四、从资源配置角度看融资路演

那么接下来从资源配置的角度来分析董事长为什么一定要亲力亲为。所谓资源配置，就是说资源进行二次分配。股东的数量更多了，这意味着明天的钱今天花，这是时间上的一次支配。把全国甚至全球的钱拿到企业来花，这是一种资源的配置。资本背后是资源，项目的背后是价值，而当资源和价值相碰撞的时候，当投资将企业家进行一次混同的时候，即两家变成了一家。那么，在这个时候，企业的价值，企业的市值就会成倍地增长。也就是说，资源配置相当于重新选择、重新定位事业的伙伴，或者说生活中的伴侣。作为董事长，能不亲自出现吗？从资源配置的角度，通过股权的定向增发股份，将增发或者存量股怎样使投资家和企业家进行了一次混同，企业家和投资家成为了利益共同体，甚至是命运共同体。那么当这些关乎企业利益，命运或者事业的时候，作为董事长，不参加合适吗？至少初期，在形成模式之前，董事长应该参加。

融资路演是一次与资本的链接，是商业模式的一个梳理，是产融双驱的一个建构，那么关于产融双驱思维的建构再延伸一点。比如说融资的背后，实质是一种产融双驱思维的建构，是一次产融双驱体系的建立，只有这样的产融双驱的思维和产融双驱的体系，未来企业资本价值的变现才能打下坚实的基础。那么到底如何建构产融双驱的思维呢？到底如何建构产融双驱的体系呢？有一点最为关键，那就是要你让资本流动起来，让能量流动起来。华为的任正非曾经提出一杯咖啡接收天地能量。什么叫做一杯咖啡接收天地能量呢？就是任正飞所说的，华为的正确的方向。大家都知道，2015 年华为的收入是 BAT 三家企业的收入之和，总收入是 3 950 亿，净利润是 369 亿，那么这样一个强大的企业，它的正确的方向来源于哪呢？任正非说，华为正确的方向不是来自于哪个能人，而是来自于正式的和非正式的汇聚。所谓汇聚就是鼓励高管要走到外面去，内部要和外部通过喝咖啡的形式进行交流，进行融资，融智，融资源。也就是说，无论是领头羊还是高管，多走出去，即要换个圈子。想建构资本运作的体系，就一定要找到自己的资本圈。比如，要想钓鲫鱼，你得要到江里面去；要想钓鲸鱼，你就要到大海里面去。如果说如果非得要上家里去钓鲸鱼，那么就走错了场，选错了场景，选错了圈子。所以说要想建构资本运作体系，就要让能量流动起来，要进入自己的资本圈，进入自己的产融双驱圈。产品运营是有形资产，而资本运营是无形资产，有形资产靠聚变，聚的越大它就越强，而无形资产靠的是裂变，裂变的越多，它产生的几何能量就越强。进行产融双驱的时候，作为资本，它的流动性和收益性是成正比的。也就是说，要让资本能源、资源流动起来，这样才会产生裂变，这样才会产生更大的价值，所以说要想建构一个产融双驱的体系，就必须要流动起来。能量流动起来，必须和资本圈的能量互动起来后，这样才能有利于产融双驱思维的建构，才能有利于产融双驱体系的建构。

如何防范股权融资中的控制权危机

作者：张永刚

【引言】

毫无疑问，企业进入新三板的首要目的就是融资，新三板为企业构建了一个持续的融资平台。然而实践证明，股权融资为企业带来的不止是插上资本的翅膀的梦想，还有痛失公司控制权的风险。在 2016 年度的商战中，与王石相关的宝万之争、与董明珠相关的收购事件都一度被炒得轰轰烈烈。守住创业梦想的很容易，但是守住公司控制权却很难……

本文通过案例分析为大家阐述了股权融资与控制权的关系，并总结了守住公司控制权的措施，希望为企业佩上一把利剑！

一、股权融资与控制权问题

股权融资是指企业的股东愿意让出部分企业所有权，通过企业增资的方式引进新的股东的融资方式，总股本同时增加。

股权融资所获得的资金，企业无须还本付息，但新股东将与老股东同样分享企业的赢利与增长。分为私募和公募两种。

随着企业的发展及规模的不断扩大，企业需要更多的资金，扩宽了融资渠道，在股权融资过程中，引入了投资，但也稀释了股权。

此外，为了保证投资的有效回收，股权投资家往往会参与到企业的管理中来，他们往往会驻派相关工作人员到企业中进行监督，甚至会参与到企业发展战略的制定中。公司的原控制者的控制力极有可能被削弱，进而导致控制权结构的改变。

二、相关案例

1. 1号店

2010年5月，于刚在金融危机之后的资金困境中从平安融资8 000万元，让出了1号店80%股权，控制权就此旁落。平安整合1号店并不顺利，于是逐步将1号店控股权转让给了沃尔玛。经过多次于刚离职的传闻后，1号店在7月14日晚间正式确认创始人于刚和刘峻岭离职。随后，于刚和刘峻岭发布内部邮件，向1号店员工宣布，决定离开1号店去追求新的梦想。

2. 真功夫

真功夫的蔡达标和潘宇海各占50%，引入PE以后，是47%对47%；这种股权分布被认作一枚定时炸弹，为真功夫内部股权纠纷埋下了隐患。

3. 雷士照明

为解决资金短缺问题，雷士照明的吴长江开始走上股权融资之路。赛富基金几次投资雷士照明，2008年总持股比例达到了30.73%，超过持股29.33%的创始人吴长江，成为公司第一大股东，为日后轰动的公司控制权的争夺埋下伏笔。2010年5月，雷士照明成功在香港联交所上市，财务投资者合计能够控制雷士照明36.04%的股权，吴长江渐渐失去其对董事会的控制权。

从这些逐渐失去控制权的案例可以看出，民营企业家对股权融资的认识不足，只看到有利的一面，忽视了股权融资所带来的控制权流失和管理权分散的风险。也警戒企业家不能对自己的权力过于自信，必须有防范控制权危机的意识，注意在引进投资者的过程中保持对企业的强化控制。

三、防范控制权危机的措施

（1）在企业股权融资前，创始人所持股份比例最好不低于绝对控制权67%。这样可以防止以后股权被稀释，保证自己在修改公司章程，以及分立、合并、变更主营项目、重大决策等方面的权力。

（2）引入股权投资是一项全局性的工作，它需要具备前瞻性、战略性、全局性的视野的决策团队。充分发挥人力资本效用，通过股权激励，让骨干持股，使得管理层与自己的股份之和达到控股地位等措施，从而来规避股权被稀释、失去控股地位的风险，比如阿里巴巴合伙人制度。

（3）应采取契合企业发展阶段的融资策略，选择恰当的融资方式与规模。注意不能一味地一次次用股权换取资本支持，而是要懂得运用一些方式战略（如与投资者签订合理协议）来维护控制权，保障自己的权益。

（4）控制融资规模，谨慎选择融资对象。融资企业在融资时应该与投资方“约法三章”，避免关于知识产权和商业秘密等的法律风险及保护，防止企业品牌被弱化。

买股份可以，但是一定得自己来掌控自己的公司，否则便不需要这样的投资。在融资初期就需要注意避免日后由于投资者股份比重过大而可能导致的控制权争夺。

（5）公司经营遵守规则，完善公司内部治理。注意董事会是企业控制权机制的核心，公司的经营决策应在董事会的领导下形成。

如何建构企业控制权

作者：张永刚

董明珠在股东大会发飙，为什么？不是因为没有掌声，根本原因是其他股东的小心思，也就是控制权之争。

融资分为股权融资与债权融资，股权融资对于股份公司来说具体为发行新股。进入新三板的真正意义是建立持续的融资平台，但是很多企业是为了融资而融资，没有注重公司控制权的顶层设计，使得原有股东的股份摊薄、表决权减少、控制权减弱。要避免以上弊端，新三板企业家们一定要注意守住公司的控制权。

建构控制权系统从以下 5 个方面进行考量：股权集中度、股本、股票类型、持股方式、股东结构。

首先，**对于股权集中度方面：**对于大股东来说，刚刚步入资本市场要掌握绝对控股权，也就是要超过股权比列的 67%。股权比例在 20%～60%之间是中等控股。相对较好的控股股权比例应在 60%以上。企业刚开始融资股票要相对集中，随着未来股份增加股份难免要被摊薄。企业初期融资时最好持股比例要在 67%以上。这样可以为未来的融资拿下足够筹码。

其次，**对于股本方面：**融资之前要有很好的股本管理的意识。建议企业家们最低股本要在 3 000 万股以上。只有这样，在未来进行定向增发并购时，对于原有股东控制权影响才能相对的较小。融资之前先要掌握控制权，这是价值经营、价值变现的前提。那如何让股本做大？做大股本的五大方法——转、送、配、增、拆，分别为资本公积金转增股本、送股、配股、定向增发、拆股。

第三，对于股票类型方面：除了增发普通股以外，建议新三板企业可以增发优先股。优先股通常无表决权，保持了对企业的控制。

第四，对于持股方式方面：定向增发时是直接持股还是间接持股？可以把投资人通过基金信托的形式让投资人间接持股，可以解决股东人数超标的问题。强烈推荐大家发行股票时多建立基金、可以多和基金管理人合作，借用他们的基金通道，这样既可以解决控制权让投资人间接持股又解决了投资人超标需要备案的问题。

最后，对于股东结构方面：股东结构问题也是非常重要的点。初步融资时应该考虑有没有战略投资人与明星投资人。他们既有行业资源、又有引领示范效应。

挂牌公司股票发行常见问题解答

作者：张永刚

【引言】

融资是企业挂牌新三板的主要目的之一，发行股票作为新三板挂牌公司股权融资的主要途径，对挂牌公司引进战略投资者，满足挂牌公司资金需求发挥了极为重要的作用。

2016年8月8日，全国股转系统发布了《挂牌公司股票发行常见问题解答（三）——募集资金管理、认购协议中特殊条款、特殊类型挂牌公司融资》（以下简称《股票发行问答（三）》或“新规”），对挂牌公司股票发行的一些条款做出明文规定，在新规实施之后，新三板挂牌企业股票发行将迎来新的打开方式。

鉴于此，本文结合对股转系统关于挂牌公司募集资金管理、挂牌公司股票发行常见问题的监管要求进行深度解析，阐述其所涉及关键词如“特殊条款”具体所指，并总结不同特殊条款在现行监管体制下的法律效力和关注要点，以帮助新三板企业家以及从业人员更好地接受新规、规范运作，插上资本的翅膀，展翅高飞。

新规是全国股转系统在2015年发布挂牌公司股票发行常见问题解答（一）股份支付、（二）连续发行后，首度发声。足以说明股转系统对新三板股票发行融资的监管力度进一步加大。

那么，此规定实施对发行股票进行融资的挂牌企业有哪些深远的影响？

在本文中，笔者从募集资金、认购协议中的特殊条款、特殊类型挂牌公司融资三个方向出发，对新规以及解答各环节进行具体解析。

一、挂牌公司发行股票时，怎么进行募集资金管理

对于尚未提交股票发行备案材料的挂牌公司，应当按照《股票发行问答（三）》的要求披露发行方案（已经披露发行方案的，应当按照要求修改后重新披露），建立并披露募集资金管理的内部控制制度，设立募集资金专项账户。

根据第一条规定，在 2016 年 8 月 8 日正在融资但尚未申请备案的挂牌公司，至少要做 3 件事情：

（1）建立并披露募集资金管理的内部控制制度。

即挂牌公司建立募集资金的存储、使用、监管和责任追究的内部控制制度，并且明确募集资金使用的分级审批权限、决策程序、风险控制措施及信息披露要求。

（2）设立募集资金的专项账户。

在设立募集资金专项账户之前，挂牌公司应当在发行认购结束后、验资前，签订券商、银行以及挂牌公司三方的资金监管协议。对于 2016 年 8 月 8 日尚未提交备案资料的挂牌企业，就需要补签三方监管协议，设立募集资金专项账户，并且将募集资金从认购账户转移至专项账户。

需要注意，规定第三条，要求三方监管协议同股票发行备案材料一并提交并且进行报备。所以，对于募集资金专项账户，一定要作为专户进行使用，不得存放非募集资金，或者是用作其他用途。

（3）按照《股票发行问答三》的要求进行股票发行方案的披露。

其中主要强调在股票发行方案当中，对募集资金的用途以及前次募集资金的使用情况进行相应的信息披露，并且根据募集资金的不同用途，有着不同的信息披露要求：

- 募集资金用于补充流动资金的，应当结合公司目前的经营情况、流动

资金情况，说明补充流动资金的必要性和测算的过程。

- 募集资金用于偿还银行贷款的，应当列明拟偿还贷款的明细情况，披露募集资金偿还贷款对挂牌公司经营和财务状况的影响。
- 募集资金用于项目建设的，应当结合项目立项文件、工程施工预算、采购协议及其他资金使用计划量化说明资金需求和资金投入安排。
- 募集资金用于股权收购的，应当对标的资产与挂牌公司主业的相关程度、协同效应进行说明，列明收购后对挂牌公司资产质量及持续经营能力的影响。
- 募集资金用于购买非股权资产（是指构成可独立核算会计主体的经营性资产）的，发行前挂牌公司应当与交易对方签订合同或协议，在发行方案中披露交易价格，并有审计报告或者资产评估报告的支持。
- 挂牌公司发行股份购买资产构成重大资产重组并募集配套资金的，应当从以下方面进行说明，包括但不限于：挂牌公司前次募集资金金额、具体用途及剩余资金安排；本次配套募集资金与本次重组事项的相关性，募集资金金额是否与挂牌公司及标的资产现有生产经营规模、财务状况相匹配等。独立财务顾问应当对募集资金用途、合理性、必要性进行核查并发表明确意见。
- 募集资金用于其他用途的，应当明确披露募集资金用途、资金需求的测算过程及募集资金的投入安排。

对于已经提交股票发行备案材料、尚未取得股份登记函的挂牌公司，应当设立募集资金专项账户，将募集资金从认购账户转至募集资金专项账户，并由主办券商核查后向全国股转公司补充提交专项核查报告及三方监管协议。

两种规定分别针对在 2016 年 8 月 8 日前尚未申请备案的，以及于 2016 年 8 月 8 日前虽然已经提交申请备案但尚未取得股份登记函的这两种情形。而第三条规定则适用于至本问答公布之日已经取得股份登记函的挂牌公司。

尤其注意的是，此规定并不是从 2016 年 8 月 8 日开始计算的，而是适用于从 2015 年 1 月 1 日到 2016 年 8 月 8 日，在这 19 个月期间，已经取得股份登记函的挂牌公司，都需要进行整改工作：

（1）如果募集资金尚未使用完毕，挂牌公司应当设立募集资金专项账户，将剩余募集资金转至募集资金专项账户；同时，主办券商应当在核查后，向全国股转公司提交募集资金使用情况的专项核查报告及三方监管协议。

（2）如果募集资金已经使用完毕的，主办券商应当在核查后，向全国股转公司提交募集资金使用情况的专项核查报告。

总之，根据此规定，挂牌公司自身以及中介机构在股票发行项目中的责任都有所加强，挂牌公司应当在发行认购结束后、验资前，与主办券商、存放募集资金的商业银行签订三方监管协议，三方监管协议应当在股票发行备案材料中一并提交报备。

挂牌公司董事会应当每半年度对募集资金使用情况进行专项核查，出具《公司募集资金存放与实际使用情况的专项报告》，并在披露挂牌公司年度报告及半年度报告时一并披露；主办券商应当每年就挂牌公司募集资金存放及使用情况至少进行一次现场核查，出具核查报告，并在挂牌公司披露年度报告时一并披露。

二、挂牌公司股票发行认购协议中签订的特殊条款（以下简称“特殊条款”）应当符合哪些监管要求

（一）挂牌公司股票发行认购协议中签订的特殊条款通常包括：业绩承诺及补偿、股份回购、反稀释等

1. 业绩承诺及补偿

指标的公司，或者是操盘团队向投资人进行未来业绩达到某种标准的一个承诺，如果不能达到该承诺，就以现金补偿，或者是以股份补偿。

案例：

有一个交易是以公司2016年度净利润8 000万元，即包含投资人投资金额完全摊薄后10倍市盈率作为估值的依据，且公司和原股东承诺：公司2016年税前利润不低于 8 000 万元，公司有义务尽力实现和完成最佳的经营业绩。公司管理层有义务尽职管理，公司确保公司实现该经营目标。

如果标的公司2016年度经审计的净利润低于8 000万元，则视为未完成经营指标，应以2016年度经审计的实际净利润为基础，按照10倍市盈率重新估值重新调整。

本次交易的投资估值调整后，标的公司所有股东所持有的股份比例保持不变。公司应以现金方式退还各投资方相应多付的投资款。

这就是一种业绩承诺及补偿的条款的一个约定。

2. 股份回购

当公司出现了约定的情形，触发了股份回购条款。则由标的公司，或者是原股东，按照一定的价格，对投资人所持有的股份进行购买，即股份回购。

股份回购条款一般是这样约定的：当出现以下情况时，投资方有权要求标的公司或原股东回购投资方所持有的全部公司股份。

（1）不论任何主观和客观原因，标的公司不能在2018年12月31日前实现首次公开发行股票并上市。

（2）在2018年12月31日之前的任何时间，原股东或者公司名是放弃本协议项下的标的公司上市安排等工作。

（3）当公司累计新增亏损达到投资方进入时，以2018年12月31日为基准日，公司当期净资产的20%时。

（4）原股东或标的公司实质性违反本协议及附件的相关条款时。

3. 反稀释条款

在目标公司进行后续项目融资或者定向增发过程中，投资人避免自己的股份贬值及份额被过分稀释而采取的措施。

反稀释条款分两方面：一方面是股票价格反稀释，一方面是持股比例反稀释。持股比例反稀释就是指，当新一轮投资人进入时，按照同等的条件，同等的价格，原投资者有优先购买新增股份的权利，从而保证其所持股份的比例；所谓价格反稀释指的是一旦在未来的融资中，融资价格低于本次融资价格，那么作为原股东或者标的公司，应当以现金或者股份进行补偿，从而使本次价格与未来融资价格能够达成一致，使本轮融资不被贬值。

（二）挂牌公司股票发行认购协议中存在特殊条款的，应当满足以下监管要求

（1）认购协议应当经过挂牌公司董事会与股东大会审议通过。

（2）认购协议不存在以下情形：

- 挂牌公司作为特殊条款的义务承担主体。
- 限制挂牌公司未来股票发行融资的价格。
- 强制要求挂牌公司进行权益分派，或不能进行权益分派。
- 挂牌公司未来再融资时，如果新投资方与挂牌公司约定了优于本次发行的条款，则相关条款自动适用于本次发行认购方。
- 发行认购方有权不经挂牌公司内部决策程序直接向挂牌公司派驻董事或者派驻的董事对挂牌公司经营决策享有一票否决权。
- 不符合相关法律法规规定的优先清算权条款。
- 其他损害挂牌公司或者挂牌公司股东合法权益的特殊条款。

三、特殊类型挂牌公司融资应该符合哪些监管要求

（一）对其他具有金融属性的挂牌公司的监管要求

1. 什么是其他具有金融属性的公司

金融属性的公司是指那些虽然不是“一行三会”（中国人民银行、中国银监会、中国证监会、中国保监会）监管的企业、私募基金管理机构，但是具备金融属性的企业。诸如小额贷款公司、融资担保公司、融资租赁公司、商业保理公司、典当公司等具有金融属性的挂牌公司。

2. 对其他具有金融属性的挂牌公司，有哪些监管要求

根据《关于金融类企业挂牌融资有关事项的通知》（股转系统公告〔2016〕36 号），其他具有金融属性的挂牌公司在相关监管政策明确前，应当暂停股票发行、重大资产重组等相关业务。

收购人在收购挂牌公司时，如收购人控制的企业中包含其他具有金融属性的企业，或收购人自身为其他具有金融属性的企业，应当承诺完成收购后不将其控制的其他具有金融属性的企业注入挂牌公司。被收购的挂牌公司不得经营其他具有金融属性的业务，但以募集资金之外的自有资金购买或者投资其他具有金融属性的企业相关资产，在购买标的或者投资对象中的持股比例不超过20%，且不成为投资对象第一大股东的除外。

（二）非其他具有金融属性的一般挂牌公司发生发行股票、收购等业务，如果涉及其他具有金融属性的挂牌公司应当做到

- 发行对象不得以所持有的其他具有金融属性的企业相关资产进行认购。
- 募集资金不得用于参股或控股其他具有金融属性的企业。
- 如果其股东或子公司为其他具有金融属性的企业，应当承诺不以拆借等任何形式将募集资金提供给该其他具有金融属性的企业使用。
- 非其他具有金融属性的挂牌公司可以以募集资金之外的自有资金购买或者投资其他具有金融属性的企业相关资产，但在购买标的或者投资对象中的持股比例不得超过 20%，且不得成为投资对象的第一大股东。
- 私募基金管理机构股票发行应当满足《关于金融类企业挂牌融资有关事项的通知》（股转系统公告〔2016〕36 号）等相关规定的监管要求。

法规正文

关于发布《挂牌公司股票发行常见问题解答（三）——募集资金管理、认购协议中特殊条款、特殊类型挂牌公司融资》的通知

股转系统公告〔2016〕63号

各市场参与人：

为规范挂牌公司股票发行涉及的募集资金管理、认购协议中特殊条款以及特殊类型挂牌公司融资行为，保护投资者合法权益，我司制定了《挂牌公司股票发行常见问题解答（三）——募集资金管理、认购协议中特殊条款、特殊类型挂牌公司融资》（以下简称《股票发行问答（三）》），现予公布。自《股票发行问答（三）》公布之日起，挂牌公司发行股票应当按照本问答的规定执行，现就有关过渡安排通知如下：

一、对于尚未提交股票发行备案材料的挂牌公司，应当按照《股票发行问答（三）》的要求披露发行方案（已经披露发行方案的，应当按照要求修改后重新披露）、建立并披露募集资金管理的内部控制制度、设立募集资金专项账户。

二、对于已经提交股票发行备案材料、尚未取得股份登记函的挂牌公司，应当设立募集资金专项账户，将募集资金从认购账户转至募集资金专项账户，并由主办券商核查后向全国股转公司补充提交专项核查报告及三方监管协议。

三、对于自2015年1月1日至本问答公布之日已经取得股份登记函的挂牌公司，挂牌公司及其主办券商应当在本问答公布之日起30个转让日内完成以下工作：

1. 如果募集资金尚未使用完毕的，挂牌公司应当设立募集资金专项账户，将剩余募集资金转至募集资金专项账户，同时，主办券商应当在核查后，向全国股转公司提交募集资金使用情况的专项核查报告及三方监管协议。

2. 如果募集资金已经使用完毕的，主办券商应当在核查后，向全国股转

公司提交募集资金使用情况的专项核查报告。

特此通知。

全国中小企业股份转让系统有限责任公司

2016年8月8日

债权融资——新三板企业不可忽略的融资之道

作者：李燃之

【引言】

企业融资形式包括股权融资和债权融资两类，股权融资属于直接融资，债权融资属于间接融资。股权融资和债权融资都属于企业外源式成长的重要资金来源。股权融资和债券融资在企业成长的不同阶段和不同时间发挥着不同的作用。在目前去杠杆的大基调基础之下，股权融资被推到了风口浪尖，受到企业大力追捧。无论是股权融资还是债权融资，各有利弊，新三板企业作为中国中小微企业的中坚力量，应该综合地看待股权融资和债权融资，综合发挥不同融资方式的最大效应，让外源式成长转化为企业成长的真正动力。

股权融资一直受到新三板企业追捧。作为企业融资的另一个途径，对于企业发展来说还是非常有必要的。本部分的内容就债权融资的另外一个融资方向——债权方向（不是债券！是债权、借贷类的融资）进行系统解析。希望有助于企业能够有效利用债权融资方式，在合适的时点，成为企业成长的助推力。

一、债权融资的必要性

实际上，很多企业登陆到新三板之后一直盯在股权融资上，这是没有问题的。新三板给大家提供一个平台，大家可以通过新三板做定增，然后进行的股权融资。但是我想说的是，实际上对于企业财务战略层面来说，真正的融资意味着股权融资和债权融资需要两手抓，两手都要硬，做好这种股债融资的平衡是企业必备的一门技术，也是一门艺术。

根据近几年的债权领域经验而言，目前新三板的企业在债权、债务融资上已经具备了一定的条件和能力，实际上大家完全可以用好债权去做一定大杠杆比例的融资，助推企业快速发展。

案例

某新三板企业，挂牌比较早，挂牌应该是 2012 年。经过了 4、5 年的发展，他们做了多轮的定增。经过多轮股权稀释，两个人实际控制人股份加到一起大概是百分之 18 点多，有 80%股权已经不属于实际控制人了。对企业控制力的丧失，对企业后期的这个运作发展来说是相当不利的。在 2016 年，企业现金流紧张，同时大股东有增持的需求，通过债权的形式，协助这家企业获得 2 000 万的信用贷款以及 2000 外的表外借贷，解决了企业的现金流和提高控制权的两个困难。

另外，企业需要通过一定的债权融资来建立企业的信息体系。某新三板一家做医疗器材的企业，在完成定增后，企业账户上拥有 9 000 万的现金。企业拥有的这笔现金暂时没有具体的投向，花不出去。公司决定购买短期理财，并发布公告。经调查，这家企业没有任何的债权融资、贷款。企业并没有考虑要做贷款。相比较而言，企业规模并不是很大，贷款也只能停留在千万左右的级别，企业也看不上这一千万的贷款（相对账上的资金来说）。

企业经常存在一个误区：很多企业认为目前公司很值钱，靠股权就 OK 了，不需要债权，千八百万的债权意义较小。众所周知，债权是有看过往记录、循环扩大的特性的，企业没有借贷的信誉背书，在定增市场不好或者企业现金流紧张的时候，将处于被动的状态。这样的案例实在是数不胜数。做过企业的都知道，没有一家企业不会面对流动性的问题，也就是现金流，所以用好各类债权融资是企业的必修课。

二、债权融资的主要形式

新三板公司债权融资主要形式有三种：

（1）银行贷款。（1～3 年）

（2）短拆、短贷。（1～6 个月）

（3）融资租赁、保理。（不确定）

首先要分享的是银行对新三板企业还有一些高科技企业的支持。

目前来说，尤其是近两年，银行正在转变对新三板企业的态度，从原来最开始的需要强担保（银行将房产视为强担保，尤其是变现能力强的住宅）到现在的不需要强担保，支持趋势是越来越明显。也就是说新三板企业手里的股权、知识产权等这一类属于弱担保的资产都是可以从银行拿到资金的。

新三板企业由于一轮定增或多轮定增之后股东人数比较多，大股东不愿意拿出自己个人名下的房产来为这个企业做反担保，就需要银行给一些信用类的、弱担保的授信。

有一批商业银行，实际上已经开始了一种跟原来完全不同的一种形式来为这个企业做授信。做这种弱担保的授信，目前案例很多。目前基本上是以企业收入的 30%～40%的这一个区间，拿到一个累加的弱担保的授信额度（通常不会只是一家银行给的）。

商业银行对于企业的关注点不像原来一样，比较偏重于合规。最主要是什么呢？商业银行对企业的判断是一个综合的判断，基于投资价值的判断，比如企业所在行业的潜力，企业的自身的经营情况，技术壁垒，财务状况、成长性等，这些是银行更关注的一些东西，尤其是企业的成长性。实际上银行已经不再特别在意反担保的措施，主要还是以企业的体量和这种成长性来衡量你是否能拿到大额的信用贷款。

分享一个非常经典的案例。有一家做防火涂料的企业，这家企业不是新三板，是高新企业，企业 2016 年的收入大概是 150 多万，我们帮他拿到了一个 2 000 万的纯信用的贷款。按照这样收入和负债比情况而言，在过去来说，是根本不可能实现的。目前此类业务之所以能实现，是因银行的关注点在今年发生的变化。这家企业有他自己的一些特点，技术国际领先，应用转化后与国际对标，成本低 40%，同时企业具有一个国内的工业级的认证资质，目前国内工业防火涂料市场年规模在 8 000 亿，其他市场就更不用说了。银行基于企业成长性的分析、未来的发展潜力综合判断，企业获得 2 000 万信用授信。

其中有一个小插曲。本来企业是希望能做一次股权融资，拿到 2 000 万用于当年的发展。我们通过梳理企业成长性后，与分行总行的领导沟通，由于银行关注点的转变，银行以债权的形式为他提供了全部资金，不需要牺牲企业的股权。这也是企业欣然接受本次债权融资的一个条件。这种情况虽然说是一个特例，但是实际上代表了现在银行的一个趋势，就是银行愿意以投资角度来看企业。这种趋势下企业是很容易拿到一些比较高额的信用授信的。以后银行可能会有更多的利好政策出来，希望大家多关注一下，多和银行或者机构沟通，获得银行信用授信，以应对企业资金需求。

银行的信用背书，对于未来的定增投资人也是非常有说服力的，银行给予的信用贷款，某种程度上也是为企业股价的溢价提供了一定的空间。

其次，另外一种借贷也是我们经常在做的，就是新三板和高新企业的短拆短贷。企业债权融资一定要长短结合，长期、中期、短期的债权融资通道都要建立，为企业流动性服务（这里说的都是信用类的，非资产质押的短贷）。比如经营过程中需要贷款，也是投入到生产经营或者是供应链里面了，那么短期的借贷新三板企业就一定要储备一些渠道。目前对于第三板来企业来说已经有很多机构，开始在做这种短期的借贷，为的是补充企业短期的流动性不足。新三板企业存在一定的短期流动性不足的情况时，如还贷、临时资金调度、采购旺季等，如果很多企业没有储备这种资金通道，会出现一个很被动的局面。

分享一个案例。某新三板企业有 750 万的缺口，且该企业离还款日只有两个工作日，时间相当紧迫。利用一天的时间做债权尽调，半天时间为企业错配到了资金 600 万，企业自筹了 150 万，顺利度过银行的偿债危机，没有发生本金逾期的严重局面。新三板企业应该重视信用。如果贷款本金逾期，企业在银行将是一个非常大的污点。如果企业就没有提前筹备到资金通道，认为企业回款可以应付的企业偿债需求。一旦回款没有及时到位，造成了资金缺口比较大的尴尬局面。

短期借贷在企业经营之中是必不可少的。无论是国企、上市公司还是中小企业，可能中小企业老板跟朋友去拆借一些，这也是一种融资手段，上市公司、国企在做短拆时时刻刻都在发生。

一个新三板企业需要两个月 3 500 万的过桥。企业跟我们沟通过、建立联系已经可能超过两年了，一直没发生什么业务往来。但是鉴于长期的信息沟通和交换，企业在这次定增款没法及时到位的时候，能够迅速通过债权融资渠道筹措到 3 500 万，解决了资金问题。

所以，一直在联系，但没有什么业务发生的这种储备我觉得大家也是要做的，尤其是新三板的财务人员要平时需要建立这样一些关系。这样机构持续关注着你，那在你需要的关键时期可能伸出一把援手，不至于出现一些尴尬局面。

第三种主要融资手段，融资租赁、商业保理等一些业务，这些业务存在一个体量和规模的问题，一般融资租赁或保理的机构，更偏向大额业务或是国企上市公司的单子。

三、非标供应链金融探讨

关于搭建供应链金融的模型和通道，是企业债权融资的新渠道。

新三板的企业资金的错配压力情况有很多公司都遇到了。目前市场还没有特别好的办法解决这个问题，市场上也在做探索。如果能解决三个问题：交易结构、资金通道、资金成本，企业供应链债权资金是一个很好的解决方式。比如有的企业应收占比比较大，将应收账款的质押如果能做成非标的、拆分的小金额，比如说 300 万、500 万、1 000 万，期限又比较灵活，如果说是能做到 3、6、9、12 个月不同的期限，对咱们新三板企业来说，应该是一个特别好的以低成本解决咱们这种资金错配的手段。

我们目前正帮助一家教育公司做尝试，他们为大学建设创客学院会出现资金的压力，我们将这种建设费用的垫付作为一种产品，做好交易结构，针对每一笔业务给予债权资金，解决了前期投资资金的问题。

总结一下：

首先，新三板企业改变意识，并充分意识到债权融资和股权融资一样重要，是企业在融资过程中的一个非常重要的手段。

第二，企业要积极建立一些通道和联系，包括银行、包括机构，为流动性做提前的、比较充分的准备。

最后，对于成长性较好的企业来说，中前期债权融资成本是一定低于股权融资的。企业应该善用债权融资手段。

作者简介：

李燃之，九合财富/创始合伙人，华北电力大学/金融学学士学位，十年投融资、投行从业经验，早年供职于中国商业联合会直属机构，参与过中林集团资产重组、永威集团、银重集团并购重组等项目，后供职于本土 PE 机构盛润股权，参与并主导了该机构两支基金的筹建以及投资全部过程，直接管理资金规模近 8 亿元。近三年参与创立了企业金融服务商——北京九合财富投资管理有限公司，九合财富是一家主要提供企业债权类融资的金融服务机构，主要业务包括高新技术企业、新三板企业的银行授信业务、短期借贷业务、供应链金融。

公司债券及企业债券实务

作者：付丽

一、近年债券市场综述

自 2015 年至 2016 年底，债券市场经历了近两年的牛市。一方面是由于市场资金面宽松、股票市场行情回落、高收益资产短缺、回购质押等因素的影响，发行利率处于低位；另一方面是《公司债券发行与交易管理办法》颁布实施之后，在交易所发行公司债券不再仅限于上市公司，非上市公司也可以发行公司债券，同时该办法丰富了债券发行方式（分为公开和非公开发行）、简化发行审核流程（非公开只需备案发行）等，共同推动了公司债发行量的爆发式增长。2015 年 7 月以后，公司债的发行量明显超过中票、短融等同类企业融资工具，7 月至 12 月公司债月均发行量达 1 500.00 亿元，全年发行量接近一万亿元，创出历史新高，而 2014 年公司债券全年的发行量仅为 1 400.00 亿左右。

与此相反，企业债券于 2015 年发行量降低了 50%左右。企业债券发行量在 2014 年达到顶峰，2015 年受《关于加强地方政府性债务管理的意见》（国发[2014]43 号，以下简称“43 号文”）影响，发行量锐减。2015 年共发行企业债券 302 期，发行规模为 3 421.02 亿元，同比分别下降 48.29%和 50.93%，几近腰斩。但随后国家发改委发布了 1327 号文和 3127 号文，并推出了一系列专项债券和绿色债券等指引，出现鼓励松动的风向，2016 年企业债券发行量回暖。2016 年共发行城投债 498 期，规模 5 925.70 亿元，与 2015 年相比分别大幅上升 64.90%和 73.21%。

2015 年和 2016 年是债市的黄金时期，发行利率之低近十年来未有，到 2016 年 11 月利率达到最低。受央行 MPA 考核和央行缩表影响，市场资金面逐渐趋紧，市场利率从 12 月份开始反弹，此后半年不断上升，至今仍处于高位，目前利率较去年最低点上升了 200bp 左右，2017 年上半年出现了多期债券取消发行的情况。

二、债券融资的种类

债券作为标准化的融资工具，是根据发行人的融资需求在公开市场上发布，可以降低融资成本、优化融资结构、提升公司在资本市场的形象、实现投资者结构的多元化等。债券一般分为发改委审批的企业债券、交易所审批备案的公司债券以及银行间市场交易商协会注册发行的非金融企业债务融资工具。

这三个条线的产品各有特点：企业债券的特点是使用期限长，主流是 7 年，前两年项目建设期，只付息不还本，从第 3 年开始等额还本。一般城投公司发行的企业债券要对应募投项目，对项目收益有着较严格的要求；另外募投项目需要发改委各专业司局审核，受政策影响较大，存在不确定性，且审核期限较长。公司债券一般是市场化运营的公司来发行，要满足最近三年来自所属地方政府的收入与营业收入占比平均低于 50%。公司债券期限一般不超过 5 年，用途较为灵活，可以用于项目建设，也可以补充流动资金或偿还银行贷款；非金融企业债务融资工具，即一般说的中票、PPN，同样审核较为宽松，募集资金用途较为灵活，对城投企业没有“单 50”的要求，但对当地政府债务率有所限制，一般当地政府债务率不能超过 150%。下面详细介绍一下这几种债券。

（一）公司债券

交易所的公司债券分为大公募、小公募和非公开公司债券。大公募指对一般公众公开发行的债券，小公募和非公开是面向对合格投资者公司发行的债券。大公募由证监会审批，小公募和私募由交易所审批或备案。一般大公募发行较少，因审核标准比小公募更为严格，但利率较小，公募并无明显优势，因此实践中多为小公募和非公开公司债券，并以非公开公司债券为多。

2015 年交易所推出非公开公司债券后，由于审核期限短且不占用发行额度，城投企业会同时申报企业债券和非公开公司债券。后来为了让地方融资平台回归本位，交易所制定了“双 50”作为甄别标准，即最近三年来自所属地方政府的现金流入与发行人经营活动现金流入占比平均超过 50%；或者最近三年来自所属地方政府的收入与营业收入占比平均超过 50%，则公司不能发行公司债。2016 年 9 月，交易所将“双 50”调整为“单 50”，将之前现金流和收入两个指标二选一，只要有一条满足比重低于 50%就可以，改为必须只能符合最近三年来自所属地方政府的收入与营业收入占比平均低于 50%。“双 50”的现金流是比较容易满足的，因此政策调整后很多正在申报和包装中的企业受到影响，一时哀鸿遍野。目前仍在执行“单 50”政策。

（二）企业债券

企业债券细分为一般企业债、专项债、项目收益债、绿色债、可续期债。2015 年经历了政策收紧后，下半年推出的 6 大专项债成为新的转折点，为企业债券注入了新的活力。2017 年 8 月又推出 2 个专项债。

一般企业债的募投项目比较宽泛，募投项目并不局限于专项债，只要符合国家产业政策即可。一般募投项目总投资 70%可以通过企业债募集。募投项目收益可行性研究报告要对收益进行预测，要求债券存续期间项目运营收益可以覆盖项目总投资。债券评级如果能达到AA+，对项目收益的要求放宽到项目运营收益可以覆盖债券本息（债券用于项目的部分）。另外企业债也可以有部分额度用于补充流动资金，最高不超过债券发行金额的 40%。以发行 10 亿元为例计算，4 亿元可用于补充流动资金，6 亿元用于项目建设，则募投项目总投资金额需要达到 6/70%=8.57 亿元以上。

专项债目前有 8 种，包括停车场专项债、综合管廊专项债、双创孵化专项债、养老产业专项债、配电网建设改造专项债、战略新兴产业专项债，以及

2017年8月推出的社会领域产业专项债以及农村产业融合发展专项债券。其中前6种专项债推出以来，市场主要集中于停车场专项债、综合管廊专项债及养老产业专项债，其他3种鲜有发行。专项债相较于一般企业债，首先它仅是对募投项目“符合国家产业政策”的细化，不代表全部的募投项目；同时它仅在审批上加快，个别财务指标上有所放松，但并不能规避对评级的要求，而评级正是比较难达到的要求，因此专项债支持力度有限。

企业债券对评级的要求是主体必须达到AA-，债项评级要达到AA。AA-主体的基本要求是，城投企业所在地政府上一年一般公共财政收入不低于8亿元，净资产20亿以上，年平均营业收入1.5亿左右，最近三年平均净利润6 000.00万以上。

项目收益债也是企业债中一个比较特别的产品。项目收益债的特点，一是可以非公开发行，即以项目公司作为发行主体，只需对债项评级即可；另外设置主体AA级以上的差额补偿人，差额补偿的额度不计入发债额度（正常的对发债担保要按担保金额的1/3计入本公司的发债额度）。但项目收益债由于相对于一般企业债对主体信用的依赖减弱，因此发行利率较一般企业债较高，且非公开发行较为困难。

（三）非金融企业债务融资工具

非金融企业债务融资工具相对于公司债和企业债来说是比较透明的，发行主体以国企和央企为主。非金融企业债务融资工具主要包括超短融（9个月），短融（1年），中期票据（3～5年）及非公开定向债务融资工具（PPN）。同样审核较为宽松透明，募集资金用途较为灵活，对城投企业没有“单50”的要求，但对当地政府债务率有所限制。一般当地政府债务率不能超过150%，主体评级要求AA级以上，并且一般要求主体为省市级的核心城投公司。非金融企业债务融资工具的最大的优点是，其发行额度与公开发行的企业债及公司发行的公司债券不合并计算，即如果发行人净资产有100亿，可发行40亿企业债券，同时发行40亿中期票据和40亿非公开公司债券。

三、债券品种设计

初步接触企业，一般首先判断是城投公司还是产业类公司，如果是城投，主要看当地是否有其他平台已经发行企业债以及当地上年一般公财收入，然后看是否有符合企业债券要求的募投项目；对于不在城投名单里，且收入是否符合单 50 的企业考虑非公开发行公司债券。对于省市级龙头企业、大型国企，考虑发行中票、PPN。我们认为2016年一般公共财政收入达到4亿的县、区，考虑到17年的增长，一般都可以发行一只企业债券。

作者简介：

付丽，中国青年政治学院法学学士，经济法硕士，现任华创证券有限责任公司贵州分公司投行部总经理，北京执业律师。曾在路易达孚(中国)贸易有限责任公司、北京市君泽君律师事务所、金杜律师事务所从事法律工作，在加拿大风投公司 Clarus Capital 担任投资助理，现就职于华创证券，从事债券承销发行与政府平台公司融资工作。

第五章　董秘篇

- 股权代持的监管要求和解决方式
- 如何从职场菜鸟蜕变为金牌董秘
- 股权激励注意要点
- 新三板公司治理与信息披露
- 董监高买卖公司股票不可触碰的红线

股权代持的监管要求和解决方式

作者：纪勇健

企业名称：深圳市科达利实业股份有限公司
状态：通过
上会时间：2016 年 11 月 23 日
上市时间：2017 年 3 月 2 日
板块：中小板
行业：制造业，金属制品业
是否涉及国有资产：否
保荐人：中国国际金融股份有限公司
律师：广东信达律师事务所
审计：瑞华会计师事务所（特殊普通合伙）
评估：中联资产评估集团有限公司

一、相关事实

1996 年 9 月 20 日，励建立、程爱武（注：程爱武与励建立系表姐弟关系）共同出资设立科达利有限，注册资本为 100 万元，其中登记在程爱武名下的 40 万元出资的实际出资人为励建立，该 40 万元出资款由励建立提供。2002 年 7 月、2005 年 8 月，科达利有限分别以未分配利润转增股本。

2010 年 4 月，励建立与程爱武签署《解除代持关系确认书》，双方确认程爱武持有科达利有限股权期间，登记在其名下的对科达利有限的出资均为励建立所有。2010 年 4 月 22 日，程爱武将登记在其名下的全部出资转让给励建炬（注：励建立与励建炬系兄弟关系）。

二、存在的问题

证监会在反馈意见中明确要求保荐机构、发行人律师核查并在招股说明书中披露程爱武与励建炬之间的股权代持关系是否真实，程爱武、励建立、励建炬之间是否存在纠纷。

三、发行人的回复

根据发行人的工商备案打印资料、励建立与程爱武于 2010 年 4 月 13 日签订的《解除代持关系确认书》，并经对励建立、程爱武和励建炬三人访谈确认，程爱武与励建炬之间未曾存在过股权代持关系，程爱武与励建立之间曾存在股权代持关系，具体情况如下：

（1）1996 年 9 月 20 日，科达利有限设立时登记在程爱武名下的 40 万元出资的实际出资人为励建立，该 40 万元出资款由励建立提供。

（2）2002 年 7 月、2005 年 8 月，科达利有限分别以未分配利润转增股本，因登记在程爱武名下的出资额的实际出资人为励建立，因此，上述二次科达利有限未分配利润转增股本完成后，由此产生的未分配利润应实际归属于励建立，登记在程爱武名下的出资额的实际权利人仍为励建立。

（3）2010 年 4 月，励建立与程爱武签署《解除代持关系确认书》，双方确认程爱武持有科达利有限股权期间，登记在其名下的对科达利有限的出资均为励建立所有；双方确认于该《解除代持关系确认书》签订之日起双方解除代持关系，并办理股权转让手续。程爱武在出资当时、现在及未来均不曾/不会对上述事实提出任何异议或主张。

（4）2010 年 4 月 22 日，程爱武将登记在其名下的全部出资转让给励建炬，至此，程爱武不再代励建立持有科达利有限的股权。

励建炬受让登记在程爱武名下的全部出资后，励建炬已向该等股权的实际出资人励建立足额支付上述股权转让价款，励建炬不存在代励建立持有上述股权的情形，上述股权不存在潜在纠纷。

综上，程爱武与励建炬之间未曾存在过股权代持的情形；程爱武与励建立之间曾存在的股权代持关系真实，程爱武将其全部出资转让给励建炬后，上述代持关系解除。程爱武、励建立、励建炬之间不存在股权纠纷。

四、案例分析

股权代持又称委托持股、隐名投资或假名出资，是指实际出资人与他人约定，以他人名义代实际出资人履行股东权利义务的一种股权或股份处置方式。根据《首次公开发行股票并上市管理办法》第十三条、《首次公开发行股票并在创业板上市管理办法》第十五条的规定，发行人的股权清晰无争议是发行上市的基本条件之一，而股权代持关系具有隐秘性、复杂性，容易导致股权不清晰和利益输送，所以一直是IPO审核部门关注的重点。

（一）股权代持的法律效力

根据《最高人民法院关于适用<中华人民共和国公司法>若干问题的规定（三）》（以下简称"《公司法司法解释（三）》"）第二十四条第一款规定："有限责任公司的实际出资人与名义出资人订立合同，约定由实际出资人出资并享有投资权益，以名义出资人为名义股东，实际出资人与名义股东对该合同效力发生争议的，如无合同法第五十二条规定的情形，人民法院应当认定该合同有效。"《合同法》第五十二条为合同无效的一般条款，因此只要不存在《合同法》第五十二条规定的合同无效情形，股权代持协议的效力是受到法律认可的。

同时，《公司法司法解释（三）》第二十四条第二款规定："前款规定的实际出资人与名义股东因投资权益的归属发生争议，实际出资人以其实际履行了出资义务为由向名义股东主张权利的，人民法院应予支持。名义股东以公司股东名册记载、公司登记机关登记为由否认实际出资人权利的，人民法院不予支持。”

综上，股权代持协议如不存在《合同法》第五十二条规定的合同无效情形，则为合法有效的合同，实际出资人可以其实际履行了出资义务为由向名义股东主张权利。

（二）股权代持的监管要求

《首次公开发行股票并上市管理办法》及《首次公开发行股票并在创业板上市管理办法》均将发行人的股权清晰作为发行上市的基本条件。虽然股权代持的合法性已经经过司法解释的认可，但是由于工商登记信息具有公示和公信力，因此实际出资人不能以其与名义股东之间的约定为由对抗第三人。因此，虽然股权代持协议合法有效，被代持股份的权属以及被代持股份对应股东权利的行使仍然具有不确定性，不符合“股权清晰”的基本要求，须对股权代持情况进行规范化清理。

（三）股权代持的解决

为了满足上述股权清晰的基本要求，防止因股权代持引发的纠纷，发行人需对股权代持进行清理，如实披露相关事实，并取得股权代持相关方的书面确认。具体解决方式如下：

1. 解除股权代持关系

发行人应尽量在股权前或股改时对历史上存在的股权代持进行解除。发行人整体变更为股份公司时仍存在股份代持情形，不违反有关法律法规的强制性规定或禁止性规定，但是，根据《公司法》第一百四十一条的规定：“发起人持有的本公司股份，自公司成立之日起一年内不得转让。”为进一步明晰公司股权关系，股份公司股东为解除股权代持而实施的股权转让，形式上构成股份公司发起人对外转让股份的行为，需要受到前述发起人在股份公司设立起一年内不得转让股权的限制。在实践中存在股改再清理股权代持关系的案例，但需要对此做出解释，如中通国脉案例，发行人律师认为：该等股份受让人在股份公司变更设立时已是该等股份的实际权利人，因此，为解除股权代持而实施的股权转让，并未实际造成股份公司发起人股东在一年之内的结构变动，符合《公司法》的立法本意。但为避免解释风险，发行人应尽量在股权前或股改时对历史上存在的股权代持进行解除。

通常的解除股权代持关系的方式有以下几种：

（1）名义股东将所代持的股权“零对价”或 1 元/股的价格转让给实际出资人或其控制的其他主体。

由于各地税务部门和工商登记主管部门对于股权代持还原的接受和认可程度存在较大的差异，因此在实际操作前应当先行与当地税务主管部门和工商行政管理部门进行有效沟通，取得其对以此种方式进行代持还原的认可。

特别需要注意的是：一般情况下，股权转让的转让方为自然人的应当就其所得部分缴纳个人所得，同时发行人历次股权变动是否依法纳税也是监管部门的关注重点，因此以“零对价”或1元/股的价格进行代持清理时，须取得当地税务主管部门无须缴纳个人所得税的书面证明文件。

（2）实际出资人将出资额有偿转让给名义股东，使名义股东成为实际股东（如新晨科技）。

此种方式，需要进一步论证代持清理前后产生的原因和以实际转让方式解除代持的原因及合理性，同时签署书面代持解除协议、履行完善的内部决策程序、实际支付转让价款并依法缴纳税款、各中介机构对代持双方进行访谈是必不可少的核查程序。

（3）名义股东将所代持的股权转让给实际出资人指定的主体，名义股东从指定股权受让主体取得股权转让价款后，再转付给实际出资人，或者由指定股权受让主体直接将股权转让价款支付给实际出资人。

此种代持解除方式的注意事项与上述第（2）种相同。

可以看到，在科达利案例中，经科达利有限于2010年4月召开股东会审议通过，名义股东程爱武将登记在其名下的全部股权转让给励建炬，励建炬受让股权后，向该等股权的实际出资人励建立足额支付上述股权转让价款。本次股权转让实际是股权代持关系的解除，已依法履行公司内部决策程序。本次股权转让后，励建炬、励建立合计持有科利达有限 100%股权，均系真实持股，不存在委托投资、信托持股或股权代持的情形。

中介机构一般需要对股权代持的形成原因进行确认，如存在代持形成时是为了规避法律法规规定（如常见的在互联网、游戏和文化传播领域境外主体通过境内主体代持股权的情形），还要尽可能取得有权处罚部门对于上述违规事项不予处罚的书面认可。

2. 对股权代持情况如实披露

对于发行人股权代持的情形，除采取必要措施解除股权代持外，还需进行充分的信息披露。一般从以下两个方面进行说明。

（1）披露股权代持的原因。

历史沿革中股权代持形成的真实原因及商业合理性需要充分披露。股权代持现象产生的原因有很多，主要有三种类型：第一，实际出资人的“个人需要”，如保护个人信息安全、不愿暴露自己的财富、竞业禁止的需要等。第二，便于商业运营。如实际投资人不符合商业合作要求，需要他人代为持股；实际投资人规避公司可能存在的关联交易和同业竞争问题等。第三，出于规避法律限制的需要，如实际投资人为规避法律对投资领域、外商投资批准、投资比例、股东人数、股东公务人员身份的限制等。

在此必须说明，如果设定股权代持是为上述第三类以合法形式掩盖非法目的或规避法律、行政法规的强制性规定等原因，由于违反《合同法》第五十二条的规定，该等股权代持协议最终可能被认定无效。

（2）披露股权代持关系的形成、变更及解除的具体情况。

在实践中，监管机关会重点关注规范股权代持的过程是否真实、合法、有效，是否存在纠纷或潜在纠纷。因此发行人及中介机构应当对公司历史沿革进行梳理，如实披露股权代持的形成、变更及解除的过程，确保股权代持关系得到彻底解除。在核查和披露发行人股权代持的演变过程时，应主要关注两个核心问题：第一，股权代持演变过程中是否履行了相应的法律程序，如名义股东将代持股份转让给第三方时以何种方式取得实际出资人的同意，是否具有法律效力；第二，股权代持演变的具体过程如何，分别呈现怎样的代持与实际持股的对应关系。

科达利案例对公司的历次股权变动情况进行了梳理。科利达有限设立时，程爱武代励建立持有公司40%股权；2002年7月、2005年8月，科达利有限分别以未分配利润转增股本，由于程爱武为代励建立持股，未分配利润转增股本完成后，登记在程爱武名下的出资额的实际权利人仍为励建立；2010年4月，程爱武将登记在其名下的全部出资转让给励建炬，励建炬已取得实际出资人励建立的同意并向其足额支付股权转让价款。由此，励建立与程爱武代持关系解除，规范股权代持的过程真实、合法、有效，公司股权清晰明确。

3. 取得股权代持相关方确认

对于历史上存在股权代持情形的发行人，应当由全部名义股东和实际出资人对股权代持关系进行确认，明确代持形成与解除的真实有效性、有无纠纷或潜在纠纷。为确认股权代持是否彻底清理，可从以下几个方面进行说明：第一，对于历史上的股权代持问题，名义股东和实际出资人出具确认，确认股权代持关系真实存在并已彻底解除，双方对所持公司股权形成及变动情况无异议；第二，发行人目前所有股东均出具书面承诺，确认其为公司实际股东和最终持有人，所持公司股份权属完整，没有质押、冻结、重大权属纠纷或其他限制性第三人权利，股东权利行使没有障碍和特别限制，不存在委托持股、信托持股或其他类似安排的情形。

在科达利案例中，励建立与程爱武签署《解除代持关系确认书》，双方确认程爱武持有科达利有限股权期间，登记在其名下的对科达利有限的出资均为励建立所有；双方确认于该《解除代持关系确认书》签订之日起双方解除代持关系，并办理股权转让手续。程爱武在出资当时、现在及未来均不曾/不会对上述事实提出任何异议或主张。

综上，在IPO项目中，监管机构对股权代持问题关注的落脚点为：发行人是否曾经存在股权代持，规范代持的过程是否符合相关法律、法规的规定，发行人股权是否清晰。对于科达利等历史上存在股权代持情形的公司，发行人可以通过解除股权代持关系、如实披露股权代持情况、取得代持相关方书面确认等方式，说明股权代持对发行人上市不构成实质性法律障碍。首先，应当通过股权转让等措施实际解除股权代持关系，确保公司股权清晰；其次，应当对股权代持情况进行如实披露，确认代持关系的真实存在并已经得到实际解除，解除方式和过程合法合规；最后，取得股权代持相关方的确认，避免因历史上的股权代持关系导致公司股权存在纠纷或潜在纠纷。

五、相关法律法规

（一）《首次公开发行股票并上市管理办法》

第十三条 发行人的股权清晰，控股股东和受控股股东、实际控制人支配的股东持有的发行人股份不存在重大权属纠纷。

（二）《首次公开发行股票并在创业板上市管理办法》

第十五条 发行人的股权清晰，控股股东和受控股股东、实际控制人支配的股东所持发行人的股份不存在重大权属纠纷。

（三）《最高人民法院关于适用<中华人民共和国公司法>若干问题的规定（三）》

第二十四条 有限责任公司的实际出资人与名义出资人订立合同，约定由实际出资人出资并享有投资权益，以名义出资人为名义股东，实际出资人与名义股东对该合同效力发生争议的，如无合同法第五十二条规定的情形，人民法院应当认定该合同有效。

前款规定的实际出资人与名义股东因投资权益的归属发生争议，实际出资人以其实际履行了出资义务为由向名义股东主张权利的，人民法院应予支持。名义股东以公司股东名册记载、公司登记机关登记为由否认实际出资人权利的，人民法院不予支持。

实际出资人未经公司其他股东半数以上同意，请求公司变更股东、签发出资证明书、记载于股东名册、记载于公司章程并办理公司登记机关登记的，人民法院不予支持。

（四）《合同法》

第五十二条 【合同无效的法定情形】有下列情形之一的，合同无效：

（一）一方以欺诈、胁迫的手段订立合同，损害国家利益；

（二）恶意串通，损害国家、集体或者第三人利益；

（三）以合法形式掩盖非法目的；

（四）损害社会公共利益；

（五）违反法律、行政法规的强制性规定。

（五）《公司法》

第三十二条　有限责任公司应当置备股东名册，记载下列事项：

（一）股东的姓名或者名称及住所；

（二）股东的出资额；

（三）出资证明书编号。

记载于股东名册的股东，可以依股东名册主张行使股东权利。

公司应当将股东的姓名或者名称向公司登记机关登记；登记事项发生变更的，应当办理变更登记。未经登记或者变更登记的，不得对抗第三人。

第一百四十一条　发起人持有的本公司股份，自公司成立之日起一年内不得转让。公司公开发行股份前已发行的股份，自公司股票在证券交易所上市交易之日起一年内不得转让。

公司董事、监事、高级管理人员应当向公司申报所持有的本公司的股份及其变动情况，在任职期间每年转让的股份不得超过其所持有本公司股份总数的百分之二十五；所持本公司股份自公司股票上市交易之日起一年内不得转让。上述人员离职后半年内，不得转让其所持有的本公司股份。公司章程可以对公司董事、监事、高级管理人员转让其所持有的本公司股份作出其他限制性规定。

作者简介：

纪勇健　合伙人律师

毕业于中国政法大学，取得民事诉讼法学硕士学位，现为北京市康达律师事务所合伙人律师。

纪律师具备律师执业资格，主要执业领域包括企业首次公开发行股票并上市、上市公司及非上市公司的兼并与收购、私募投资和债权融资等。在上述领域，纪律师拥有八年的工作经验。

在境内A股资本市场服务领域的部分业绩如下：

作为发行人的法律顾问，作为主办律师负责以下公司的境内上市业务：赛隆药业（股票代码：002898）、世纪天鸿（股票代码：300654）、富临精工（股票代码：300432）、云南健之佳健康连锁店股份有限公司改制及在境内A股上市、哈尔滨黎明气体有限公司改制及在境内A股上市、泽达易盛（天津）科技股份有限公司在境内A股上市、北京汉博商业管理股份有限公司在境内A股上市等。

作为发行人的法律顾问，负责以下融资项目：海鸥住工（股票代码：002084）非公开发行股票、长春高新（股票代码：000661）配股等。

作为上市公司的专项法律顾问，负责以下上市公司的并购项目：大东南（股票代码：002263）重大资产重组收购游唐网络；德尔未来（股票代码：002631）重大资产重组及收购河南义腾、红日药业（股票代码：300026）重大资产重组项目、东方电子（股票代码：000682）重大资产重组收购威斯顿项目等。

在债权融资服务领域，为梦舟股份非公开发行公司债券、太原天然气燃气收费收益权一期资产支持专项计划等提供法律服务。

如何从职场菜鸟蜕变为金牌董秘

作者：赵立涛

【引言】

新三板的蓬勃发展推动了一大批中小企业走向资本市场，通过新三板股权融资的方式快速获取企业成长和发展的资源。与此同时，新三板监管趋严，股转公司对多家新三板公司开出罚单，并对其挂牌公司及董事会秘书采取约见谈话、出具警示函的监管措施。新三板企业必须继续加大规范力度，提高风险控制水平。在这个过程中，董秘作为职业金领，是新三板企业与资本市场的重要纽带，起到非常重要的桥梁作用。但目前市场缺乏大量专业的优秀董秘，这已成为众多新三板企业发展面临的共同困扰。**公司培养自己的董秘已经是势在必行！**

本文将十几年董秘工作经验与大家分享，希望能对在董秘路上迷茫的人有所启发。

一、董秘主要的四项工作

由于董秘是个新兴的职业，许多董秘是从其他行业转过来的，所以对这个职业的工作内容不太清楚，其实总结来说，董秘应该主要干这四项工作：

第一，为实际控制人制定发展的规划，主要是资本方面的战略规划。比如说企业在三年或者五年内达到什么状态，并且再细分规划，每年要做什么？这是非常重要的工作之一。

第二，融资。融资又分两种，一种是股权融资，另一种债权融资。大家一般认为债权融资是由财务总监去做的，其实并不是这样的，因为债券融资也要配合着股权融资来做，尤其这两者之间的优先股、可转换债等，这些由董秘牵头来做，是更适合的。

第三，重大投资，指企业尝试新的项目或者方向等。这些都属于实现企业的战略规划中的重要部分，董秘作为战略规划制定人，来制定重大投资是非常必要的。

第四，并购。企业想要迅速发展，并购是最快的方式之一。如何去寻找并购标的，确定并购的交易结构，使这个并购项目能够顺利地完成，这需要由董秘来负责。

二、董秘需要两方面专业知识

要想成为职业的董秘，需要两方面的专业知识，一方面是财务知识，另一方面是法律知识。这两方面知识是非常重要的，是作为一个职业董秘的基础。

新三板是近几年新兴的一个板块，从 2015 年初到现在已经发展有近万家新三板企业，很多企业的董秘都是在挂牌之初的时候，出于被企业实际控制人信任，从财务、法务、人事行政等职业转来，所以很多知识条件可能并不是特别具备。

建议董秘刚开始开展工作的时候，多学习相关课程，与人沟通，听别人讲什么，看别人做什么。需要强调的是，大家尽量少去看成功学，多去看一看失败学。正所谓“失败乃成功之母”，多观察新三板市场或者说主板、中小板、创业板的违规违纪案例，吸取教训。

三、董秘应该培养的四个好习惯

第一，要有充分的敏感性，充分地去了解信息披露的规则以及交易的规则。如果不具备这种习惯，有些时候会对企业造成实质性伤害。比如有个新三板的企业想要借壳，如果董秘对这个规则不太了解，可能会导致企业的借壳行为严重受阻，甚至还有经营不下去的风险。所以，董秘必须要具备充分的敏感性，敏感性来源于哪里呢？来源于董秘的经验和知识的积累。董秘可以平时多参加相关培训，多在董秘群交流。

第二，有一个很广泛的知识圈，即跟同行或者中介的充分交流。那么，顺利交流的前提就是董秘具有充分的敏感性，如果没有敏感性，你就不知道该问什么，就无法有效交流。

第三，考虑自己所做的每一个举动，是否对所有投资人是公平的。比如说股东大会的召开，你是否能让所有股东都是公平的。在企业创始之初，股东可能只是三五个自己人，在办公室喊一嗓子，大家就能听到，问题就解决了。但是企业在挂牌新三板后，就是公众公司。什么叫公众公司？就是企业的股东是有不确定性的，你并不清楚谁是你的股东，你今天的股东和明天的股东也许是不一样的。所以，董秘的每一个举动都需要考虑一下是否对所有的投资人都公平。

第四，避免瓜田李下的嫌疑，即重大利益的输送。比如大股东有辆车给公司用，很有可能触及关联方交易，两者之间的交易可以是企业占了大股东的便宜，但是大股东占了企业的便宜，就绝对不允许了。所以，董秘一定要把这种事情公允出来，对此类事情要有很强的敏感性，尤其是借款，甚至出差旅客的借款都要尽早处理并合理说明。

四、解决融资难的建议

融资难是困扰许多新三板董秘的问题，董秘要想解决融资难，就要清楚一点，就是虽然现在货币超发，资产荒，但是只要企业足够好，投资是不难找到的。关键要把企业包装好，也就是说把企业最优秀的一面展示出来，让投资人看得清、听得明，他自然就放心投资你，这很重要。

要想和投资人打好交道，就要先搞清楚投资人主要考虑的两个问题，一般投资人判断项目好坏的依据主要有两个方面：

第一，把钱交给你之后，你能不能赚钱？

第二，你赚了钱之后，我能不能赚钱？

这两句话是什么含义？

第一，就是投资人把钱交给企业后，企业是否真的会充分有效地利用这笔钱，然后达到所预期的目的。

第二，企业靠什么确保自己能做得到赚钱，是有市场还是有技术？面对竞争对手，企业的人才储备够吗？市场销售网络够吗？

第三，企业是否具备投资人日后退出的有效路径。目前来讲，靠新三板的流动性，让投资人退出几乎是不可能的，所以，董秘在融资的时候要和投资人讲清楚，我们是会做大，但不拒绝被并购，目标是 IPO。

很多企业在引入投资的时候，都或多或少地签了一些所谓的抽屉协议，身为董秘一定要把握好这些事情，关于是否应如实披露，建议如果跟公司有关的，就应该如实披露。再者，在披露后，如果企业没有达到对赌、保护条款等约束条件，怎么办？其实是有很多办法来处理的，比如有一个企业对赌的时候赌输了，需要补偿对方股份。这个协议对补偿的定义很模糊，是赠送还是低价并有明确规定。于是企业采取低价转让，而避免了非交易过户，减少了诉讼。

总结来说，一个职场菜鸟要想蜕变为金牌董秘，就要做好如上所述的四个工作，学习两个专业知识，培养四个习惯。

作者简介：

赵立涛，董事会秘书兼财务总监，齐齐哈尔大学硕士生导师，齐齐哈尔大学立涛奖学金创立人，北京有邻文化发展有限公司董事长，民主建国会会员。

股权激励注意要点

作者：张永刚

一、股权激励的最佳时间点是什么时候

案例：

某企业提出：我们公司还没挂牌，但是已经收到一次反馈，是不是最好在挂牌前完成内部员工股权激励？

解决方案：

不建议在此时进行股权激励，建议挂牌后再做股权激励。因为已经提交了相关材料，如果这个时候做股权激励的话，根据信息披露的相关要求，要补充材料，重新提交影响挂牌进度。建议进行股权激励分两步做：

第一步，对有历史贡献的董监高、公司元老以普通定向增发替代股权激励。

第二步，对公司未来可能做出贡献的员工，进行必要的股权激励。

案例知识点：

1. 挂牌前股权激励的时间点怎么选择

新三板挂牌分 8 个步骤：

（1）聘请中介机构。

（2）主办券商尽职调查。

（3）设立股份公司。

（4）制作申请文件。

（5）主办券商内核。

（6）提交申报材料。

（7）接受挂牌审查。

（8）办理挂牌手续。

最好的股权激励时间点是在第三步，即设立股份公司的阶段。这个阶段进行股权激励，无论是直接持股还是间接持股，还是应对监管，都是容易的。这是最佳时间点，最迟也不能迟于第六步，应该在提交材料之前完成股权激励。

最优选择：挂牌前在设立股份公司的时候，就在股东结构里设立持股平台，预留出股权激励的股份池，待挂牌后可以再进行持股平台公司股东层面的转让，即让员工（激励对象）间接持有挂牌公司股份。

2. 如何持股，是直接持股还是间接持股

员工直接持股存在问题：

（1）未来股权退出、履行上存在不确定性和纠纷隐患；比如说高管成为股东后，他辞职怎么办？容易造成股权结构不稳定。

（2）员工直接持股，股东数量不断增加，股东总数超过 200 人的话，监管会更严格，很多东西就不由股转系统监管而是由证监会监管，这给企业带来新麻烦。

所以建议通过持股平台公司间接持股。但是 2015 年 11 月 24 日，证监会对持股平台公司进行限制。“单纯以认购股份为目的而设立的公司法人、合伙企业等持股平台，不具有实际经营业务的，不符合投资者适当性管理要求，不得参与非上市公众公司的股份发行。”

要避开这个规定，可以从以下角度考虑：

（1）在公司成为非上市公众公司之前，也就是股改的时候就完成平台持股。

（2）如果是挂牌之后，就得给平台公司注入实际经营业务。

除此之外，还有的解决方案就是：“全国中小企业股份转让系统挂牌公司设立的员工持股计划，认购私募股权基金、资产管理计划等接受证监会监管的金融产品，已经完成核准、备案程序并充分披露信息的，可以参与非上市公众公司定向发行。”也就意味着员工可以通过认购私募股权基金或资产管理计划的形式，来购买控股平台公司持股股东的股份。

二、股权激励之“股权激励增加管理成本，摊薄利润”

案例：

某企业想做两件事情，一是扩大股本，对部分股东进行定向增发；二是做核心岗位的股权激励。在定增方案中涉及业绩对赌，对近年的营收和利润有要求。而股权激励导致的管理成本增加将摊薄利润，无法满足业绩对赌要求。企业进退两难。

解决方案：

把对核心岗位的股权激励，改为对核心岗位人员进行定向增发，规避股权激励增加成本问题。

案例知识点：

1. 股权激励导致管理成本增加

这是个财务问题，相关问题请研读《企业会计准则第 11 号——股份支付》。摘录第六条“完成等待期内的服务或达到规定业绩条件才可行权的换取职工服务的以权益结算的股份支付，在等待期内的每个资产负债表日，应当以对可行权权益工具数量的最佳估计为基础，按照权益工具授予日的公允价值，将当期取得的服务计入相关成本或费用和资本公积。”所以管理成本增加，体现在资产负债表中，对企业利润产生了影响。并不是说企业要花一大笔钱，掏出一大笔现金。

2. 对核心岗位员工定向增发与股权激励的不同

定向增发员工要用现金购买定增的股票，股权激励有的不用掏现金，或者到了行权的时候再掏钱；定向增发后员工就成为了企业股东，这属于一次性激励。而股权激励一般是带有附加条件的，对行权时间、方式都是有要求的。所以属于未来兑现的收益。未来满足一定条件后才能成为企业股东。所以说股权激励是长期的激励。股权激励的优势就在于长期性。本案例用定增来变相做股权激励是根据企业现实情况做出的选择，并不适用于所有企业。因为会摊薄利润而放弃股权激励无异于因噎废食，是不可取的。

三、股权激励之股票期权

1. 何谓股票期权

定义：公司授予激励对象在未来一定期限内，按照预先确定的价格和条件购买公司一定数量股票的权利。其特点就是高风险，高回报。所谓高风险是指未来行权的时候，股票价格跌破了发行价，这样就面临着双重风险。第一个风险是行权价高于市场价，所以要上个人所得税。卖出股票时候市场价跌破了行权价，最终造成股票上的利损。所谓高回报是指产品利润，和资本利得，也就是股票的价差。股票期权适用处于成长期和扩张期的企业，比如互联网，高科技等高成长的公司，成长期和扩张期企业的需求量特别大，采用股票期权的模式进行激励，激励成本是未来增值的收益，可以减轻企业的现金流压力。

股票期权有几个属性：

（1）未来性，是未来一定期限内可兑现（行权）的。

（2）条件性，得满足一定的条件才能行权，一般是指满足经营业绩等绩效指标。

（3）可选择性，未来可选择行权也可以选择不行权。当股价高于行权价时就买股票，如果股价比行权价低也可以选择不买。

（4）独享性，这种权利不能转让、质押和偿还债务。

2. 相关概念

（1）有效期：从拿到期权那天（授予日），到所有股票期权行权或注销完毕之日止。

（2）授予日：经股东大会批准的，获得股票期权的日子。

（3）等待期：从授予日到可行权日之间的时间。

（4）可行权日：指满足行权条件，可以兑现权益的日子。

（5）禁售期：指行权后多长时间不能卖出股票。

3. 股票期权对员工的好处

（1）财富效应。以非常低的行权价格，获得巨大的利差。比如仁会生物从 1 元的行权价涨到了现在的 38.8 元。

（2）成为公司股东，可以享受公司利润分红，同时可以提升高管的管理地位。

4. 股票期权对员工的风险

股价跌破行权价，可能造成两方面损失：

（1）行权的时候，如果行权价低于市场价，则要缴纳个人所得税。

（2）万一行权获得股票之后股价下跌，跌破行权价，则亏本了。

5. 对企业来说股权激励的好处与坏处

好处：

（1）将高管、员工变成老板，极大地提高工作积极性，将老板的事变成自己的事，奉献一切力量，拉动整体内驱力。

（2）留住人、约束人、吸引人。留住人：从员工变成老板，控制核心员工流失量；约束人：自觉地认真工作，股价的上涨与否与自己的利益挂钩；吸引人：公司实行股权激励未来的员工可能都会变成老板，会形成一种正向网络效应，吸引更多人才集聚。

（3）有利于公司的现金流，增大公司注册资本。员工行权时候或多或少会向公司缴纳一批注册资本金，这是员工或者高官的自有资本金，而非公司提供。从这个角度来说是增加公司的现金流，激励成本是未来的股价差异，对于公司来说不但没有出钱，还吸纳了一批公司的现金流。

坏处：

（1）造成公司决策权降低，由于高管行权后将成为公司股东，股东多时对重大事项的决策，股东大会的召开以及对重要事项的审议是很难形成集中一意见的。

（2）员工为保护自己的利益，可能会损害公司的利益。

6. 对员工来说股权激励的好处

（1）财富效应，员工或高管行权后，是以非常低的行权价格拿到股票，一旦股票价格上涨会获得巨大的股票价格的利差，会实现巨大的财富效应。

（2）我的地盘我做主，既是主人又是执行者，员工地位更加牢固。

四、股权激励之限制性股票

案例：

北京麦格天宝科技股份有限公司限制性股票激励计划。

案例知识点：

1. 何谓限制性股票

定义：公司按照预先确定的条件授予激励对象一定数量的本公司股票，未来在满足一定的条件(通常是公司业绩目标)之后，激励对象才可以出售股票。

2. 限制性股票与股票期权的区别

股票期权是未来若满足一定条件可以（低价）购买股票的权利，满足条件后个人可以选择买也可以选择不买；而限制性股票是已经现实持有的，但是在出售股票的时候有限制条件。限制性股票的作用是留住人，锁住人。号称“金手铐”。股票期权作用是激励人和吸收人，限制性股票适用于成熟性的企业，或者对资金投入要求不是非常高的企业。

3. 激励对象的确定依据与范围

昨天、今天与明天：对昨天要有历史贡献，对明天是不可或缺的，对今天是要有突出表现的。

4. 限制性股票的锁定与解锁条件

5. 限制性股票对公司的利弊

对公司有 3 利：

（1）快：员工 1～2 个月内就即刻成为股东，绑定员工快。

（2）进：员工需要掏钱买股票，公司能马上获得一笔钱；而且买了是不能退钱的。

（3）牢：一旦实施，员工拿到了股票，该员工就与公司牢牢绑到了一起，无论业绩好与坏，对激励对象来说都没有自主放弃的权利。只能好好努力，争取到对股票的处分权。

限制性股票对公司没什么太大的弊端，只是绑定期不长，几年后容易发生员工套利离职的情况。

6. 对员工而言的利弊

对员工的好处体现在“快”上，员工能迅速从打工的变成公司股东。

存在的弊端，就是股价下跌，有风险。一旦达到了解锁条件，股票可以卖了，但是这个时候股价跌破了购买价，则员工承担损失。解锁是有条件的，有公司层面的盈利目标，也有个人绩效目标，都达成了才能 100%解锁。

五、股权激励之虚拟股权

案例：

北京精冶源新材料股份有限公司虚拟股权激励方案

案例知识点：

1. 何谓虚拟股权

虚拟股权是公司给的一种虚拟股票，不是真股票。只享有股票的分红权，没有股东的表决权，也不能进行转让和买卖。

2. 虚拟股权与股票期权、限制性股票的区别

股票期权是未来若满足一定条件可以（低价）购买股票的权利，满足条件后个人可以选择买也可以选择不买；而限制性股票是现在就可以（低价）买股票，但是在出售股票的时候有限制条件。这两种激励方案都是能实际拿到股票的。但是虚拟股权不是给真股票。另外，虚拟股权通常是无偿给予，不需要员工掏钱。而股票期权行权的时候需要付钱，限制性股票也在取得股票的时候需要掏钱。

3. 虚拟股权对公司的利弊

对公司有 3 利：

（1）操作简便，只要公司内部通过即可，不受股权系统、证监会的监管，方案确定立刻就能实施。

（2）企业受影响不大，不影响股本、不影响股权结构、不稀释股东的股权，对公司决策也没有影响。

（3）能够长期调动员工积极性，虚拟股权不受股票价格、行权、解锁等事项的影响。

对公司有 3 弊：

（1）激励力度小，对员工的约束力也比较小。

（2）短期性，员工有可能追求短期利益，忽视公司的长期利益。

（3）公司年底分红的时候现金压力会很大。

4. 虚拟股权对员工的影响

对员工来说，属于无本生意，不用出任何资金；但是对员工的诱惑比较小，只是类似年终奖的感觉，他并不是公司股东，没什么约束。

六、股权激励总结

为什么要做股权激励？

（1）优化股东结构，新三板公司的股权过于集中，通过员工持股优化股权结构。

（2）能够激励人、吸引人、留住人，能够为公司创造更大的价值。

（3）能够提高公司的管理效率。

总之，股权激励是从利益的私享到众享的转变，也是从注重货币资本到注重知识资本的转变。股权不仅仅可以用来激励公司内部的人，也可以用股权来置换资源、设备、智力服务等。

新三板公司治理与信息披露

作者：陈利景

【引言】

信息披露一直是上市公司和非上市公众公司在日常运营中的一项重要工作。作为我国多层次资本市场的重要组成部分，全国中小企业股份转让系统（以下简称“股转系统”或“新三板”）对挂牌公司的信息披露也有着严格的要求。

本文阐述了挂牌企业进行公司治理尤其是信息披露的相关内容，希望帮助挂牌企业提升公司治理水平，合法合规地应对监管趋严的现状。

一、股转系统监管力度趋严

随着新三板市场的发展，越来越多的市场参与主体进入新三板市场，从严监管是市场发展的必然趋势。监管趋严与制度规范化有助于规范新三板市场参与主体的行为，督促挂牌公司完善公司治理结构，提高公司质量，也有利于督促中介机构勤勉尽责，提高整个市场的运行效率。

按照《全国中小企业股份转让系统主办券商督导工作指引》的规定，由股转系统对主办券商持续督导实行自律管理，监管措施包括约见谈话、责令接受培训、出具警示函、责令改正、暂不受理文件、通报批评、公开谴责等。

证监会2016年共对183起案件做出处罚，做出行政处罚决定书218份，较去年增长21%，罚没款共计42.83亿元，较去年增长288%，对38人实施市场禁入，较去年增长81%。行政处罚决定书数量、罚没款金额均创历史新高，市场禁入人数也达到历史峰值。

二、面对监管趋严，挂牌企业应该修炼内功

面对监管趋严的形势，挂牌企业要做的就是修炼内功，去适应这种监管。内功是什么？指公司治理规范化。股转系统在新三板挂牌条件中，明确对公司治理提出了要求，要求企业机制健全，合法规范经营。

公司治理包含三个层面：第一层，要有完善的公司治理结构。新三板最常说的公司治理结构是三会一层；第二层，要有完善的公司治理制度，如关联交易管理制度、信息披露管理制度等；第三层，公司治理的日常运行，公司要在三会一层的治理结构下，严格按照公司治理制度进行合法合规的经营。

新三板监管的法律规则体系主要有三个层面：第一层是法律法规，包括《公司法》《证券法》等；第二层是规章规范性文件，包括《非上市公众公司管理办法》《收购管理办法》《重大资产重组管理办法》等；第三层是应用规则，主要是股转系统颁布的业务规则，包括挂牌、定向发行、交易、转让，以及自律监管、纪律处分等。

从监管的角度来看，监管的理念主要体现在四个方面：第一，有底线的要求。首先要求挂牌公司必须设立股东与股东会、董事与董事会、监事与监事会、经理层，即“三会一层”，决策层需要符合法律法规。第二，尊重自治。如关联方回避表决、资产出售、对外投资等重大的分级授权标准都是由公司章程制定的。第三，建章立制。股转系统要求挂牌公司制定三会议事规则、财务管理制度、投资者关系管理制度、关联方回避表决制度等。第四，严守红线。要求挂牌公司的股东实际控制人、董事、监事、高管、关联方，不能以任何形式占用公司的资金资产或者其他资源。

三、信息披露事项的总结

挂牌公司按照要求披露信息是一项法定义务，具有强制性。股转系统以“信息披露为核心”对挂牌公司实施日常监管，挂牌公司应当真实、准确、完整、及时地披露信息，不得有虚假记载、误导性陈述或重大遗漏。

凡是对投资者投资决策有重大影响、对公司股票价格可能产生较大影响的信息，均应披露。控股子公司发生的挂牌公司股票价格可能产生较大影响的信息，视同挂牌公司的重大信息。

（一）挂牌公司信息披露所依据的法律及规章制度

- 《公司法》
- 《证券法》
- 《国务院关于全国中小企业股份转让系统有关问题的决定》
- 《非上市公司公众公司监督管理办法》
- 《全国中小企业股份转让系统业务规则（试行）》
- 《全国中小企业股份转让系统挂牌公司信息披露细则》
- 《非上市公众公司监管指引第 1 号——信息披露》
- 《挂牌公司年度报告内容与格式指引（试行）》
- 《挂牌公司半年度报告内容与格式指引（试行）》
- 《临时公告格式模版》
- 《挂牌公司持续信息披露业务指南（试行）》
- 《非上市公司众公司收购管理办法》
- 《非上市公众公司重大资产重组管理办法》
- 《全国中小企业股份转让系统挂牌协议》
- 《公司信息披露管理制度》
- 《公司章程》——**章程中明确规定了对外投资、担保、三会、高管的权利义务、利润分配、经营决策等事项，这些都是信息披露工作的重要依据，公司章程对公司、股东、董事、监事、高级管理人员具有约**

束力。董秘和证代尤其应熟读公司章程。

（二）信息披露体系（见图 1）

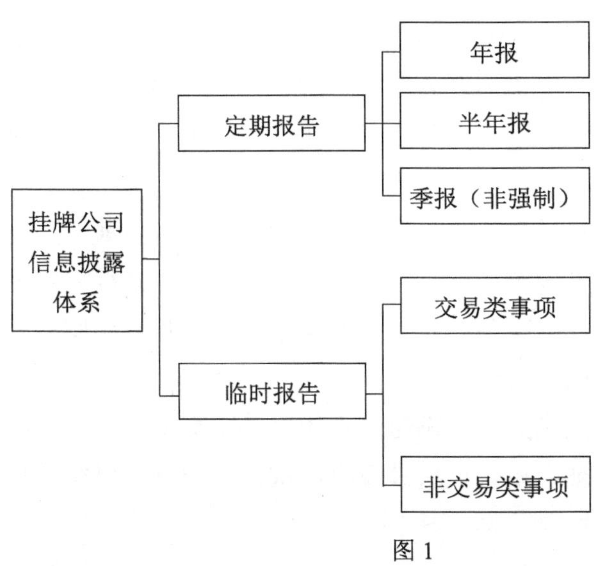

图 1

1. 定期报告

（1）年报：**年报必须披露。**每年 4 月 30 日前依据《年度报告内容与格式指引》要求披露，年报中的财务报告必须经具有证券、期货相关业务资格的会计师事务所审计。挂牌公司不得随意变更会计师事务所，如确需变更的，应当由董事会审议后提交股东大会审议。

在年度报告正式披露前，预计上一会计年度净利润发生重大变化的，或在下半年度预计当期年度净利润将发生重大变化的创新层挂牌公司，应当发布业绩预告。

在年度报告正式披露前，预计年度业绩无法保密，或预约在会计年度次年 4 月份披露年度报告的创新层挂牌公司，应当发布业绩快报。

（2）半年报：**半年报必须披露。**每年 8 月 31 日前依据《半年度报告内容与格式指引》要求披露，半年报中的财务报告不强制要求审计，下半年进行定向发行、分红等也不强制要求半年度报告进行审计。

（3）季报：**季报自愿披露，非强制。**一季报在每年 4 月 30 日前披露、三季报在每年 10 月 31 日前披露，其中：第一季度报告的披露时间不得早于上一年的年报。

2. 临时报告

（1）交易类事项之关联交易事项。

- **控股股东、实际控制人或其关联方占用资金：**应当自事实发生之日起两个转让日内披露，并且至少每月发布一次提示性公告，披露资金占用的解决进展情况。
- **每年发生的日常性关联交易：**在披露上一年度报告之前，对本年度将发生的关联交易总金额进行合理预计，提交股东大会审议并披露。对于预计范围内的关联交易，公司应当在年度报告和半年度报告中予以分类，列表披露执行情况。
- **实际执行中预计关联交易金额超过本年度关联交易预计总金额的每一单笔交易：**应当就超出金额所涉及事项依据公司章程提交董事会或者股东大会审议并披露。
- **非日常性（偶发）关联交易：**一律经股东大会审议，并披露关联交易公告。公司与合并报表控股子公司之间发生的可豁免。注意：关联交易的审议和披露遵循回避表决原则和分层审议原则。
- **关联担保：**对股东、实际控制人及其关联方提供的担保，不论金额大小，均需要经股东大会审议通过并披露。

（2）交易类事项之非关联交易事项。

- **对外投资（含委托理财、委托贷款等）：**董事会审议通过即披露对外投资公告（包括对子公司增资），阶段性披露进展情况。
- **购买、出售资产：**按公司规定程序审议，并披露收购、出售资产公告，构成重大资产重组的，按照《非上市公众公司重大资产重组管理办法》执行。
- **其他重大交易事项（包括债权或债务重组、赠与或受赠资产等）：**按公司规定程序审议，并在决议后两个转让日内披露。

（3）非交易类事项之公司治理相关事项。

- **召开董事会、监事会、股东大会：会议结束两个转让日内披露，**

其中：

✧ 年度股东大会每年召开一次，应当于上一会计年度结束后的 6 个月内举行，召开 20 日前发出通知，年度股东大会公告中应当包括律师见证意见；临时股东大会召开 15 日前，以临时公告方式向股东发出股东大会通知。

✧ 董事会每年至少召开两次会议，由董事长召集，于会议召开 10 日以前书面通知全体董事和监事。

✧ 监事会每 6 个月至少召开一次会议，监事可以提议召开临时监事会会议。监事会决议应当经半数以上监事通过。

- **控股股东或实际人发生变更：**依据《非上市公司众公司收购管理办法》执行，事实发生之日起两个转让日内披露。
- **董监高人员发生变动：**发布变更公告，新任人员报备与签署承诺，办理股份限售。
- **董事长或总经理无法履行职责：**事实发生之日起两个转让日内披露。
- **董事会秘书或信息披露事务负责人发生变化：**董事会秘书发生变更时，需要召开董事会决议，会议结束两个转让日内披露人员变更情况。公司未设置董事会秘书，仅信息披露负责人发生变更时，只需要披露和报备即可。
- **董事会秘书或信息披露事务负责人离职无人接替或因故不能履职：**董事会指定一名高管负责并披露。
- **承诺事项、未履行承诺情况:**自事实发生之日起两个转让日内披露。挂牌公司和相关信息披露义务人披露承诺事项的，应当严格遵守其披露的承诺事项。公司未履行承诺的，应当及时披露原因及相关当事人可能承担的法律责任；相关信息披露义务人未履行承诺的，公司应当主动询问，并及时披露原因，以及董事会拟采取的措施。
- **公司章程修订或公司治理有关制度修订：**章程修订议案应披露详细修订情况，修订后的章程或其他管理制度单独披露。
- **诉讼、仲裁事项：**涉案金额占最近一期经审计净资产绝对值 10%以上的重大诉讼和仲裁事项，或者未达到上述标准或者没有具体涉案金额的诉讼、仲裁事项，董事会认为可能对挂牌公司股票及其他证券品种转让价格产生较大影响的，或者主办券商、全国股份转让系统公司认为有必要的，以及涉及股东大会、董事会决议被申请撤销或者宣告无效的诉讼，自事实发生之日起两个转让日内披露。

- **公共媒体传播的消息可能或者已经对公司股票转让价格产生较大影响：**应当及时向主办券商提供有助于甄别传闻的相关资料，并决定是否发布澄清公告。
- **公司及其董事、监事、高级管理人员、公司控股股东、实际控制人在报告期内存在受有权机关调查、司法纪检部门采取强制措施、被移送司法机关或追究刑事责任、中国证监会稽查、中国证监会行政处罚、证券市场禁入、认定为不适当人选，或收到对公司生产经营有重大影响的其他行政管理部门处罚：**自事实发生之日起两个转让日内披露。
- **因前期已披露的信息存在差错、未按规定披露或者虚假记载，被有关机构责令改正或者经董事会决定进行更正，**自事实发生之日起两个转让日内披露。
- **对外提供担保（挂牌公司对控股子公司担保除外）：**事实发生两个转让日内披露，发生违规对外担保的，至少每月发布一次解决进展情况。（违规对外担保是指挂牌公司及其控股子公司未经其内部审议程序而实施的担保事项。）
- **资产抵押：**依据公司章程提交董事会或者股东大会审议，决议后两个转让日内披露。
- **变更会计师事务所、会计政策、会计估计：事实发生两个转让日内披露。**
- **股东超过 200 人的提示性公告：**事实发生两个转让日内披露。
- **主办券商或全国股份转让系统认定的其他情形：**事实发生两个转让日内披露。

（4）非交易类事项之股权相关事项。

- **公司股东持股情况发生变动：**投资者及其一致行动人拥有权益的

股份达到公众公司已发行股份的 10%后，其拥有权益的股份占该公众公司已发行股份的比例每增加或者减少 5%（即其拥有权益的股份每达到 5%的整数倍时），应当在该事实发生之日起两日内编制并披露权益变动报告书，自该事实发生之日起至披露后两日内，不得再行买卖该公众公司的股票。如持股 11%的股东拟减持到 8%，则减持 1%达到 10%的时候就需要停止交易并披露。

- **任一股东所持公司 5%以上股份被质押、冻结、司法拍卖、托管、设定信托或者被依法限制表决权:**自事实发生之日起两个转让日内披露。
- **法院裁定禁止有控制权的大股东转让其所持公司股份:**自事实发生之日起两个转让日内披露。
- **董事、监事、高级管理人员持股情况发生变动：**高管新增股份 75%进行限售。包括因送红股、转增股本等形式进行权益分派导致所持股票增加的，因非公开发行股份、实施股权激励计划，或因董监高在二级市场购买、行权、协议受让等新增股票的情形。
- **股票转让被全国股份转让系统公司认定为异常波动的：**挂牌公司应当于次一股份转让日披露异常波动公告。（异常波动情形的认定，详见《全国中小企业股份转让系统股票异常转让实时监控指引（试行）》的相关规定。）
- **发生并购重组、回购股份事项：**依照《非上市公众公司收购管理办法》、《非上市公众公司重大资产重组管理办法》执行。重大资产重组需注意内幕信息保密。
- **定向发行股票或者其他证券融资方案、股权激励方案：**董事会召开两个转让日即披露董事会决议和相关方案。
- **限售股份解除转让限制：**在解除转让限制前披露。

（5）非交易类事项之公司经营相关事项。

- **主营业务发生变更：**董事会决议后两个转让日内发布主营业务变更公告。
- **主要银行账号被冻结，正常经营活动受影响：**事实发生两个转让日内披露。

- **发布利润分配或资本公积转增股本方案：**董事会审议通过，实施方案的股权登记日前披露。
- **公司减资、合并、分立、解散及申请破产的决定；或者依法进入破产程序、被责令关闭：**事实发生两个转让日内披露。
- **年度预增预盈预亏公告(业绩预告)：**在每年1月31日之前自愿披露。
- **年度业绩快报：**年报预约披露时间在每年3月和4月的公司应当在2月底之前自愿披露上年度业绩快报。
- **发生或预计发生重大亏损、重大损失：**及时向主办券商报告，如果年报净资产为负的应在年报披露前向股转公司报告。
- **获得相关资质、专利、签署重大经营合同等对公司经营产生重大影响事项：**公司自愿决定披露。

作者简介：

陈利景，MBA，经济师，新三板专栏作者。自2009年起专注研究新三板市场，在企业改制、挂牌上市、定向增发、股份置换、融资及并购等方面，有丰富的实操经验，曾为多家挂牌企业提供专业咨询服务。

董监高买卖公司股票不可触碰的红线

作者：陈利景

目前上市公司对控股股东、董监高等公司内部人员交易本公司股票有严格的明确规定。针对新三板挂牌企业，目前尚无明确规定，但股转系统要求主办券商督促提醒各挂牌公司的控股股东、董监高等内部人员，严格遵守不得利用内幕信息获取不当利益的基本法律原则。对于确已知悉与年报特别是其中财务数据相关的内幕信息，而仍交易本公司股票的内幕信息知情人，全国股转公司将依法采取监管措施或纪律处分，触犯《证券法》等法律法规的，将依法移送证监会处理。

出于谨慎，新三板挂牌企业应参考上市公司标准进行规范，将违规风险降至最低。那么董监高买卖公司股票有哪些红线呢？下面为大家详细梳理一下。

一、窗口期的规定

下列时点前董监高不能买卖本公司股票：

（1）定期报告公告前 30 日（定期报告包括：年报、半年报和季报）。

（2）业绩预告、业绩快报前 10 日。

（3）重大事项筹划至公告后 2 个交易日。

二、短线交易的规定

根据《证券法》第 47 条之规定，董监高将持有上市公司的股票在买入后 6 个月内卖出，或者在卖出后 6 个月内又买入，由此所得收益归该公司所有，公司董事会应当收回其所得收益并及时披露相关情况。此外，《证券法》第 195 条亦规定：“……违反本法第 47 条的规定买卖本公司股份的，给予警告，可以并处 3～10 万元以下的罚款。”

三、内幕信息的规定

持有公司 5%以上股份的股东及其董事、监事、高级管理人员，公司的实际控制人及其董事、监事、高级管理人员为法定的“证券交易内幕信息的知情人”。对于内幕信息的知情人，在内幕信息公开前，不得买卖该公司的证券，或者泄露该信息，或者建议他人买卖该证券。

四、禁止转让的相关规定

以下情形董监高不得转让其所持有股票：

（1）所持本公司股份自公司股票上市交易之日起一年内不得转让。

（2）发起人持有的本公司股份，自公司成立之日起一年内不得转让。

（3）董事、监事和高级管理人员离职后半年内不得转让。

（4）董事、监事和高级管理人员承诺一定期限内不转让并在该期间内的。

（5）法律、法规、中国证监会和证券交易所规定的其他情形。

五、股东权益变动的规定

针对股东权益变动，股转系统有针对投资者及其一致行动人的相关规定，同样适用于董监高，以下梳理了上市公司和全国股转系统相关规定一并参考。

1. 上市公司相关规定

投资者及其一致行动人，通过证券交易所的证券交易达到上市公司已发行股份的 5%时，应当在该事实发生之日起 3 日内公告。在上述期限内，不得再行买卖该上市公司的股票。

持有 5%以上权益的投资者及其一致行动人通过证券交易所的证券交易拥有权益的股份占该上市公司已发行股份的比例每增加或者减少 5%需要披露。在报告期限内和作出报告、公告后 2 日内，不得再行买卖该上市公司的股票。

投资者及其一致行动人通过协议转让方式、行政划转或者变更、执行法院裁定、继承、赠与等方式（5 种），拟达到或者超过上市公司已发行股份的 5%时，应当在该事实发生之日起 3 日内披露。在作出报告、公告前，不得再行买卖该上市公司的股票。

持有 5%以上权益的投资者及其一致行动人通过协议转让方式、行政划转或者变更、执行法院裁定、继承、赠与等方式，拥有权益的股份占该上市公司已发行股份的比例每增加或者减少 5%需要披露，在作出报告、公告前，不得再行买卖该上市公司的股票。

2. 全国股转系统相关规定

有下列情形之一的，投资者及其一致行动人应当在该事实发生之日起 2 日内编制并披露权益变动报告书，报送全国股份转让系统，同时通知该公众公司；自该事实发生之日起至披露后 2 日内，不得再行买卖该公众公司的股票。

（1）通过全国股份转让系统的做市方式、竞价方式进行证券转让，投资者及其一致行动人拥有权益的股份达到公众公司已发行股份的 10%。

（2）通过协议方式，投资者及其一致行动人在公众公司中拥有权益的股份拟达到或者超过公众公司已发行股份的 10%。

投资者及其一致行动人拥有权益的股份达到公众公司已发行股份的 10%后，其拥有权益的股份占该公众公司已发行股份的比例每增加或者减少 5%（即其拥有权益的股份每达到 5%的整数倍时），应当依照前款规定进行披露。自该事实发生之日起至披露后 2 日内，不得再行买卖该公众公司的股票。

收购挂牌公司后，收购人成为公司第一大股东或者实际控制人的，收购人持有的被收购公司股份，在收购完成后 12 个月内不得转让。

以上总结了董监高买卖公司股票的限制性规定，下面梳理一下董监高每年可转让股份的数量的相关规定：

新三板公司董监高每年可转让股份数量可以分以下三种情况：

（1）可转让股份数量：在当年没有新增股份的情况下，按照“可减持股份数量=上年末持有股份数量×25%”的公式计算董监高可减持本公司股份的数量；不超过1000股的，可一次全部转让，不受25%比例之限制。

（2）对当年新增股份的处理：当年新增股票应分别两种情况处理：第一，因送红股、转增股本等形式进行权益分派导致所持股票增加的，可同比例增加当年可减持的数量；第二，因其他原因（非公开发行股份、实施股权激励计划，或因董监高在二级市场购买、行权、协议受让等）新增股票的，新增无限售条件股票当年可转让25%，新增有限售条件股票不能减持，但计入次年可转让股票基数。

（3）对当年可转让未转让股份的处理：对于当年可转让但未转让的本公司股份，不得累计到次年自由减持，而应当按当年末持有股票数量为基数重新计算可转让股份数量。

第六章　IPO 篇

 IPO 的规则与潜规则

企业上市实务

IPO 的规则与潜规则

作者：张瑜璟

【引言】

一个企业的生命，就像一个人的一生，也会有那么关键的几步，IPO 便是其一，企业只有成功 IPO，才能让资本同行，才算有一个完整的企业周期。要想顺利过关 IPO，就必须拿到开启它的钥匙，即清楚 IPO 规则与潜规则。

IPO 的规则就是指证监会发布的《首次公开发行股票并上市管理办法》，以及《首次公开发行股票并在创业板上市管理办法》里的制度，这是 IPO 看得见的规则。但是现实生活中，企业家也须注意那些看不见的规则，也就是虽然没有写在办法里，但是企业又不能违反的一些制度。主要用来对现有规章制度中非量化部分进行补充和解释，它是证监会这么多年 IPO 审核经验的一个总结。包括预审员的口头意见、证监会在一些被否的案例当中以及每年的保荐代表人培训会议上 IPO 审核的一些意见等。

本文将详细为大家呈现看得见的 IPO 规则和看不见的 IPO 潜规则，帮助企业成功实现 IPO 的“高考”梦想！

一、概述

IPO，Initial Public Offerings 的缩写，意即首次公开发行股票并上市交易。

IPO 对企业来讲是一种非常重要的融资方式，也是企业登陆资本市场非常重要并且非常常见的一个途径。然而，并不是每个企业都可以 IPO，也不是每个申请 IPO 的企业都能成功，企业若想 IPO 或者提升 IPO 的成功率，除了要熟悉写在纸面上的“显规则”以外，还要熟悉众多的未成文的“潜规则”。

所谓的显规则即《中华人民共和国公司法》《中华人民共和国证券法》以及证监会制订的《首次公开发行股票并上市管理办法》《首次公开发行股票并在创业板上市管理办法》等可以看见、可以衡量的规则。而此潜规则非彼潜规则，主要是证监会对现有规章制度中非量化部分的补充和解释，是证监会这么多年 IPO 审核经验的一个总结。形式包括预审员的口头意见、发审委在一些不予核准的案例当中阐明的理由、每年的保荐代表人培训会议上关于 IPO 审核的一些意见等。

本文将为大家分享那些看得见的规则以及看不见的规则，以期为有 IPO 计划的企业提供一些思路。

二、看得见的 IPO 规则

（一）申报材料当中不能有虚假记载、误导性陈述或者重大遗漏

《首次公开发行股票并上市管理办法》《首次公开发行股票并在创业板上市管理办法》都对此项作出明文规定，证监会要求中介机构穷尽一切手段去做尽职调查，确保申报文件当中没有虚假记载、误导性陈述等问题，并且中介机构要对申报材料的真实性、准确性、完整性进行背书。如果企业及中介机构弄虚作假，是要受行政处罚的，严重的话可能触及刑法当中的欺诈发行股票罪、违规披露、不披露重要信息罪等。

（二）不得存在股权不清晰的情形，严禁股权代持，公司历史上存在股权代持问题的必须予以解除并阐述清楚

虽然我国《公司法》并未限制股权代持的问题，但在实践中，股权代持极易出现股权纠纷、PE 腐败等问题。究其原因，有公司控股股东送给他人的干股

不方便显名的，有被代持股东身份原因不方便显名的，有股权转让仅达成协议而未办理工商变更的，这些都违反了相关规则里边的发行人股权清晰的规定。一旦公司 IPO 成功后，在巨大利益的驱使下，股权纠纷会层出不穷，不利于上市公司的稳定发展。

除股权代持以外，因婚姻、继承等法律关系导致的股权归属不明，或者在清理工会持股、职工持股会过程当中，引发的纠纷或诉讼，都会影响公司 IPO 的成功率。

（三）股东足额出资，用于出资的非货币资产权属清晰，不存在出资不实的情形

在实践中，一些企业股东通常会采用资金循环的方式增加公司注册资本，即现金出资后马上又转出去再次出资的循环出资，从而导致公司账面存在大量其他应收款，构成出资不实。而非货币出资，尤其是知识产权出资，在评估过程中虚增评估价值，预计的收益未能实现等，都属于出资不实的情形。

（四）不得存在同业竞争问题、不得存在对关联交易的依赖、不得存在不当利益输送

发行人控股股东、实际控制人、董事、监事、高管、持股 5%以上的主要股东及其近亲属不得经营与发行人存在竞争关系的业务，同业竞争实际上是左手和右手的关系，容易操控利润、侵害公司、其他股东的权益；如果仅为同业，但从市场区域、消费群体、销售渠道等能说明并能证明确实不存在竞争关系的，也不构成障碍。

三、IPO 潜规则

企业需要注意的 IPO 潜规则有以下几方面：

（一）净利润达到多少才能去申报 IPO？

如表 1，在主板、中小板、创业板上市都有不同的财务指标，但这些财务

指标设置的并不高，达到这些标准的企业数以十万计，但并不是每个企业都能成功申报 IPO，为什么？

表 1

市　场	创　业　板	主板、中小板
财务要求	最近两年连续盈利，最近两年净利润累计超过 1 000 万元，且持续增长	最近 3 个会计年度净利润均为正数且累计超过 3 000 万元
	或者最近一年盈利，且净利润不少于 500 万元，最近一年营业收入不少于 5 000 万元，最近两年营业收入增长率均不低于 30%	最近 3 个会计年度经营活动产生的现金流量净额累计超过 5 000 万元，或者最近 3 个会计年度营业收入累计超过 3 亿元
	最近一期末不存在未弥补亏损	最近一期末不存在未弥补亏损
	最近一期末净资产不少于 2 000 万元	最近一期末无形资产占净资产的比例不高于 20%
		发行前股本总额不少于 3 000 万元

以创业板为例，虽然企业可能符合盈利 500 万元或者 1 000 万元的要求，但为什么现在只有盈利超过 2 000 万以上的企业才能去申报？一方面，我国 IPO 采用的是保荐制+审核制。一个公司要想 IPO，必须要有具备保荐资格的券商进行保荐，公司公开发行的股票也要通过承销商去承销。保荐业务对券商投行部门来讲并不是收入的主要来源，股票发行后的承销费才是主要收入来源。承销费和企业发行股票募集到资金量成正比，所以净利润越高的企业，在 IPO 的时候能募集到的资金越多，同样券商的承销费就挣得越多，所以券商会集中有限的人员去处理难度低、净利润高的 IPO 项目。另一方面，作为吸收社会公众资金的公众公司，只有具备持续经营能力，才能保证社会公众资金的安全，而评价上市公司持续经营能力要看其盈利能力，盈利能力强的公司，持续经营能力才能得以保障，试想一下，同行业其他公司净利润数以亿计，而发行人净利润仅仅 500 万，如何能应对市场竞争风险，如何能支撑公司长期发展？

（二）是否净利润越高的企业越容易过会

这其实是一个比较片面的说法。表面上看，证监会以及二级市场确实是喜欢一些收入高、毛利率高、盈利能力强的公司，但是所有的指标不能脱离行业的实际情况。如果说企业的财务指标过分地高于同行业其他公司水平的话，其真实性就要受到怀疑，财务数据可能存在造假的嫌疑。所以企业的财务一要真实，二要符合行业特征以及经济发展周期的状况，并非越高越好，一定要真实、合理。此外，会计政策的选用要坚持谨慎性的原则，要符合行业特征，即与行业内大多数公司保持一致，切忌特立独行又无法说明合理性的会计政策，否则就存在调节利润的嫌疑。

（三）合法且合理

在申报材料当中，企业描述的内容除了要合法合规，还要合情合理，要遵循最基本的商业逻辑——卖东西就要收钱，买东西就要付钱。比如说低价转让股权，如果是配偶亲属之间这能解释，但如果是毫不相干的两个人低价转让股权的动机是会被怀疑的。而且发行人财务数据、运营数据等数据之间要保证内在的逻辑性，资产、人员、成本要和公司的收入水平包括收入的变动幅度相匹配。

（四）尽可能避免客户集中度高，甚至对单一的客户有重大依赖

基于持续经营能力的考虑，客户集中度高，甚至对单一客户有重大依赖的企业确实存在经营风险，一旦失去订单即可能无法经营下去。但是这个风险也是要结合企业本身所处的一个环境去综合考虑的，比如说一个客户本身就是在一个比较封闭的或者垄断的行业内，只要能说明公司与客户的交易能够持续，持续经营不构成障碍，那其实也是没问题的。比较极端的上市公司案例是神州泰岳，这是创业板第二家上市公司（股票代码 300002）。神州泰岳在上市前88.72%的收入都来自于中国移动，而飞信这一款产品的收入就占了它营业收入的 68.98%，实际上它是对单一产品，对单一客户有特别重大的依赖。但是，神州泰岳当时解释就是它和中国移动的这种业务关系是可持续的，IPO 也顺利通过。

（五）研发支出资本化问题

在 2009 年、2010 年的时候，研发支出资本化是一个很普遍的问题，因为

创业板刚设立，一些高新技术企业，为了减少研发的支出对净利润的影响，多数企业都会采用研发支出资本化，本身这是符合会计准则的。但是这又能形成一个对成本调节利润的一个工具，所以，有几家公司的 IPO 就是因为研发支出资本化被否决掉的。

第一，企业要符合行业特征。就是说同行业其他公司都这么做。比如说医药行业的企业的临床费用是很高的，尤其是新药的临床费用，如果全部计入管理费用的话，那医药行业没有一家公司可以上市。

第二，如果公司资本化，采用的会计政策不是一直延续的，而是报告期或者报告期前才临时采用的，那企业调节利润的意图是非常明显的。

第三，在资本化的过程中，一定要严格遵守会计准则对研发支出资本化的五条标准来执行。

第四，做费用化的模拟，如果企业把已经资本化的研发支出也费用化了，费用化以后的利润水平还能满足上市条件的，这证明企业不是为了调节利润，也不是为了故意地去符合 IPO 的条件去做资本化，这样证监会也是可以接受的。

（六）拟上市公司，也要遵守上市公司的监管制度

公司进入 IPO 辅导期后，企业应当遵守上市公司的一些规则，包括证监会对会计准则的一些解释适用，按照这些规定去做日常管理。尤其要注意的是股权激励、资产重组这些重大的事项，上市公司有专门的规定，包括说怎么做会计怎么处理，拟上市企业在辅导期或者股改以后也一定要遵循。

（七）IPO 被否决比通过的案例更有参考价值

很多企业在解决公司存在的问题的时候，总是去寻找类似的、已经过会的上市公司作为参考案例。从 IPO 角度来讲，其实 IPO 被否决的案例，比 IPO 通过的案例更有参考价值。为什么呢？

虽然现在有统一的制度和统一的审查标准，但现在审核制的仍然是要遵循一个个个案审查的原则。同样的问题，A 项目能过 B 项目未必能通过，A 项目被否决了 B 项目也有可能被否决。企业尽量去学习项目的处理思路和处理方

法，千万别生搬硬套，因为每个公司的每个问题都有特殊性，这些问题未必会在公开的文件当中被体现出来。

作者简介：

张瑜璟，律师，北京市尊诚律师事务所金融事业部主任，具有七年以上证券业务法律服务经验，拥有证券从业资格、深交所董事会秘书资格、深交所独立董事资格。曾参与东方广视 IPO 项目、芭田股份收购阿姆斯项目，作为主办律师为同力天合、宇都股份提供新三板挂牌法律顾问服务，为融智通、同力天合、宇都股份提供定向发行股票法律顾问服务，为捷世智通、全三维、威控科技、秦鸿新材、诺瑞特、智网科技等多家公司提供专项法律服务。

企业上市实务

作者：匿名

一、资本市场的作用

新三板企业进入资本市场，开始享受资本对企业带来的巨大推动作用。对于资本市场的作用论述也颇多，笔者认为，资本市场最大的作用无外乎以下两个：

（1）流动性问题：实现资产证券化，资产的流动性提高。世界上任何股票市场的流动性可能都无法与 A 股市场相比，2015 年 A 股市场的换手率超过 600%。

（2）解决企业的估值定价问题。估值本身是较为主观的。估值的问题如何解决？市场具有流动性。企业股票定价为 10 元/股，如果市场能够保证流动性，信息相对透明的情况下，进行交易其形成的价格是相对公允的。这样就解决企业股票定价的问题。而只有股票有价格，才能实现企业的交易。

其他的都是在这两个问题之上的衍生。比如公司治理、品牌形象、规模效应、抗风险能力、杠杆效应等。

二、IPO 审核制度

（一）IPO 采用核准制

1. 审核制

证监会作为主要的审核监管机构，对拟上市企业进行实质性审核，给予核准批文是发行上市的前提条件。虽然注册制的呼声较大，但是整合社会信用体系建立之前，从社会长远发展来看，目前不宜采用注册制。

2. 保荐制度

投资银行承担具体的保荐职责，推荐企业上市并承担责任，每单项目要有两个保荐代表人签字方能申报。

3. 发审委

由中介机构和买方投资机构人士、证监会专职人员共同组成发审委，以投票方式决定是否核准通过。发审委创办板是 25 人，主板是 35 人，每次抽取 7 人作为发审委，5 票以上通过，方可成功发行。

4. 询价

通过发审委后，进入发行阶段。询价是市场化方式定价，由机构投资者以询价方式确定发行价格。目前发行价格不超过 23 倍。发行市盈率越高，募集资金越集中，可上市的企业较少。控制市盈率的原因是：

（1）让更多的企业登陆资本市场。

（2）解决发行市盈率过高的问题。

（3）让参与申购的二级市场投资者拥有更好的收益，实现让利。

（二）IPO 审核环境

1. IPO 整体通过情况

2016 年下半年开始，IPO 提高速度，高峰期在 3 月、4 月。虽然学者、利益相关方等在媒体呼吁 IPO 审核速度较快，影响二级市场的走势。但 2016 上半年发行股票 200 多支，募集资金大概是 1500 亿元。沪深两市一天的交易额为

3000～5000 亿。2015 年的再融资为 1.6 万亿。相比较而言，IPO 的融资与再融资相比金额是较少的。今年证监会连续发文，上市公司再融资金额已经大幅度下降。通过有效地降低再融资，推动实现企业 IPO 数量。

日　　期	获得 IPO 批文数量	日　　期	获得 IPO 批文数量
2016.1	7	2016.10	28
2016.2	9	2016.11	52
2016.3	15	2016.12	51
2016.4	14	2017.1	34
2016.5	9	2017.2	34
2016.6	16	2017.3	50
2016.7	27	2017.4	40
2016.8	26	2017.5	37
2016.9	26	2017.6	24 （截至 6 月 23 日）

日　　期	首发家数（家）	首发募集资金（亿元）	首发市盈率
2017.1-6 （截止 2017 年 6 月 20 日）	224	1116.02	24.78
2016	248	1633.56	21.44
2105	224	1578.29	21.89
2014	125	668.89	23.82
2013	-	-	-
2012	149	995.05	30.09
2011	276	2705.28	45.96
2010	347	4885.83	59.28
2009	111	1882.97	53.37

2. 新三板转板 IPO 情况

下表中的数据是截止 2017 年 6 月 22 日新三板 IPO 排队的数量。大家会注意到上交所的排队家数不断增加。交易所作为盈利机构，交易所也在争夺优质的拟上市企业标的。整体而言，上交所审核相比较而言慢一些。创业板较快，审核总体偏严，成功率较低。

IPO 排队总家数	552
新三板转板排队家数	107
新三板转板所占比例	19.38%
其中：上交所排队家数	45
中小板排队家数	12
创业板排队家数	50

3. 审核背景

IPO 审核过程中，需要重点关注一些 IPO 的审核政策以及指导。在此列举刘士余主席关于新股发行的精神以供参考：

（1）市场自动修复功能要比预期的好，有信心解决 IPO 堰塞湖问题。

（2）长远来看，通过减少或暂停 IPO 的方法稳定市场的效果并不好。

（3）IPO 审核严，从源头上防止病从口入。新三板企业过程中，接触了很多的企业。对企业的核查的难度和严度都在增加。其中的红线是虚增收入和利润。虚增客户，虚增体外增成本等等都是严格审核的要点。

（4）对贫困县企业 IPO 在坚持标准不变前提下提高效率。贫困县企业 IPO 审核速度较快，与其他地方的企业 IPO 具有一定的优势。如果享受贫困县的政策，就要接受严格的财务核查，其他区域采用的是抽查。即保证速度快的情况下，必须要接受财务核查。现在 IPO 项目初步审查过程中，中介机构大多严格采用财务核查的方式，保证项目质量，如企业、高管、个人合并核查进行财务核查，要求对股东、高管、个人、亲戚朋友、供应商、员工及亲戚等进行穿透核查，有一些业绩粉饰的问题就会暴露。

（5）新股发行速度不在乎每周多一家还是少一家，关键是发行公司质量。如何保证发行公司的质量，重点在于财务的规范。财务基础薄弱，规范度达不到，内控制度不完善，包括财务和运营等达不到要求。企业的前提首先是规范运营，在规范运营的前提下，财务利润逐步跟上，上市也是。企业发展到了合适的阶段，达到了规范目标，业绩达标，选择一个合适的时点，自然而然就实现了上市目标。为了上市而选择上市，勉为其难地上市，也许适得其反。

（6）国际版存在技术性障碍。

（7）证监会的首要任务是监管。

（8）只要是科技创新驱动型的企业，都支持在资本市场融资。

（9）2017 年证监会将保持每周批准约 10 家 IPO 批文速度，全年预计约 500 家挂牌上市。

（10）文化、传媒、游戏、影视、互联网类公司，因为稳定性不够，完全轻资产，会受到严格监管。文化、传媒、游戏、影视、互联网类公司这一类公司，之前很受追捧。但是这一类的公司存在内在的不稳定性，容易大起大落，尤其以游戏类和影视类的公司为典型。比如游戏类的公司，如果一款游戏大卖。每个月几千万，一年几个亿的收入都很常见。但是这一产品并不能持久。尤其是游戏产品很快过气以后，企业很难保证下一款游戏仍然受欢迎，消费者的需求变化大，导致业绩波动幅度较大。这是这一类企业共有的问题。这类企业的稳定性不足，解决这个问题主要是靠企业的体量和规模。比如一年 N 款游戏，总有一款收到市场的欢迎。只有企业体量做大，才能保证相应的稳定性。

（11）偏重支持有一定固定资产规模，有技术代表性，进口替代的实业公司。靠大资金流转产生利润的公司、服务类公司会重点监管。目前的 IPO 规则主要是针对制造业制定的，服务类和贸易类的公司的上市要求会更高。服务类的企业申请过程中，会对企业的利润有更高的要求。

（12）对于获过各部委评选的国家科技大奖、管理大奖的公司，会有更多信用背书，会更有监管弹性。

三、审核流程（见图 1）

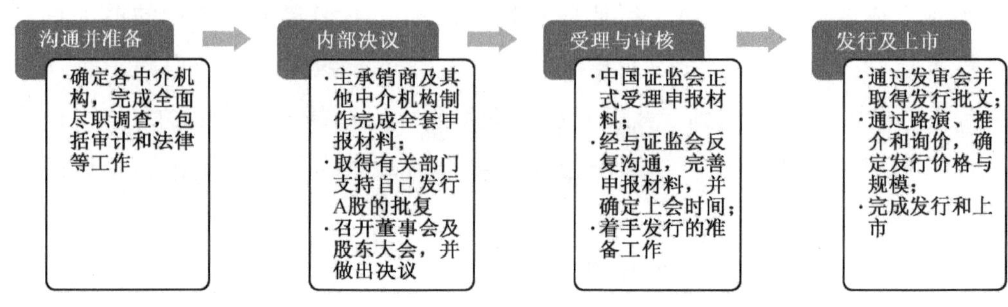

图 1

沟通并准备阶段以及内部决议，更多的属于企业的内部决策流程。公司董事会决议、股东大会通过，形成一致意见。

进入上市辅导阶段，聘请具有保荐资质的券商、具有证券从业资格的会计师事务所、律师事务所，签署辅导协议，并向当地证监局报送上市辅导备案材料，在股转系统发布辅导备案的提示性公告。

这里需要关注的关键的一个环节是确定各中介机构，即具有保荐资质的券商、具有证券从业资格的会计师事务所、律师事务所。但是什么时候选择？什么时候进入？整体来说，上市要求 3 年的报告期，对企业的 3 年报告期进行考察。所以机构进场越早，越有益。如果以 2016、2017、2018 年三年报告为基础，如果发现 2016 年财务有问题，申报的日期只能顺延。财务有问题，就会牵扯到财务基础问题，财务内控制度的问题，规范运营等一系列问题。所以，企业决定启动 IPO，则中介机构进场越早，尽早进入辅导期，则对企业越有益，能够较早地发现企业的问题。在实践中企业的辅导期 2 年，较为普遍。中介机构有 2、3 年的规范辅导，可以保证无谓的时间延误。

之后，中介机构尽职调查，制定辅导方案，进入上市辅导期，接受辅导的人员进行书面考试(通常为公司的董事、监事、高管以及持有公司 5%及以上股份的股东），当地证监局对辅导成果进行验收，出具验收报告，在股转系统发布通过辅导验收的提示性公告。然后再制作上市申请文件，各中介机构内核、指导企业完善申报材料，并向证监会提交申报。取得证监会受理通知书，开始排队。在取得证监会出具的受理通知书之日起 2 个交易日内在股转系统上发布取得上市受理通知书的公告和暂停转让的公告，承销商在证监会官网预披露招股说明书。在证监会初审并反馈（1 个月反馈期限，经证监会同意后可延长反馈），公司根据证监会反馈意见进行答复和补充披露。

一般情况，中介机构一般对企业有 2、3 年的规范辅导期。然后提前半年半年进场，会有 3、4 个月集中制作材料。报送的材料中介机构多选择 3-3-1，6-3-0 较多，选择 9-3-0 的较少，因为报送后需要制作和报送年报，进行审计等会增加企业的负担，以 2-3-1 为基础报送的，中介机构可能在此阶段派不出精干的人员参与审核。

目前现在从完成提交材料到拿到 IPO 批文一般是 18 个月以上。与 IPO 审核的方式是和审核体质的不同，新三板的审核相比较而言，就比较快了。通过证监会发审委审核，在股转系统上发布通过发审委审核的提示性公告和终止挂牌的公告在股转系统终止挂牌（亦称为“摘牌”）。最后进入核准发行阶段，进行新股发行和上市交易。

四、IPO 需要解决的问题

（一）财务和非财务问题，是一个逐步规范的问题

新三板企业的规范性相比较而言，其规范性较好，尤其是认真对待三板的企业。但是关键在于大股东，大股东有规范的意识，能够带动和提升企业的规范性。目前见到的较为突出的不规范的问题，主要是大股东带头不遵守公司规章制度的问题。

需要规范的财务和非财务的问题如下：

（1）财务审核问题：以下详细阐述。

（2）非财务问题：包括：行业问题、法律审核问题、历史清白、财务规范、内控健全。

（二）财务审核问题

1. 财务审核规范性标准

在财务审核过程中，审核原则是严格依照现有的法律、法规和规章进行财务规范。确保企业运营过程中的合法性和合规性。审核过程中常用的法律、法规和规章如下：

- 《公司法》《证券法》
- 《首次公开发行股票并上市管理办法》
- 《首次公开发行股票并在创业板上市管理办法》
- 企业会计准则
- 《公开发行证券的公司信息披露编报规则第 15 号--财务报告的一般规定（2010 年修订）》
- 《关于进一步提高首次发行股票公司财务信息披露质量有关问题的意见》（[2012]14 号）
- 《关于做好首次公开发行股票公司 2012 年度财务报告专项检查工作的通知》（[2012]551 号）
- 《关于首次公开发行股票并上市招股说明书中与盈利能力相关的信息披露指引》（[2013]46 号）
- 《会计监管风险提示第 4 号——首次公开发行股票公司审计》（[2012] 89 号）

2. 财务问题

（1）财务问题：财务状况良好，扣非净利润高

非经常损益是指如政府补助、非金融企业投资收益等与经营业务无直接关系的损益，并不能反映公司正常盈利能力。虽然有企业净利润未到 3 000 万，但是并不是普遍现象。新三板企业在判断自己是否能上市时，不能仅仅看业务数据。

- 2017 年至今过会的 291 家上市公司中，报告期最近一年扣非净利润低于 3 000 万的仅有 5 家，且也均接近 3 000 万元。
- 新劲刚、杭州园林、晶瑞股份、艾艾精工、力盛赛车报告期最后一年

扣非净利润分别为 2 403.23 万元、2 518.26 万元、2 642.61 万元、2 845.75 万元、2 932.63 万元。

➘ 做好业绩最重要。

该类企业大部分具有期后盈利能力有所好转，规范运作无明显瑕疵，报告期内业绩波动较小，行业属于新兴产业等特点。报告期内业绩波动较小，比如三年的业绩分别为 1 700 万、2 000 万、2 500 万，具有比较稳定且向上的趋势。即使申报时没有到 2 000 万，也会顺利过会。如果业绩时上时下，比如 25 000 万，1 700 万，2 000 万，缺乏稳定性，则较为危险。另外，有技术含量的制造业比较容易过会。

3. 财务问题：未来盈利具有可持续性

对于新三板挂牌条件是要求企业具备可持续经营的能力，IPO 上市条件是要求企业盈利具有可持续性。企业发展条件与行业的发展趋势相吻合，保证企业盈利的可持续能力。

关于可持续性的问题，就会出现财务的粉饰问题，关键的问题在于关联交易。通过关联交易获取的净利润被认为质量不佳。虽然关联交易不再作为管理办法里的红线，但考虑到发行人与关联方进行利益输送、虚增业绩的难度较小，仍然是审核的重点。

目前大家都会比较注意关联交易的问题。之前关于关联交易的指导是超过 30%的关联交易时，关联交易对企业盈利能力较大。目前虽然已经废除，但是也会成为审核的参考标准。关联交易并不被禁止，但应该减少关联交易。关联交易的考察要点是必要性、合理性和公允性，其交易量合占比 10%～15%之前应该可接受，超过 20%需要重点审核。

主板、中小板、创业板要求对关联交易的要求：关联交易价格公允，不存在通过关联交易操纵利润的情形。

另外，创业板还要求发行人具有较高的成长性，具有一定的自主创新能力，符合创新层的两高六新：成长性高、科技含量高、新经济、新服务、新农业、新材料、新能源和新商业模式。

案例：

- 上海思华科技股份有限公司报告期内最近一个会计年度的营业收入和净利润对关联方或者重大不确定性的客户存在重大依赖。
- 深圳华龙讯达信息技术因关联交易占比较大、关联交易产生的毛利率较高、关联交易定价的公允性问题被认为盈利的质量不佳，盈利可持续性存疑。

4. 财务问题：单一客户重大依赖

对重大不确定性的客户依赖，可能会影响发行人未来业绩的稳定性，对发行人未来盈利的可持续性产生不利影响。

客户依赖需要从两方面来看，如企业与采购商合作稳定且业务增长，另一方面而言如果采购商出现问题，就会导致企业出现问题。一般而言，前 5 大客户的收入占到利润的 50%以上，形成重大依赖，对此在招股说明书中作出重大风险提示。个别行业会出现客户高度集中，比如通信行业，前五大供应商占有利润 50%以上的情况，属于正常情况。但是如果 50%的 90%以上来自于一家，则形成重大依赖。在判断单一客户重大依赖的时候需要结合企业行业综合判断。

案例：

最近一次发审会中，上海威士顿信息技术股份有限公司即因为对于大客户过于依赖，对其大客户上海烟草集团的销售额占营业收入的比例分别为 82.21%、82.82 及 81.01%。

但是如果下游市场企业集中度高，且发行人具备较强的技术实力，与大客户的关系较为紧密持久，被替代风险较小，则会被认为符合行业特征，不属于不确定性的重大依赖，不构成障碍。

案例：

三晖电气、吉比特所处的行业比较特殊，即使存在对单一客户销售额较高的情况，也不认定为重大依赖。

5. 财务问题：发行人行业经营情况发生或将发生重大不利变化

一家企业经营业绩的变化与其所处行业的变化高度相关，行业增长快，企业业绩不增长都难，行业走向末路，龙头企业要保持业绩也是十分不易的。这个问题重点关注的周期性行业，其中石油、房地产、化工行业较为明显。行业在下滑，经营业绩在下滑。重点关注的问题是行业在下滑，但是企业逆势增长的情况，就需要关注异常情况产生的原因。

案例：

- 2015年以来新能源汽车的爆发式增长带来了整个锂电池行业的集体爆发，星原材质、科达利业绩增长十分可观，顺利过会。
- 受石油价格持续下跌的影响，克拉玛依新科澳石油天然气技术业绩受到影响。
- 上海思华科技，行业内公司普遍业绩下滑，对思华科技业绩的成色产生疑问。

6. 财务问题：业绩真实、合理

经营业绩真实、核算规范，不存在核查不清、滥用会计政策调节利润的疑点。数字的真实性和可比性是审核关注的重点。前述的几个问题是规范性的问题，可以通过规范可以做到，但是业绩真实是本质性的问题。比如之前某企业，业绩真实，但是由于企业回款较低，存在大量的应收账款，可能会导致企业的呆坏账，为了减少企业现金流的问题，企业就通过体外打款到客户，客户打款到公司，实现现金流的虚增。后一年，企业的现金流的问题暴露，企业这一手段才被发现。

部分企业的毛利率高于同行的问题，高度怀疑成本在体外流动。企业鉴于灰色收入的问题，实行部分企业成本在体外流通造成的，如销售费用、中介费用调节、销售费用等公司体外流动。在审核的过程中会通过企业前后对比，同行业对比等方式，企业操作比较隐蔽时，可能不能马上发现。但是现在通过财务核查的方式也可以查实企业的真实业绩，比如核查到经销商、核查到客户。

业绩的真实和合理是红线问题，企业应该给予高度关注。如果企业业绩下滑，切不可用非常规手段提升业绩，一旦查实要承担法律责任。在这个时候，企业需要做的是等待和不断增加企业的业绩能力，等待时机再进行申报。

案例：

- 杭州华光焊接新材料新产品毛利率高于同行、存货减值不充分被否。
- 广东日丰电缆收入、毛利、净利润不匹配是被否的原因之一。
- 苏州金枪新材料毛利率高于同行是被否的原因之一。
- 深圳西龙同辉技术通过减少人员、中介费调节管理费用。
- 邯郸汉光科技无法按要求核查海外客户。
- 筑博设计中止合同的收入处理、收入与利润不匹配、预计负债估计的合理性等方面存在问题。

（三）法律问题

1. 法律问题的审核规范

（1）《公司法》重要条款：股份公司组织形式作为上市主体；公司三会一层治理结构；董事、监事、高管资格和义务。董事、高管未经股东会或者股东大会同意，利用职务便利为自己或者他人谋取属于公司的商业机会，自营或者为他人经营与所任职公司同类的业务这一点需要重视。

（2）《证券法》重要条款：25%以上公开发行的股份，超过 4 亿元 10%以上；最近三年无重大违法违规行为。

主板、中小板对于违法违规的规定如下：

- 发行人最近 36 个月内未经法定机关核准，擅自公开或者变相公开发行过证券；或者有关违法行为虽然发生在 36 个月前，但目前仍处于持续状态。
- 发行人最近 36 个月内违反工商、税收、土地、环保、海关以及其他法律、行政法规，受到行政处罚，且情节严重。

- 发行人涉嫌犯罪被司法机关立案侦查，尚未有明确结论意见。

违法违规的问题：警告以上属于重大违法违规，罚款的应该要相关机构出具不构成重大违法违规的证明。次数和金额不能太多、太大，否则会成为实质性障碍。

税务中的滞纳金，不属于行政处罚。延迟缴纳会自动形成滞纳金。滞纳金出现，延伸的问题是财务规范的问题。金额太大，企业财务规范度值得质疑。

内控制度因为没有量化的指标，容易被忽视，在审核过程中，要求越来越高。尤其在企业规模没有足够大时，企业尤其要注意内控的问题以及内控制度涉及的内容。

（3）首次公开发行股票并上市管理办法（2006 年 5 月）主要条款：发行人的生产经营符合法律、行政法规和公司章程的规定，符合国家产业政策；发行人最近 3 年内主营业务和董事、高级管理人员没有发生重大变化，实际控制人没有发生变更。

关于董事、高管和实际控制人不得发生重大变化这一点，首先应注意到没有关于监事的规范。那么董事、监事的变化如何把握？新增董事、监事是可以的，但是变动比例通常掌握的标准是 1/3。

关于主营业务，如果不是完全不相关的，而是上下游的延伸，并不认为主营业务变化。

主板、中小板的相关规定：最近 3 年内主营业务和董监高没有发生重大变化，实际控制人没有发生变更。

创业板的相关规定：发行人应当主要经营一种业务；最近 2 年内主营业务和董监高没有发生重大变化，实际控制人没有发生变更。

- 发行人的股权清晰，控股股东和受控股股东、实际控制人支配的股东持有的发行人股份不存在重大权属纠纷。
- 独立要求。
- 发行人有严格的资金管理制度，不得以借款、代偿债务、代垫款项等方式被占用主要是融资担保、资金占用的情况，尤以资金占用问题要关注。员工占用公司资源的问题需要关注。

2. 法律问题的合法合规

发行人、控股股东、实际控制人若存在重大违法违规事项，未来可能会对发行人的持续经营产生不利影响。因此发行人、控股股东和实际控制人是否存在重大违法违规事项是审核的重要内容。

- 2017 年被否的案例中，广东丸美生物技术曾经因违反行业法规被质监局触发，且经销商涉嫌传销，造成公司存在违法违规的事实。
- 做市商为国有控股证券公司的，应根据《财政部国资委证监会社保基金会关于印发〈境内证券市场转持部分国有股充实全国社会保障基金实施办法〉的通知》（财企〔2009〕94 号）规定，将首次公开发行时实际发行股份数量的 10%的国有股转由社保基金会持有，国有股东持股数量少于应转持股份数量的，按实际持股数量转持。
- 对于信托计划、契约型基金和资产管理计划等持股平台为拟上市公司股东的，在 IPO 审核过程中，可能会因存续期到期而造成股权变动，影响股权稳定性。因此拟上市公司引入该类平台股东时应在考虑股权清晰和稳定性的基础上审慎决策。

五、特殊问题——新三板挂牌企业 IPO

1. 做市交易企业要求对所有交易进行核查

做市交易导致股东人数加大，交易核查难度较大。在决定进行 IPO 时，企业应该尽早统筹安排。

2. 三类股东问题

除了做市企业可能导致引入三类股东，还要提示股东进行转让时，不可引入三类股东。目前成功过会的企业中存在三类股东的，一共 2 家企业，由于股东人数较少，信托计划等股东人数较多，代持或者利益输送的问题，核查较为困难。

对于信托计划、契约型基金和资产管理计划等持股平台为拟上市公司股东的，在 IPO 审核过程中，可能会因存续期到期而造成股权变动，影响股权稳定性。因此拟上市公司引入该类平台股东时应在考虑股权清晰和稳定性的基础上审慎决策。

3. 股东超过200人的问题

股东人数超过200人的新三板公司在挂牌后，如通过公开转让导致股东人数超过200人的，并不违反相关禁止性规定，可以直接申请IPO；如通过非公开发行导致股东人数超过200人，根据《非上市公众公司监督管理办法》，在进行非公开发行时应先获得证监会核准，若其合规性已在非公开发行时经过审核，可以直接申请IPO。

股东超过200人的情况，股东人数较多，主体适格性，交易价格、是否有代持、是否有纠纷、利益输送等问题，而且员工持股平台等作为企业股东的，是需要穿透审核的，直到国资委、人民政府等。这会导致增加工作量，同时，也增加核查的难度和结果的不确定性。另外还需要关注的一点是，企业如果是协议转让，在协议转让方式下要确保交易的交易真实性、合理性。

4. 前后信息披露不一致

（1）中介机构执业质量问题。

（2）企业自身的问题：关联方担保等，处罚函。

对于新三板申报、新三板挂牌期间披露的财务数据、重大资产重组等披露的财务数据、重大合同等事项，如果与申报的报告期重合，IPO监管机构将会给予关注。特别是关联方披露和关联交易披露不完整，存在同业竞争情形未予以披露等情况应该给予关注。信息披露不一致在企业审核中占比较高。做好充分前期尽调，如实披露。

六、企业与中介机构之关系

（1）合作关系：选择IPO中介机构。中国的券商80多家具有保荐资格，同质化竞争较为严重。企业应该选择项目经验丰富的团队，中介机构的选择重点在承做团队。团队选择首先是信任，其次是对企业重视，这样才能为企业派送得力的团队。

（2）配合关系：要知无不言，与中介机构尽可能地沟通，应该开诚布公地暴露问题，解决问题，确保双方目标一致。

（3）处理“矛盾与分歧”。通过尽可能的沟通去处理矛盾和分歧，在目标一致的前提下，处理矛盾。

七、结论

（一）企业两个层面运营

企业运营有经营层面和资本运营层面。登陆新三板已经充分认识资本市场的力量，进入新三板对资本市场有更大的认识，如果进入A股市场，进入更大的资本市场。但是资本和经营两个层面，经营层面更为重要和基础，只有做好企业，使经营业绩不断提升，才能更好地进行资本运作。

（二）员工获得财富

员工的资产证券化，企业的股票具有流动性。企业和员工的财富因此会得到大幅度的增长。